Anwalt – Kommentator – ‚Entdecker'
Festschrift für Hermann Staub
zum 150. Geburtstag

Anwalt – Kommentator – ‚Entdecker‘

Festschrift für
HERMANN STAUB
zum 150. Geburtstag
am 21. März 2006

herausgegeben von

Thomas Henne Rainer Schröder
Jan Thiessen

W DE G
RECHT

De Gruyter Recht · Berlin

∞ Gedruckt auf säurefreiem Papier,
das die US-ANSI-Norm über Haltbarkeit erfüllt.

ISBN-13: 978-3-89949-343-6
ISBN-10: 3-89949-343-5

Bibliografische Information der Deutschen Nationalbibliothek

Die Deutsche Nationalbibliothek verzeichnet diese Publikation in der Deutschen Nationalbibliografie; detaillierte bibliografische Daten sind im Internet über <http://dnb.d-nb.de> abrufbar.

Printed in Germany
Einbandgestaltung: Martin Zech, Bremen
Datenkonvertierung/Satz: Dörlemann Satz, Lemförde
Druck und buchbinderische Verarbeitung: Hubert & Co., Göttingen

Inhaltsverzeichnis

IV. Anhang

Vorwort der Herausgeber

Der Name „Hermann Staub“ begleitet die meisten der heute tätigen deutschen Juristen seit dem Beginn ihrer juristischen Ausbildung. Bis zur Schuldrechtsreform 2002 erfuhr man spätestens im zweiten Semester, daß *Hermann Staub* im Jahre 1902 die positiven Vertragsverletzungen ‚erfunden‘ oder ‚entdeckt‘ habe – freilich ohne sogleich zu verstehen, was das ist. Mit fortschreitendem Studium kamen die rot eingebundenen Lieferungen des Handelsrechtskommentars hinzu, auf denen groß der Name „Staub“ geschrieben stand und die seit Abschluß der letzten Auflage in festliches Leinen gebunden sind. Wo der Autor *Hermann Staub* in der täglichen Arbeit – wieder – so präsent ist, denkt man nicht an Geburts- oder Todesdaten. Und so wäre auch dieser Band ohne Anstoß von außen nicht zustande gekommen. *Staubs* Enkel, *Hans-Hermann Neustadt*, trat vor zwei Jahren an die Bundesrechtsanwaltskammer heran und fragte, ob man des 100. Todestages *Staubs* im Jahre 2004 gedenken wolle. Die Kammer stellte den Kontakt zum Forum Anwaltsgeschichte und damit zu *Tillmann Krach* her, der in *Thomas Henne* einen Mitstreiter für eine Gedenkveranstaltung in Frankurt am Main im November 2004 fand. Da Staub nur 48 Jahre alt geworden war, stand schon anderthalb Jahre später sein 150. Geburtstag bevor. Die beiden anderen Herausgeber des vorliegenden Bandes folgten der Anregung von *Thomas Henne*, daß diese Geburtstagsfeier nach Berlin und an die Humboldt-Universität gehöre: Hier hatte *Staub* sein Berufsleben als Anwalt, Kommentator und ‚Entdecker‘ verbracht. Hier hatte ihm die damalige Friedrich-Wilhelms-Universität aber auch aus antisemitischen Motiven ein Ordinariat verweigert.

Am 10. März 2006 beging die Juristische Fakultät der Humboldt-Universität zu Berlin den 150. Geburtstag von *Hermann Staub* mit einem Festkolloquium. Die Liste der Geburtstagsgäste zeigte, daß Staub mehr als hundert Jahre nach dem Tod noch in der Lage ist, die juristische ‚community‘ in ihrer gesamten Vielfalt zu versammeln. Die angemeldeten Teilnehmer kamen aus den Universitäten, aus Anwaltskanzleien und Notariaten und aus den Gerichten. Anders als bei wissenschaftlichen Kolloquien üblich, stand die Veranstaltung auch den Studentinnen und Studenten der Juristischen Fakultät offen.

Eine solche Tagung und ein solcher Band lassen sich heute nicht mehr ohne die Hilfe externer Förderer ausrichten. Wir danken daher – in alphabetischer Reihenfolge – für großzügige Förderung: dem Bundesministerium der Justiz, der Bundesrechtsanwaltskammer, der Deutsch-Israelischen Juristenvereinigung, dem Forum Anwaltsgeschichte und dem Walter de Gruyter-Verlag.

Der vorliegende Band dokumentiert neben den Grußworten der Bundesjustizministerin *Brigitte Zypries* und des *Staub*-Enkels *Hans-Hermann Neustadt* die auf dem Festkolloquium gehaltenen Vorträge zumeist in erweiterter Form. *Tillmann Krach* und *Thomas Henne* berichten über *Staubs* Leben im Kaiserreich zwischen beruflichen Erfolgen und antisemitischer Diskriminierung. *Hans-Georg Hermann* und *Dieter Medicus* analysieren *Staubs* berühmte zivilistische Studie über die „positiven Vertragsverletzungen" im historischen Kontext und in ihrer Umsetzung durch die Schuldrechtsreform. *Jan Thiessen* und *Karsten Schmidt* widmen sich den Kommentaren Staubs, die sein eigentliches Lebenswerk und Vermächtnis darstellen. Der Band enthält außerdem neben unveröffentlichten Fotos zwei Faksimile-Abdrucke von *Staubs* Werken – die Ursprungsfassung der „positiven Vertragsverletzungen" und einen Auszug aus der Erstauflage zu *Staubs* ADHGB-Kommentar –, einen bislang nur schwer zugänglichen Nachruf von *Staubs* Schwager *Arthur Schindler* sowie einen Auszug aus *Staubs* Abgangszeugnis von der Berliner Friedrich-Wilhelms-Universität.

Daß eine „Festschrift zum 150. Geburtstag" des Geehrten erscheint, ist ungewöhnlich. Bereits das erste der üblichen Festschriftenjubiläen, den 70. Geburtstag, hat der früh verstorbene *Staub* nicht mehr erlebt. Die Nachfrage nach seinem HGB-Kommentar war jedoch so groß, daß der Verlag den Kommentar – gewissermaßen anstelle einer Festschrift – in doppelter Auflagenstärke erscheinen lassen konnte. Im Jahr seines 80. Geburtstags ‚gelobten' Rechtswissenschaftler in Deutschland, die Werke ihrer jüdischen Kollegen totzuschweigen. Neuauflagen von *Staubs* HGB-Kommentar trugen jahrzehntelang nicht mehr seinen Namen, so auch noch im Jahr von *Staubs* 100. Geburtstag. Nachdem der Kommentar nun schon seit mehr als zwanzig Jahren wieder den Namen seines Begründers trägt und die „positiven Vertragsverletzungen" endgültig ihren Platz im BGB gefunden haben, meinen Autoren, Verlag und Herausgeber, daß eine dem Anwalt, Kommentator und ‚Entdecker' *Hermann Staub* gewidmete Festschrift längst überfällig ist.

Berlin/Frankfurt am Main, im April 2006

Thomas Henne *Rainer Schröder* *Jan Thiessen*

Grußwort der Bundesministerin der Justiz Brigitte Zypries, MdB

Sehr geehrter Herr Professor Schröder, lieber Herr Neustadt, meine sehr verehrten Damen und Herren!

Keine deutsche Universität, die heute die Großen einer Zunft ehren will, kann sich auf den Blick in die eigenen Reihen beschränken. Es gehört zur Tragik der deutschen Wissenschaft, dass in der Vergangenheit oft den klügsten Köpfen der Weg an die Universität verwehrt wurde. Wir müssen deshalb auch an jene glanzvollen Juristen erinnern, die aus religiösen, rassischen oder politischen Gründen niemals Professor werden durften und die dennoch soviel für die Rechtsentwicklung in Deutschland getan haben.

Einer dieser großen Rechtswissenschaftler war *Hermann Staub*. Er ist als Erfinder der pVV, der positiven Vertragsverletzung, in die Rechtsgeschichte eingegangen. Als Jude, der Zeit seines Lebens an seinem Glauben festhielt, war *Staub* eine Hochschul-Laufbahn verwehrt. Aber er leistete auch als Anwalt Großes für die Wissenschaft. Als er 1904 im Alter von nur 48 Jahren starb, schrieb die Juristenzeitung: „Er war unter den Anwälten Deutschlands das, was Bismarck als Politiker gewesen [ist].“[1]

Im Verlauf dieser Veranstaltung werden sich herausragende Referenten mit Leben und Werk *Hermann Staubs* befassen. Ich kann und will ihnen nicht vorgreifen, aber ich möchte zwei Punkte ansprechen, die mir bemerkenswert erscheinen.

In einem Nachruf ist *Hermann Staub* einmal ein „self-made man“ genannt worden. Das war schon damals eine sehr zutreffende Bezeichnung. *Staub* wurde in einfache Verhältnisse hineingeboren. Er habe nicht in einer Wiege, sondern in einer Holzkiste gelegen, hat er selbst berichtet. Sein Studium verdiente er sich durch Nachhilfestunden, und später stand seine Berufswahl unter dem Schatten des allgemeinen Antisemitismus. Wer als Jude nicht konvertierte und sich taufen ließ, für den war eine Karriere im Staatsdienst so gut wie ausgeschlossen. *Hermann Staub* wählte deshalb den freien Beruf des Rechtsanwalts. Aber auch hier gab es keineswegs Gleichbehandlung. Während seine christlichen Kollegen bereits nach 8 Jahren zum Notar bestellt wurden, musste ein jüdischer Rechtsanwalt wie *Staub* darauf 18 Jahre lang warten.

[1] *Liebmann* Gedenkblatt für Hermann Staub, DJZ 1904, Sp. 828.

Trotz dieser widrigen Umstände hat *Staub* viel erreicht. Er gründete mit anderen die Deutsche Juristen-Zeitung, er schrieb viel beachtete Kommentare, und er entwickelte mit der pVV eine dogmatische Idee, die im Zuge der Schuldrechtsreform Eingang in das BGB fand. All das schaffte *Staub* nicht aufgrund von Herkunft, Stand oder Verbindungen, sondern nur dank eigener Leistung.

Allerdings – wie viel fähige Köpfe jener Zeit haben es wohl nicht geschafft? Wie viele Talente wurden damals in Deutschland vergeudet? Weil den Eltern das Geld fehlte, um ihr Kind zum Gymnasium zu schicken oder weil jemand die vermeintlich „falsche“ Religion hatte – vom Ausschluss der Frauen ganz zu schweigen. Wie viel mehr hätte *Staub* vielleicht noch geleistet, wenn er sich ganz der Wissenschaft hätte widmen können? Die Biographie von *Hermann Staub* erinnert uns daran, um was sich eine Gesellschaft bringen kann, in der keine Chancengleichheit existiert.

Die Verhältnisse heute sind andere als im 19. Jahrhundert. Aber die Herausforderungen sind geblieben, das haben zum Beispiel die Pisa-Studien gezeigt. Ob ein junger Mensch Abitur macht oder nicht, hängt auch heute noch viel zu häufig davon ab, ob seine Eltern Akademiker oder Arbeiter sind. Und wer wollte bestreiten, dass es auch in unserer Gesellschaft Benachteiligungen von Minderheiten gibt. Ich meine, der Blick zurück sollte uns deshalb daran erinnern, dass es auch heute noch viel zu tun gibt, wenn es um Chancengleichheit und gegen Diskriminierungen geht.

Ein zweiter interessanter Punkt ist der Umgang mit *Staubs* wissenschaftlichem Erbe. Auch nach seinem frühen Tod blieb die Deutsche Juristen-Zeitung das wichtigste Fachblatt der Zunft, und seine Kommentare wurden von angesehenen Juristen fortgeführt. Beispielsweise erreichte *Staubs* Werk zum Handelsgesetzbuch insgesamt 14 Auflagen. 1933 war es mit alledem vorbei. Die Nazis begnügten sich nicht damit, alle lebenden missliebigen Wissenschaftler aus den Universitäten zu verdrängen. Sie betrieben auch das, was sie die „Entjudung“ der wissenschaftlichen Literatur nannten. Die Deutsche Juristen-Zeitung fiel in die Hände von *Carl Schmitt*, dem Kronjuristen der Nazis. Seine erste Tat als neuer Herausgeber war es, aus der Titelzeile der DJZ den Namen von *Hermann Staub* zu entfernen. *Schmitt* war es auch, der durchsetzte, dass ab 1936 Autoren wie *Staub* – wenn überhaupt – nur noch mit dem Hinweis „Jude“ zitiert werden durften. In der Rechtswissenschaft etablierte sich damit eine Art literarischer Judenstern, schon bevor diese Form der Stigmatisierung generell eingeführt wurde. Auch *Staubs* HGB-Kommentar fiel dem Rassenwahn der Nazis zum Opfer. Als seine Nachfolger 1940 eine neue Bearbeitung vorlegten, erschien das Werk unter einem anderen Titel. Es hat bis zur aktuellen Auflage dieses Großkommentars gedauert, bis der Name des Ahnherrn wieder auf den Buchdeckel zurückgekehrt ist. Zählt man die bis 1933 erschienenen Ausgaben mit, dann liegt der „Staub“ nicht erst in der 4., sondern eigentlich schon in der 18. Auflage vor. Er ist damit vergleichbaren Kommentaren weit voraus.

In der Biographie *Hermann Staubs* und im Umgang mit seinem Werk spiegelt sich ein Stück deutscher Geschichte. Die These, dass die Entwicklung geradezu zwangsläufig von *Bismarck* zu *Hitler* geführt habe, ist anfechtbar. Aber es zeigt sich doch, dass der Holocaust seine Ahnen hatte. Antisemitismus und Diskriminierung gab es nicht erst seit 1933 in Deutschland, sondern sie waren auch schon zu Zeiten *Hermann Staubs* alltäglich. Ich bin der Humboldt-Universität deshalb außerordentlich dankbar für dieses Kolloquium, und das Bundesjustizministerium hat diese Veranstaltung gern unterstützt.

Wir würdigen mit *Hermann Staub* einen bedeutenden Juristen und einen großen Anwalt. Und wir erinnern an einen Wissenschaftler, dem schon vor 1933 versagt war, den Platz an einer Universität einzunehmen, der ihm nach Eignung, Befähigung und fachlicher Leistung eigentlich zustand.

Grußwort von Hans-Hermann Neustadt, Enkel von Hermann Staub

Frau Bundesministerin, meine Damen und Herren,

Es freut mich sehr, Sie hier zur Erinnerung an meinen Großvater *Hermann Staub* anlässlich seines 150. Geburtstages und zur Feier seiner Leistungen begrüßen zu dürfen. Hierzu schließen sich meine Schwestern, die hier auch anwesend sind, wohl an.

Zunächst darf ich mehrere der heute hier mitwirkenden Herren namentlich erwähnen: Herrn Dr. *Krach*, der den Antrieb für eine Veranstaltung in Frankfurt zum 100. Todestage Staubs im Dezember des Jahres 2004 gab und dies so zum Vorläufer der heutigen Veranstaltung machte, und die Herren Dr. *Henne* und Dr. *Thiessen*, die, soweit mir bekannt, für die heutige Tagung besonders verantwortlich sind. Meinen sehr aufrichtigen Dank an alle diese Herren für ihre Bemühungen und gleichfalls an alle anderen, die hier mitwirken.

Als Laie auf dem Gebiet der Rechte kann ich hier nichts zu dem beisteuern, was meinen Großvater als Juristen betrifft. So möchte ich nur, ganz kurz, etwas über *Staub* und seine Familie und Nachkommen sagen und damit ein oder zwei Punkte berühren, die wohl in den Themen der jetzt folgenden Vorträge einen Anklang finden mögen.

Mein Großvater hatte sicher viel Familiensinn und erfreute sich der ehrlichen Zuneigung von nahen und fernen Verwandten. Seine Familie verehrte ihn, nicht als erfolgreichen Juristen, sondern vielmehr als Mensch. Bei seinem vorzeitigen Tode im Jahre 1904 hinterließ er meine Großmutter, die ihn bis Ende 1927 überlebte. Von seinen drei Kindern starben Tochter *Ilse* und Sohn *Otto* schon vor der Großmutter und, soweit mir bekannt, beide ohne Nachkommen. So verblieb nur ein einziges Kind von *Hermann Staub*, seine Tochter *Margarete*, also meine Mutter, durch die meines Großvaters Werk für mich, schon als Kind, etwas zum Begriff wurde. *Margarete* kam 1943 im Vernichtungslager um. Den nächsten Generationen erging es besser. *Staubs* Enkeln, nämlich meinen zwei Schwestern und mir, gelang es, den bösen Zuständen, die nach 1933 in Deutschland herrschten, zu entkommen, und heute leben wir in den Vereinigten Staaten bzw. als Rückwanderin in Deutschland und ich in England. Und weiter hat dann *Staub* jetzt sechs Großenkel, von denen eine heute als erste der Familie seit *Staub* wieder Juristin ist – und schließlich auch schon sechs Urgroßenkel.

Zurück zu meinem Großvater. *Staub* war ein Mensch, dem seine Grundsätze teuer waren. So wurde ihm, als Jude, eine Professur hier in Berlin angeboten unter der Bedingung, er müsse sich zuvor taufen lassen. Nun war er keineswegs ein besonders religiöser Mensch, konnte dies aber doch nicht in Kauf nehmen und lehnte so den Lehrstuhl ab. Zu Familie und Freunden sagte er dazu: „Man wechselt seine Religion nicht, als wäre es ein angeschmutztes Hemd!“ Dass die heutige Gedenkveranstaltung für ihn in dieser Berliner Universität stattfindet, empfinde ich daher als von besonderer Bedeutung.

Das Vorhergehende ist ja ein Beispiel der Diskriminierung zu *Staubs* Lebzeiten. Kaum dreißig Jahre nach *Staubs* Ableben wurde dann Diskriminierung staatsrechtlich erzwungen. Fast nur als eine kleine Nebensache davon wurden dann jüdische Autoren unterdrückt, ihre Bücher vernichtet. Was dann während dieser Jahre mit *Staubs* Kommentaren, so z. B. zum HGB, geschah, wo die Nutzung der fortgeführten Werke unerlässlich blieb, haben wir ja schon von der Bundesministerin gehört.

Abschließend kann ich noch meines Großvaters Sinn für Humor hervorheben. Er erzählte gerne und war zu Wortspielen besonders begabt. Es ist ja zum Beispiel wohl bekannt, dass er einst scherzend die Inschrift für seinen Grabstein vorgeschlagen hatte: „Hier liegt Staub – Kommentar überflüssig!“ Dazu, in Anbetracht des Einflusses, den mein Großvater noch heute, nach mehr als hundert Jahren, auf dem Gebiet der Rechte ausübt, möchte ich bemerken: Der Staub legt sich aber noch immer nicht!

I. Anwalt im Kaiserreich

Der Anwalt *Hermann Staub* – ein Schlaglicht

Tillmann Krach

Als einer der Initiatoren der im November 2004 in Frankfurt stattgefundenen Gedenkveranstaltung zu *Hermann Staubs* 100. Todestag freue ich mich natürlich ganz besonders, dass dieses seinerzeit keineswegs einfach zu realisierende Projekt heute anlässlich seines 150. Geburtstages weit mehr als nur eine Neuauflage erfährt. Dass dies ausgerechnet in Berlin und hier in diesem Gebäude geschieht, bringt uns dem zu Ehrenden – im eigentlichen Wortsinne – noch ein gutes Stück näher: *Staub* hat das Wintersemester 1876/77 an der „Königlichen Friedrich Wilhelms Universität zu Berlin" verbracht und sich 5 ½ Jahre später in der Reichshauptstadt als Anwalt niedergelassen.

Dank der Recherchebemühungen von Herrn *Neustadt* und Herrn *Thiessen* ist es gelungen, den Studienverlauf ziemlich exakt zu rekonstruieren.[1] Nach vier Semestern in Breslau erfolgte am 25. 10. 1876 die Immatrikulation in Berlin, dort war *Staub* in der Köpenicker Straße (im heutigen Bezirk Kreuzberg, von 1961 bis 1989 stand auf der nördlichen Straßenseite „die Mauer") gemeldet. Er konnte also die Universitätsgebäude durchaus zu Fuß erreichen, wo er dann den Vorlesungen von *Levin Goldschmidt, Gneist* und *Berner* lauschte. Dies nahm allerdings in der Woche nur insgesamt 5 Stunden in Anspruch, und man fragt sich, womit *Staub* bis zu seiner Abmeldung am 3. Mai 1877 seine Zeit noch verbracht hat! Anschließend kehrte er nach Breslau zurück, beendete dort sein Studium und begann im November 1877 seine Referendarsausbildung am Appellationsgericht Ratibor.

Nach bestandenem Assessorexamen – mit 26 Jahren – entschied er sich für eine Rückkehr nach Berlin und die Zulassung als Rechtsanwalt. Angeblich hatte ihm der berühmte Strafverteidiger Justizrat *Munckel* geraten, sich in der Reichshauptstadt zu etablieren.[2] Tatsächlich galt *Staubs* vorrangiges Interesse zunächst auch dem Strafrecht, bald aber spezialisierte er sich auf das Zivil- und Handelsrecht. Das heißt jedoch nicht, dass ihn strafrechtliche Themen nicht mehr interessierten. In der ersten Ausgabe der von

[1] Bei beiden Genannten bedanke ich mich für die Überlassung der entsprechenden Immatrikulationsunterlagen.

[2] So ein erhalten gebliebener und mir von Herrn *Neustadt* zur Verfügung gestellter Nachruf aus der Tagespresse, dessen Herkunft noch nicht ermittelt ist.

ihm mit herausgegebenen Deutschen Juristen-Zeitung (DJZ) vom Januar 1896 kritisierte er die Rechtsprechung zum *dolus eventualis* mit einem Beispiel:

> „Die Gefahr unrichtiger Anwendung ist doch wohl nicht ganz unbegründet, und es wird unser oberster Gerichtshof vorsichtig zu erwägen haben, ob man dem Rechtsbewusstsein des deutschen Volkes wird zumuten können, eine juristische Konstruktion zu acceptieren, nach welcher jemand, ‚der bestrebt war, seine Worte so zu wählen, dass eine Verfolgung wegen Majestätsbeleidigung ausgeschlossen erschien', der also den festen Vorsatz hatte, eine Majestätsbeleidigung nicht zu begehen, wegen vorsätzlicher Majestätsbeleidigung bestraft werden kann."[3]

Und in der selben „Juristischen Rundschau", einer von ihm für die DJZ neu konzipierten Kolumne, erwähnte er die plötzliche Abreise des damals prominentesten Berliner Strafverteidigers *Fritz Friedmann*, der völlig überschuldet und nach Entzug seiner Zulassung nach Frankreich geflüchtet war.

> „Seine ganze Wirksamkeit hat die alte traurige Erfahrung bestätigt, dass Genie und Leichtsinn sich so oft paaren. Friedmann blieb sich in seiner Eigenart treu vom Anfang bis zum Ende: er war ein Meteor am forensischen Himmel, und Meteore verschwinden ja plötzlich."[4]

Wer gehörte noch zu *Staubs* Zeitgenossen? Es hilft bei der historischen Einordnung, wenn man einige Namen in Erinnerung ruft: Etwa *Erich Sello* und *Max Wronker*, die anderen beiden großen Verteidiger, der nur zwei Jahre jüngere *Albert Pinner*, wie *Staub* Handelsrechtler und nach seinem Tod Mitherausgeber des HGB-Kommentars (übrigens der letzte jüdische Anwalt, der vor der „Machtergreifung" mit einer Festschrift geehrt wurde), dessen Jahrgangskollege *Adolf Heilberg* aus Breslau, wo *Staub* studiert hatte, Führer der schlesischen Anwaltschaft und Mitgründer der Deutschen Friedensgesellschaft, schließlich *Max Hachenburg*, fünf Jahre jünger, der große Mannheimer Kollege, der mit seinem (gemeinsam mit *Adelbert Düringer*) verfassten HGB-Kommentar das erste ernstzunehmende Konkurrenzwerk zum „Staub" schuf. *Hachenburg* überlebte *Staub* um ganze 47 Jahre, er starb 1951 in Kalifornien.

Was nun zeichnete *Staub* als Anwalt aus?

Zunächst einmal: Er war, was man heute einen „workaholic" nennen würde. In den Worten *Otto Liebmanns*:

[3] DJZ 1896, Sp. 10.

[4] DJZ aaO.

> „Kaum wird ein Anwalt von seinen Klienten wegen seiner treuen und pflichtvollen Hingabe mehr geachtet und verehrt worden sein als Staub. Wie oft ist er gebeten worden, seiner sprichwörtlich gewordenen Arbeitswut Einhalt zu gebieten. Aber Staub war dem nie zugänglich. Er ließ sich nicht abhalten, persönlich eine von ihm einmal übernommene Sache zu Ende zu führen.“[5]

Und er begnügte sich ja nicht mit der im engeren Sinne anwaltlichen Tätigkeit, sondern war wie viele seiner damaligen Kollegen auch wissenschaftlich aktiv. Dies erhellt die berühmte Szene während des Danziger Anwaltstages 1901, wo er den Ministerialrat *Henle* zitiert, der die Mitarbeit des Anwaltstandes am neuen Grundbuchrecht gelobt hatte und dann resümiert:

> „Für die anderen Rechtsmaterien liegt ein Urteil von diesem Gesichtspunkt aus noch nicht vor. Aber ich bin stolz genug, im Namen des deutschen Anwaltstandes zu sagen: wir brauchen es nicht zu scheuen. Ich brauche nur Namen zu nennen, wie Hachenburg, Makower, Goldmann und Lilienthal, S. Goldman, Wilke, Neumann, Kuhlenbeck, Seligsohn, Rausnitz, Stranz und Gerhard, Heinitz, Weißler, Oberneck, Fuchs.“

An dieser Stelle vermerkt das Protokoll: „Lebhafte Rufe: Staub! Staub!“ *Staub* fährt fort:

> „Und mit diesen stolzen Worten komme ich zum Schluß. Ich hatte meinen Vortrag auf dem Deutschen Anwaltstage 1896 mit den Worten geschlossen: ‚Möge es dem deutschen Anwaltstande vergönnt sein, bei der Einführung und Anwendung des neuen Rechts seine alte Kraft zu bewähren!‘ Ich glaube, er hat sie bewährt.“[6]

Leider spielt heutzutage die Anwaltschaft insgesamt eine solch wichtige Rolle nicht mehr. Die wenigsten von uns haben – alternativ oder kumulativ – die Kompetenz, die Zeit, den Ehrgeiz, die Energie und die Kraft, praktische Berufsarbeit und deren theoretische Durchdringung in ein auch für die alltägliche Rechtsanwendung nutzbares wissenschaftliches Werk einfließen zu lassen. In den Worten *Max Hachenburgs*:

> „Der Staub ist zur Wissenschaft gewordene Praxis, das Höchste, was ein Kommentar erreichen kann.“[7]

[5] DJZ 1904, Sp. 827.

[6] Verhandlungen des Deutschen Anwaltstages zu Danzig am 6. und 7. September 1901, JW 1901, Beilage 85/86, S. 58.

[7] Zitiert nach *Helmut Heinrichs* Hermann Staub (1856–1904) – Kommentator des Handelsrechts und Entdecker der positiven Vertragsverletzung, in: Heinrichs u. a. (Hrsg.), Deutsche Juristen jüdischer Herkunft, München 1993, S. 385 (394).

Und genau deswegen war es eine für die Praxis *brauchbare* Wissenschaft. *Staub* meinte sich und seine Kollegen, als er in Danzig sagte:

> „Der praktische Jurist kommt kaum in die Lage, Monographien zu lesen, – dazu ist im Zeitalter des Dampfes und der Elektrizität keine Zeit. Das höchste der Gefühle ist es, wenn der praktische Jurist eine oder zwei juristische Zeitschriften hält und hier und da einen Aufsatz liest; je kürzer der ist, desto besser für den Aufsatz, denn desto mehr hat er Aussicht, gelesen zu werden."[8]

Das Protokoll vermerkte: „Heiterkeit". Wenn *Staub* und seine Kollegen geahnt hätten, welche Dimensionen die Informationsüberflutung 100 Jahre später erreichen würde!

Und weil *Staub* selbst überzeugter Anwalt war, engagierte er sich auch für die Belange seines Berufsstandes. In der blumigen Sprache *Liebmanns* klingt das dann so:

> „In Schrift und Wort ist er jederzeit freimütig und tatkräftig für die freie Advokatur eingetreten. Als die schwarze Wolke des numerus clausus das Firmament der Anwaltschaft bedrohte, hat Staub beherzt und wirkungsvoll eingegriffen, und seiner Persönlichkeit, seiner Meinung mag es nicht zuletzt zu verdanken sein, dass der deutschen Advokatur bald wieder der blaue Himmel erstrahlte."[9]

Man wünscht sich, dass auch unsere Zeit im richtigen Moment eine solche Persönlichkeit aufbieten kann – gerade jetzt, wo eine einflussreiche Anwaltsorganisation den schon niedergelassenen Kollegen mit der sogenannten „Spartenausbildung" das Werkzeug in die Hand geben will, jungen Kräften den Weg zum Anwaltsberuf zu versperren.

Die Anwaltstage 1896 und 1901 hat *Staub* maßgeblich geprägt. 1896 referierte er über den Entwurf des HGB, und 1901 zum Thema „Theorie und Praxis seit dem 1. Januar 1900" – schon der Titel spricht für sich. Es lohnt sich, diese Rede in ganzer Länge zu lesen, nicht zuletzt weil sie mehr als 30-mal von der „Heiterkeit" oder gar der „großen Heiterkeit" der Zuhörer unterbrochen wurde. Und das führt mich zum Schluss, nämlich dem oft gerühmten *Staubschen* Humor. Es gibt viele überlieferte Anekdoten, aber ausgerechnet bei der bekanntesten ist die Quellenlage nicht einheitlich: Es ist nämlich unklar, ob der humorvoll gemeinte Vorschlag für die Grabinschrift „Hier liegt Staub! Kommentar überflüssig!" von ihm selbst stammt oder von dritter Seite. Am besten gefällt mir die von *Walter Kiaulehn* kolportierte „Kompromissfassung". Er schreibt das Diktum „Kommentar überflüssig" *Staub* selbst zu – als gängige Schlussbemerkung nach erfolgter präziser He-

[8] JW aaO., S. 52.
[9] DJZ 1904, Sp. 827f.

rausarbeitung der Bedeutung einer Norm anhand ihres Wortlauts. Der Berliner Volksmund habe dann nach *Staubs* Tod verbreitet, auf seinem Grabstein sei die oben zitierte Inschrift zu lesen.[10]

Mit Sicherheit von *Staub* selbst stammt die ebenfalls bei *Kiaulehn* berichtete Entgegnung auf die flapsige Bemerkung eines Vorsitzenden Richters vor Verlesung der Urteilsformel „Herr Justizrat, wir haben soeben Ihren Kommentar gemordet!". *Staub* hörte sich die Urteilsbegründung an und meinte: „Ich lege Berufung ein. Was den behaupteten Mord betrifft, so sehen Sie wohl zu schwarz. Mord setzt Überlegung voraus. Ich plädiere auf Totschlag." Man sieht: Auch dem großen Zivilrechtler war das Strafgesetzbuch nicht völlig fremd geworden.

Als Person soll *Staub*, so seine Zeitgenossen, nicht nur humorvoll, sondern auch gütig und großzügig gewesen sein. Vor allem drei Dinge waren es, die er *nicht* tolerieren konnte:

> „Pflichtvergessenheit, schwere Musik, vor allem aber Dummheit sind mir unerträglich."[11]

[10] *Walter Kiaulehn* Berlin – Schicksal einer Weltstadt, München 1958, S. 510f. Ein Photo des Grabsteins findet sich in diesem Band S. 177.

[11] So zitiert ihn *Arthur Schindler* Männer der Wissenschaft. Hermann Staub, in: Der Orden Bne Briss. Mitteilungen der Großloge für Deutschland VIII. U.O.B.B. 1932, S. 98f., Festnummer zum Ordenstag 1932. Vgl. den Abdruck in diesem Band S. 169 (170).

Diskriminierungen gegen „jüdische Juristen" und jüdische Abwehrreaktionen im Kaiserreich – von *Samuel* zu *Hermann Staub**

Thomas Henne

Der jüdische Schüler *Staub* hatte sie erreicht – die jedenfalls *rechtliche* Gleichstellung der Juden. 1869, dreizehn Jahre nach *Staubs* Geburt, untersagte ein Gesetz des Norddeutschen Bundes konfessionelle Diskriminierungen bei „bürgerlichen und staatsbürgerlichen Rechte[n]".[1] Zum Beginn des „liberalen Jahrzehnts" der 1870er Jahre[2] war die politische Emanzipation der Juden auch legislatorisch vollzogen. Und deshalb gab es auch noch keinen *Hermann Staub* – der Schüler und Student nannte sich, soweit ersichtlich, ausschließlich *Samuel* Staub.

Die Frage, ob er sich durch eine Taufe das, wie es *Heinrich Heine* bezeichnete, „Entréebillet" in die bürgerliche Gesellschaft[3] besorgen sollte, stellte sich für den jungen *Samuel Staub* also auf eine ganz andere Weise als für den rund zwanzig Jahre älteren *Paul Laband* in dessen Jugend. *Laband*, „überragende Figur der Staatsrechtslehre in den Jahrzehnten nach 1871"[4] und später mit

* Frau *Inbal Steinitz*, Berlin, dankt der Verf. für ihre Hinweise.

[1] „Alle noch bestehenden, aus der Verschiedenheit des religiösen Bekenntnisses hergeleiteten Beschränkungen der bürgerlichen und staatsbürgerlichen Rechte werden hierdurch aufgehoben. Insbesondere soll die Befähigung [...] zur Bekleidung öffentlicher Ämter vom religiösen Bekenntniß unabhängig sein." (Gesetz betreffend die Gleichberechtigung der Konfessionen in bürgerlicher und staatsbürgerlicher Beziehung v. 3. 7. 1869, Einziger Artikel, Bundesgesetzblatt 1869, S. 292).

[2] Eine Zusammenfassung zum Ausbau des – im formalen Sinne verstandenen – liberalen Rechtsstaats z.B. bei *Dietmar Willoweit* Deutsche Verfassungsgeschichte, 2. Aufl., München 1992, § 35 IV.

[3] Das vielfach verwendete Bonmot *Heines* läßt sich leider nicht genauer belegen.

[4] *Michael Stolleis* Geschichte des öffentlichen Rechts in Deutschland, Bd. 2, München 1992, S. 341 mwN. Davor aber war *Laband* wie später *Staub* viele Jahre ein ausgewiesener Handelsrechtler, doch *Walter Wilhelms* berühmtes Diktum, „die Herkunft der Methode Paul Labands aus der Privatrechtswissenschaft" (Untertitel zu *Walter Wilhelm* Zur juristischen Methodenlehre im 19. Jahrhundert, 2. Aufl., Frankfurt/M. 2003) hat die neuere Forschung zu *Laband* nicht angeleitet. Die Ergiebigkeit derartiger, das Handelsrecht berücksichtigender Analysen zeigt an einem Beispiel *Christoph Schönberger* Das Parlament im Anstaltsstaat. Zur Theorie parlamentarischer Repräsentation in der Staatsrechtslehre des Kaiserreichs (1871–1918), Frankfurt/M. 1997, S. 92ff. (zur Verbindung von *Labands* Staatsverständnis und seinen handelsrechtlichen Thesen).

Staub einer der Gründer der „Deutschen Juristen-Zeitung" – jener *Paul Laband* hatte sich 1857 taufen lassen, diese Konversion aber zeit seines Lebens verschwiegen.[5] So nachvollziehbar *Labands* durchaus generationenspezifische Reaktion auf antijüdische Diskriminierungen ist, so ist andererseits gut erklärbar, daß der junge *Samuel Staub*, aufgewachsen mit all den Hoffnungen, die sich in seiner frühen Jugend mit dem erwähnten Gesetz des Norddeutschen Bundes verbanden, einen insoweit anderen Weg als *Laband* ging.

Dazu gehörte für *Staub* offenbar auch ein enger Kontakt zu einem Breslauer Rabbiner und Religionsphilosophen, der später sogar von auswärts zu *Staubs* Beerdigung anreiste und gemäß einem zeitgenössischen Zeitungsartikel[6] „ein Lehrer des Verewigten", also von *Staub*, war. Gemeint ist *Jakob Guttmann*, der nach einer Promotion über *Spinoza* und *Descartes* bereits mit 25 Jahren den Breslauer Rabbiner vertrat,[7] also kurz vor dem Studienbeginn *Staubs* in Breslau[8]. Möglicherweise ist schon in dieser Zeit der Kontakt zwischen *Staub* und *Guttmann*, einem „der bedeutendsten Forscher auf dem Gebiet der jüdischen Religionsphilosophie"[9], entstanden, zumal *Staub* und *Guttmann* in ihren Grundüberzeugungen übereinstimmten: Beide gehörten innerhalb des Judentums zur liberaleren Richtung, waren keine Zionisten, sehr auf die deutsche Kultur bezogen und vielfältig wissenschaftlich tätig. Für eine „talmudische Darstellungsweise" – dazu später – hatte *Staub* aufgrund des Kontaktes zu seinem „Lehrer" *Guttmann* jedenfalls Einblicke erhalten, die über den üblichen Religionsunterricht erheblich hinausgingen.

Samuel Staub also blieb bei seinem jüdischen Glauben – wie zum Beispiel auch der fast gleichalte *Philipp Lotmar*, wie (bis kurz vor seinem Tod) der ebenfalls fast gleichalte *Georg Jellinek* und wie der gleichalte *Louis Goldschmidt*. Allen vier, dem Handelsrechtler *Staub*, dem Arbeitsrechtler *Lotmar*[10],

[5] Dazu u.a. *Walter Pauly* Paul Laband, in: Helmut Heinrichs u.a. (Hrsg.), Deutsche Juristen jüdischer Herkunft, München 1993, S. 301 ff. (305).

[6] Eine Kopie des undatierten Zeitungsartikels ist dem Verf. dankenswerterweise von Herrn *Neustadt* zur Verfügung gestellt worden. Die Quelle ist auf der Kopie leider nicht angegeben, so daß eine genauere Zuordnung nicht möglich war.

[7] Zu ihm neuestens zusammenfassend *Jörg Schneider* Die jüdische Gemeinde in Hildesheim von 1871–1942, online-Dissertation, http://webdoc.sub.gwdg.de/diss/1999/schneider/ii-te3.pdf, dort S. 3–7 (1. 4. 2006).

[8] Die Vertretung durch *Guttmann* erfolgte ab 1870, als *Staub* 14 Jahre alt war. *Guttmann* trat sein nächstes Amt (in Hildesheim) 1874 an. *Staub* war ab Oktober 1874 in Breslau immatrikuliert.

[9] *Salomon Wininger* Große Jüdische National-Biographie, Bd. 2, Reprint Nendeln/Liechtenstein 1979, S. 567 f.

[10] 1850–1922, Arbeitsrechtler in Bern. Zu ihm zusammenfassend jetzt Pio Caroni (Hrsg.), Colloquium zum 150. Geburtstag, Frankfurt/M. 2003; zu *Lotmars* Ansichten zu den „positiven Vertragsverletzungen" vgl. auch *Hans-Georg Hermann* Mehr Lotse als Entdecker. Ein Rückblick auf *Hermann Staub* nach 100 Jahren, in diesem Band S. 25 ff. (31).

dem Staatsrechtler *G. Jellinek*[11] und dem Zivilrechtler *Louis Goldschmidt*[12], blieb später eine akademische Karriere in Deutschland verwehrt bzw. erschwert, was in der Summe kein Zufall, sondern *generationenspezifisch* ist. Daß *Heinrich Rosin*, ein Jahr jünger als Staub und ebenfalls aus Ostpreußen stammend, als „jüdischer Jurist" im liberalen Freiburg ein staatsrechtliches Ordinariat ohne die Konzession der Taufe erreichen konnte,[13] war hingegen für die 1850–60 geborenen jüdischen Juristen die große Ausnahme. Zwar gab es auch im süddeutschen Liberalismus antijüdische Strömungen, doch schon in den Jahrzehnten vor der Berufung *Rosins* hatten in Baden und besonders in Heidelberg[14] jüdische Juristen mindestens zeitweise akademische Karrieren machen können.

Ein kurzes Wort zur Terminologie: Es gibt für die hier untersuchte Zeit keine Möglichkeit, jüdische Juristen jenseits antisemitischer Kriterien als eine Gruppe zu konstituieren, die Gemeinsamkeiten all ihrer Mitglieder *als Juristen* beschreibt.[15] Auch in der antisemitisch motivierten Fremdwahrnehmung „jüdischer Juristen" konkurrierten in jener Zeit verschiedene Kriterien, mit denen die Gruppenzuschreibung im Einzelfall begründet wurde. Zudem war gerade im hier untersuchten Zeitraum – also der Lebenszeit *Staubs* – die aktuelle oder ehemalige Zugehörigkeit zur jüdischen Religion in der Selbst- und Fremdwahrnehmung der dadurch beschriebenen Gruppe vielfach unbedeutend. Es ist daher (nur) eine methodisch nicht unproblematische *ex-post*-Perspektive, wenn dualistisch, aber immerhin sprachlich griffig zwischen jüdischen und anderen Juristen unterschieden wird. Der Terminus „Juristen jüdischer Herkunft"[16] ist dabei noch problematischer, denn auch in der heutigen säkularisierten Gesellschaft schreibt niemand über „Ju-

[11] 1851–1911, nach vielen Umwegen ab 1890 Staatsrechtslehrer in Heidelberg. Zu ihm zusammenfassend Stanley L. Paulson (Hrsg.), Georg Jellinek: Beiträge zu Leben und Werk, Tübingen 2000, außerdem *Klaus Kempter* Die Jellineks 1820–1955: eine familienbiographische Studie zum deutsch-jüdischen Bildungsbürgertum, Düsseldorf 1998.

[12] Zu *Louis* (nicht *Levin*) *Goldschmidt* unten bei Fn. 41.

[13] Dazu *Alexander Hollerbach* Heinrich Rosin, in: Heinrichs, Deutsche Juristen jüdischer Herkunft (Fn. 5), S. 369ff.

[14] *Norbert Giovannini/Christian Jansen* Judenemanzipation und Antisemitismus an der Universität Heidelberg, in: Norbert Giovannini u.a. (Hrsg.), Jüdisches Leben in Heidelberg, Heidelberg 1992, S. 155ff.

[15] So auch *Hubert Lang* Juristen jüdischer Herkunft in Leipzig, in: 63. Deutscher Juristentag in Leipzig vom 26.–29. September 2000 (= Tagungsbroschüre und Beilage u.a. zur Neuen Juristischen Wochenschrift 35/2000), S. 60.

[16] So z.B. *Helmut Heinrichs* in: ders., Deutsche Juristen jüdischer Herkunft (Fn. 5), S. IXf., mit einer Begründung für diese Terminologie. Mit diesem Ansatz sind zum Beispiel die getauften Mitglieder dieser Gruppe nur dann erfaßt, wenn „Herkunft" als eine unveränderbare Kategorie verstanden wird, obwohl vor der Vorherrschaft des rassisch motivierten Antisemitismus die Taufe für die meisten Zeitgenossen das „Jüdischsein" vollständig beseitigte. Zudem erscheint es wenig adäquat, einem (nicht getauften) Juden eine bloß „jüdische Herkunft" zuzusprechen.

risten *christlicher* Herkunft", so daß jene Terminologie auch aus heutiger Perspektive eine abgesonderte und – mangels Analogon auf christlicher Seite – isolierte Gruppe konstituiert.[17] Daher wird im folgenden bei jüdischer Religionszugehörigkeit von jüdischen Juristen gesprochen.[18]

Vorerst also studierte *Samuel Staub* im „liberalen Jahrzehnt" nach der Reichsgründung,[19] und für den Studenten in Breslau, Leipzig und Berlin lagen alle süddeutschen Universitäten weit außerhalb seines Horizonts. Es war die Zeit, als erstmals einige „jüdische Juristen" Richter werden konnten,[20] als die Hindernisse bei Promotionen „jüdischer Juristen" verringert wurden[21] und als ihre Universitätskarrieren auch jenseits von Heidelberg nicht mehr von vornherein ausgeschlossen waren. Die Abwehrhaltung, mit der zum Beispiel auch *Savigny* der Vorstellung von jüdischen Kollegen an der juristischen Fakultät der Berliner Universität entgegengetreten war,[22] war nun immerhin in Einzelfällen überwindbar.

Und so konnte *Samuel Staub* als Student in Berlin und Leipzig miterleben, wie zum Beispiel der Handelsrechtler und jüdische Jurist *Levin Goldschmidt* nach jahrelangen Restriktionen seine akademische Karriere beginnen und in Preußen fortsetzen konnte:[23] Der Berufung an das Reichs-Oberhandelsgericht in Leipzig, 1869/70 als Vorläufer des Reichsgerichts gegründet,[24] folgte 1875 *Goldschmidts* Wechsel an die Berliner Universität. Und wie inzwischen – über *Helmut Heinrichs* Text zu *Staub* in den „Deutschen Juristen jüdischer Herkunft" hinaus – ermittelt werden konnte, hat *Samuel Staub* in Berlin auch bei *Levin Goldschmidt* studiert.[25] Eine nur vorübergehende Normalität.

[17] Ähnlichen Bedenken begegnet der häufig verwandte Begriff „getaufte Juden".

[18] Ist eine Taufe erfolgt (bei den Betreffenden selbst oder ihren Eltern/Großeltern), wird der Begriff „Getaufte" in Anführungszeichen verwendet.

[19] Zu den Daten und Orten vgl. *Jan Thiessen*, „Ein ungeahnter Erfolg" – zur (Rezeptions-)Geschichte von *Hermann Staubs* Kommentaren, in diesem Band S. 55ff.; außerdem *Tillmann Krach* Der Anwalt *Hermann Staub*. Ein Schlaglicht, in diesem Band S. 3ff.

[20] Dazu umfassend *Barbara Strenge* Juden im preußischen Justizdienst 1812–1918. Der Zugang zu den juristischen Berufen als Indikator der gesellschaftlichen Emanzipation, München 1996; dazu meine Rezension in Ius Commune – Zeitschrift für Europäische Rechtsgeschichte, Jg. 25 (1998), S. 590ff.

[21] Für die Zeit bis zum Vormärz: *Monika Richarz* Der Eintritt der Juden in die akademischen Berufe. Jüdische Studenten und Akademiker in Deutschland 1678–1848, Tübingen 1974.

[22] Dazu *Henne/Carsten Kretschmann* Der christlich fundierte Antijudaismus Savignys und seine Umsetzung in der Rechtspraxis, Zeitschrift der Savigny-Stiftung für Rechtsgeschichte, Germanistische Abteilung, Jg. 2002, S. 250–315.

[23] Vgl. ausführlich *Lothar Weyhe* Levin Goldschmidt: Ein Gelehrtenleben in Deutschland, Berlin 1996, dazu meine Anmerkungen zu *Ch. Wollschlägers* Rezension des Buches in der Zeitschrift für das gesamte Handelsrecht und Wirtschaftsrecht (ZHR), Bd. 162 (1998), S. 722ff.

[24] Dazu *Henne* Rechtsharmonisierung durch das „Reichsgericht" in den 1870er Jahren, Manuskript der Habilitationsschrift.

[25] Belege bei *Tillmann Krach*, in diesem Band S. 3.

Denn es blieben erstens die informellen Zurücksetzungen, denen die „jüdischen Juristen“ nach wie vor ausgesetzt waren – antijüdische Haltungen waren noch immer der dominierende kulturelle Habitus.[26] Und es war zweitens die fundamentale inhaltliche Änderung der antijüdischen Haltungen, die die zeitweise Öffnung der Justiz- und Hochschulkarriere für „jüdische Juristen“ wieder beendete. Gemeint ist der „Berliner Antisemitismusstreit“, mit dem der Übergang zum säkularisierten, ethnologisch motivierten und genuin antiliberalen Antisemitismus ab 1879–81 manifest wurde und vor allem erstmals in größerem Umfang im akademischen Milieu Unterstützung fand. Von Kathedern der Berliner Universität aus kämpfte *Heinrich von Treitschke* für jenen Paradigmenwechsel und löste eine zeitweise fast atemlose, polemische Auseinandersetzung aus, die immer zugleich auch eine Identitätsdebatte war.[27] Der staatlichen Einigung seit 1871 folgte auf diese Weise die zweite, innere Reichsgründung; auf der Ebene der kollektiven Identität durch die verstärkte Frage nach Nation und Homogenität. Dafür war die „Stellung der Juden“ nicht selten nur das Transportmittel, doch durchgängig zum Nachteil der Juden.

Vor allem norddeutsche Jurastudenten, also *Staubs* Studienkollegen, unterschrieben während des „Berliner Antisemitismusstreits“ in großer Anzahl eine antisemitische Massenpetition.[28] Als *Samuel Staub* in Leipzig 1880 mit einer Arbeit zu einem gemeinrechtlichen Thema promoviert war, hatte jenes neue antisemitische Motivbündel also gerade die Meinungsführerschaft unter den preußischen und auch den sächsischen Jurastudenten erreicht. Auch *Levin Goldschmidt* konnte sich diesem Wechsel von der christlich motivierten Judenfeindschaft zum modernen Antisemitismus nicht erfolgreich entgegenstellen.

In nur wenigen Jahren hatte sich also für einen jüdischen Juristen wie *Staub* fast alles geändert: Die konservativ-etatistische Wende der Innenpolitik von 1878/79 war nicht nur zusammengetroffen mit dem Inkrafttreten der Reichsjustizgesetze (eine zeitliche Parallelität, die häufig übersehen wird, aber zum Beispiel die Besetzung der Richterbank im Leipziger Reichsgericht prägte), sondern *Bismarcks* Bruch mit den Nationalliberalen 1878/79 ging auch einher mit dem Eindringen des „modernen“, rassisch-biologisch

[26] *Šûlāmît Volkov* Antisemitismus als kultureller Code, 2. Aufl., München 2000.

[27] Der „Berliner Antisemitismusstreit“ 1879–1881: Eine Kontroverse um die Zugehörigkeit der deutschen Juden zur Nation, kommentierte Quellenedition im Auftrag des Zentrums für Antisemitismusforschung bearbeitet von Karsten Krieger, München 2003; dazu meine Rezension in Frankfurter Rundschau, 26. 4. 2004, S. 13.

[28] Eine detaillierte Aufschlüsselung der Anzahl der Unterzeichner nach den einzelnen Universität bei *Norbert Kampe* The Friedrich Wilhelms Universität of Berlin: A Case Study on the Students „Jewish Question“, in: Jahrbuch des Leo Baeck-Instituts, Bd. 32 (1987), S. 43ff. (51).

begründeten Antisemitismus in das akademische Milieu. In Berlin, Leipzig und einigen anderen norddeutschen Städten war eine ganze Studentengeneration über die Stellung zum Antisemitismus politisiert und sozialisiert worden. Nicht zufällig war der Antisemitismus zehn Jahre später, als diese Studenten die gesellschaftlichen Führungspositionen erreicht hatten, zur weitgehend unangefochtenen sozialen Norm geworden. Daher drang der erstarkende Rassenantisemitismus auch in die preußische Verwaltung vor: Rund zehn Jahre später, ab 1892, mußten Stellenbewerber für die Justiz auch einen (eigenen!) früheren (!) Religionswechsel angeben.[29] *Staub* war auch insoweit ein genauer Beobachter seiner Zeit: Als er 1901 die rhetorische Frage stellte

> Wann „werden wir im Deutschen Reiche endlich so weit sein, wie vor 100 Jahren der Gesetzgeber des Preußischen Landrechts, der in § 5 II 11 ALR. bestimmte: ‚Der Staat kann von einem einzelnen Unterthan die Angabe, zu welcher Religionspartei sich derselbe bekennt, nur alsdann fordern, wenn die Kraft und Gültigkeit gewisser bürgerlicher Handlungen davon abhängt'"?

gab er die Anwort gleich selbst: „zur Zeit keine Aussicht".[30]

Als *Staub* 1882 sein Assessorexamen mit „Gut" bestanden hatte, gehörte er zwar zu den rund 10 % der Besten seines Jahrgangs.[31] Doch war die Möglichkeit einer Justizkarriere faktisch bereits wieder verschlossen; die damals rund 130 jüdischen Richter in Preußen – unter ihnen der zehn Jahre ältere *Albert Mosse*, Bearbeiter eines Kurzkommentars zum Handelsgesetzbuch[32] – erhielten in den Folgejahren kaum noch Zuwachs. Auch der erste Reichsgerichtsrat jüdischen Glaubens, der 1887 ernannte Handelsrechtler *Jakob Friedrich Behrend*, blieb nicht zufällig bis in die letzten Wochen des Kaiserreichs der einzige.[33] Hinzu kam, daß Justizaspiranten damals einen jahrelangen unbesoldeten Justizdienst durchlaufen mußten, was bei *Staubs* kleinbürgerlicher Herkunft vermutlich zusätzlich von vornherein zum Ausschluß

[29] *Thomas Ormond* Richterwürde und Regierungstreue. Dienstrecht, politische Betätigung und Disziplinierung der Richter in Preußen, Baden und Hessen, Frankfurt/M. 1994, S. 495.

[30] Die Zitate in *Staubs* Rubrik „Juristische Rundschau" in DJZ 1901, 203. Von *Staub* zitiert wird Teil II, Titel 11, § 5, vgl. *Hans Hattenhauer* Allgemeines Landrecht für die Preußischen Staaten von 1794, 3. Aufl., Neuwied 1996, S. 549.

[31] Die Prozentzahl bei *Strenge* Juden im Justizdienst (Fn. 20), S. 257.

[32] Zu ihm *Joachim Rott* Albert Mosse (1846–1925) – Deutscher Jude und preußischer Richter, NJW 2005, 563ff. *Mosse* war an dem HGB-Kurzkommentar von *Felix Litthauer* ab der 13. Aufl. 1905 beteiligt.

[33] Dazu genauer *Henne* „Jüdische Richter" am Reichs-Oberhandelsgericht und am Reichsgericht bis 1933, in: Ephraim Carlebach Stiftung/Sächsische Landeszentrale für politische Bildung (Hrsg.), Antisemitismus in Sachsen im 19. und 20. Jahrhundert, Dresden 2004, S. 142ff.

von einer Justizkarriere führte. Und so wurde *Staub*, wie sein Schwager *Arthur Schindler* in einem Nachruf schreibt, stattdessen „inoffizieller Vertrauensmann der Justizverwaltung bei Besetzung höherer Richterstellen".[34] Es war also nicht die „Juristenschwemme" um die Jahrhundertwende,[35] die *Staub* den Justizdienst von vornherein verschloß, sondern der zeitgenössische Antisemitismus, verbunden mit sozialer Selektion.

Wie stand es mit den Aussichten für eine Universitätskarriere? Bereits 1883 erschien ein zivilprozessualer Aufsatz *Staubs* in einer angesehenen Zeitschrift,[36] weitere Publikationen folgten. „Unter diesen ersten Arbeiten", stellt zwar *Helmut Heinrichs* in seinem grundlegenden Artikel zu *Staub* in den „Deutschen Juristen jüdischer Herkunft" fest, war „kein großer Wurf".[37] Doch erstens differieren die Wertungen von Zeitgenossen und *ex-post*-Betrachtern bekanntlich nicht selten stark, und zweitens war diese erste Publikation jedenfalls für *Staub* von großer Bedeutung, worauf er 1901 sogar öffentlich hinwies.[38] Für die Möglichkeit einer Universitätskarriere jüdischer Juristen war aber vor allem von Bedeutung, daß just in diesen Jahren einflußreiche Zivilrechtler starben: *Bernhard Windscheid*, Verfasser eines legendären Pandektenlehrbuchs,[39] und *Rudolf v. Jhering*, der als Begründer der Interessenjurisprudenz und als „Erfinder" der „culpa in contrahendo", dem Gegenstück zur „positiven Vertragsverletzung", gilt.[40] Beide, *Windscheid* wie *Jhering*, hatten im jüdischen Glauben *kein* Ausschlußkriterium

[34] *Arthur Schindler* Männer der Wissenschaft. Hermann Staub, in: Der Orden Bne Briss. Mitteilungen der Großloge für Deutschland VIII. U.O.B.B., Jg. 1932, S. 98f. (= Festnummer zum Ordenstag 1932; die Festnummerpaginierung ist fortlaufend in den Jahrgang 1932 der „Mitteilungen" integriert), in diesem Band S. 169ff.

[35] Dazu *Thomas Kolbeck* Juristenschwemmen. Untersuchungen über den juristischen Arbeitsmarkt im 19. und 20. Jahrhundert, Frankfurt/M. 1978.

[36] Der Tenor im Pfandrechtsprozesse, in: Gruchots Beiträge zur Erläuterung des deutschen Rechts, Bd. 27 (1883), S. 707ff.

[37] *Helmut Heinrichs* in: ders., Deutsche Juristen jüdischer Herkunft (Fn. 5), S. 385ff. (389).

[38] *Staub* schrieb in DJZ 1901, 547 zum 25-jährigen Jubiläum von Gruchots Beiträgen: „Aber auch das Verdienst gebührt ihnen [den Herausgebern Rassow und Küntzel], daß ihr Blatt schon für manchen Autor das Trittbrett gewesen, auf dem er das erste Mal versucht hat, die Höhen der litterarischen Thätigkeit zu erklimmen. Ich selbst erinnere mich des frohen Gefühls, als ich im Jahre 1883 von dem damaligen Landgerichtsrat Küntzel die Nachricht erhielt, daß mein Aufsatz ‚Der Tenor im Pfandrechtsprozesse', – mein erster litterarischer Versuch – von der Redaktion angenommen sei und demnächst erscheinen werde." Hätte Staub damals eine Ablehnung erhalten, hätte er vielleicht nie kommentiert und die pVV ‚entdeckt'.

[39] Zu ihm *Ulrich Falk* Ein Gelehrter wie Windscheid. Erkundungen auf den Feldern der sogenannten Begriffsjurisprudenz, 2. Aufl., Frankfurt/M. 1989.

[40] Dazu *Tomasz Giaro* ‚Culpa in contrahendo'. Eine Geschichte der Wiederentdeckungen, in: Ulrich Falk/Heinz Mohnhaupt (Hrsg.), Das Bürgerliche Gesetzbuch und seine Richter, Frankfurt/M. 2000, S. 113ff.

für eine akademische Karriere gesehen,[41] starben aber im Jahr 1892. Was das bedeutete, läßt sich wiederum generationsspezifisch am Weg des *Jhering*-„Schülers" und heute nahezu vergessenen jüdischen Juristen *Louis* (nicht *Levin*) *Goldschmidt* zeigen, der 1856, also im gleichen Jahr wie *Staub*, in Breslau geboren wurde.[42] Der Romanist *Goldschmidt*, seit 1886 Privatdozent in Göttingen, schrieb 1889 eine umfassende Kritik des späteren BGB[43], wurde von *Jhering* umfassend gefördert[44] und übernahm schon als Privatdozent ein Gutachten zum 21. Deutschen Juristentag 1891[45] – doch nach dem Tod von *Jhering* (1892) wurde er Amtsrichter in Gelsenkirchen.[46] Eine akademische Karriere gelang ihm nicht; auch gibt es keine weiteren Publikationen. Der Berliner Staatsrechtler *Rudolf v. Gneist*,[47] mit einem eigenen Verein gegen den Antisemitismus engagiert, nannte all dies zutreffend die „Umkehrung der Verfassung durch die Verwaltung".[48]

Auch die geradezu spektakulären Erfolge von *Staubs* HGB-Kommentar[49] konnten also die für eine Universitätskarriere „falsche" Konfession *Staubs* nicht vergessen machen; es reichte nicht, Mitgründer der Deutschen Juristen-Zeitung, der damals wohl angesehensten Zeitschrift, und zudem Alleinautor des zeitgenössisch am meisten benutzten HGB-Kommentars zu sein. Schon 1863 hatte der erwähnte *Gneist* in einem Brief formuliert, daß ein Habilitationskandidat in Berlin „wegen seiner Confession hier nicht gut

[41] Das ergibt sich aus einem Brief *Jherings* an *Windscheid* wegen des gleich ausführlicher behandelten *Louis Goldschmidt*. *Jhering* bat am 30. 12. 1883 *Windscheid* um Förderung von *L. Goldschmidt* und schrieb weiter: „Daß er ein Jude ist, wird ihm bei Dir so wenig schaden wie bei mir." (abgedruckt bei Karl Kroeschell (Hrsg.), Jherings Briefe an Windscheid 1870–1891, Göttingen 1988, S. 52).

[42] Gemäß *Salomon Wininger* Große jüdische National-Biographie, Bd. 2, Reprint Nendeln/Liechtenstein 1979, S. 494, wurde *Louis Goldschmidt* am 2. 11. 1856 in Breslau geboren. Ansonsten ist *Louis Goldschmidt* in kaum einer rechtshistorischen oder jüdischen Biographiesammlung erwähnt.

[43] Kritische Erörterungen zum Entwurf eines Bürgerlichen Gesetzbuchs, Leipzig 1889.

[44] *Louis Goldschmidt* übernahm z.B. die 5. Aufl. von *Jherings* Civilrechtsfälle ohne Entscheidungen, Jena 1888 (vgl. die Vorrede; nur auf dem Titelblatt ist *Jhering* als alleiniger Bearbeiter angegeben) und publizierte 1886 in Bd. 24 von *Jherings* „Jahrbücher für die Dogmatik des heutigen römischen und deutschen Privatrechts", S. 33 ff.

[45] Verhandlungen des Deutschen Juristentages, Bd. 21/I, S. 121 ff.

[46] *Rudolph v. Jhering* Civilrechtsfälle ohne Entscheidungen, 6. Aufl. 1892, Vorrede S. 1. Zu *Goldschmidts* weiterem Weg auch Karl Kroeschell (Hrsg.), Jherings Briefe an Windscheid 1870–1891, Göttingen 1988, S. 69.

[47] Die Forderung aus Fn. 4, bei Staatsrechtlern die Herkunft aus dem Zivilrecht nicht zu vernachlässigen, ist bei *Gneist* jetzt umgesetzt bei *Dirk Eßer* Gneist als Zivilrechtslehrer, Paderborn 2004; dazu meine Rezension in *forum historiae iuris*, Internetzeitschrift, www.forhistiur.de/zitat/0504henne.htm (1. 4. 2006).

[48] Zit. nach Monika Richarz (Hrsg.), Jüdisches Leben in Deutschland, Bd. 2: Selbstzeugnisse zur Sozialgeschichte im Kaiserreich, Stuttgart 1979, S. 32.

[49] Dazu *Jan Thiessen* „Ein ungeahnter Erfolg" – zur (Rezeptions-)Geschichte von *Hermann Staubs* Kommentaren, in diesem Band S. 55 ff.

vorwärts kommen kann",[50] und bis zu *Staubs* Tod hatte sich daran – abgesehen von *Levin Goldschmidts* Berufung in den insoweit liberaleren 1870er Jahren – nichts geändert. In einem Nachruf auf *Staub*, der in einer Zeitung publiziert wurde, stellte der anonyme Verfasser trocken fest: *Staubs* Berufung „als ordentlicher Professor an die Berliner Universität, die einmal in Aussicht genommen war, scheiterte aus konfessionellen Gründen".[51] Wohlgemerkt: Nach diesem Hinweis erfolgte *Staubs* Diskriminierung aus religiösen, nicht aus rassischen Motiven.

Nicht nur für *Staub* war dieses Hindernis unüberwindbar:[52] Nach *Levin Goldschmidt* und bis zu *Staubs* Tod 1904 gab es an der Berliner Juristischen Fakultät keinen „nicht getauften" jüdischen Ordinarius.[53] Der Antisemitismus ging dabei von der Fakultät aus; in der Zeit des sogenannten „Systems Althoff" (1889–1907) galten die verantwortlichen Ministerialbeamten nicht als antisemitisch.[54] Weil sich die Lage bald nach *Staubs* Tod und in der Zeit der Weimarer Republik jedenfalls etwas besserte, lag hier – wie bei seiner anfangs erwähnten Ablehnung einer Taufe in der Jugend – wiederum eine generationsspezifische Erfahrung vor. Und zwar eine des Juristen *Staub*: Nur die numerisch kleinste der drei weltlichen Berliner Fakultäten verfuhr

[50] *Rudolf von Gneist* an *K.J.A. Mittermaier*, Brief v. 21. 6. 1863, abgedruckt bei Erich J. Hahn (Hrsg.), Briefwechsel Karl Josef Anton Mittermaier – Rudolf von Gneist, Frankfurt/M. 2000, S. 134. Es ging um *Eduard Fischel*, der akademisch nach 1863 offenbar nicht mehr hervorgetreten ist.

[51] Eine Kopie des Zeitungsartikels wurde dem Verf. dankenswerterweise von Herrn *Neustadt* zur Verfügung gestellt. Das genaue Datum und die Quelle ließen sich leider nicht ermitteln. Auch ein weiterer, ebenfalls kurzer Zeitungsartikel zu *Staubs* 10. Todestag stellt damit übereinstimmend fest: *Staub* „lehnte einen ihm angebotenen Lehrstuhl an der Berliner Universität wegen der daran geknüpften Bedingung des Glaubenswechsels ab." (auch hier ist die Quelle der dem Verf. vorliegenden Kopie nicht zu ermitteln).

[52] Dazu allgemein z.B. *Notker Hammerstein* Antisemitismus und deutsche Universitäten 1871–1933, Frankfurt/M. 1995 mwN., und *Norbert Kampe* Jüdische Professoren im Deutschen Kaiserreich. Zu einer vergessenen Enquete Bernhard Breslauers, in: Rainer Erb u.a. (Hrsg.), Antisemitismus und jüdische Geschichte. Studien zu Ehren von Herbert A. Strauss, Berlin 1987, S. 185ff.

[53] Die „nicht getauften" jüdischen Ordinarien in Berlin bis zum Ende der Weimarer Republik waren an der Juristischen Fakultät außer *Levin Goldschmidt* (1829–1897): *James Paul Goldschmidt* (1874–1940), *Fritz Schulz* (1879–1957), *Martin Wolff* (1872–1953) und *Hermann Dersch* (1883–1951). Getauft waren *Heinrich Dernburg* (1829–1907), *Ernst Rabel* (1874–1955) und *Erich Kaufmann* (1880–1972). Für die Zusammenstellung danke ich Frau *Aleksandra Pawliczek* (Berlin), die z.Zt. eine Dissertation mit dem Arbeitstitel „Wissenschaftlicher Alltag und Elitenauslese. Jüdische Dozenten an der Friedrich-Wilhelms-Universität 1871–1933" erstellt.

[54] Althoff selbst bezeichnete den Antisemitismus als „Sozialismus der Dummköpfe", vgl. *Bernhard vom Brocke* Hochschul- und Wissenschaftspolitik in Preußen und im Deutschen Kaiserreich 1882–1907: das „System Althoff", in: Peter Baumgart (Hrsg.), Bildungspolitik in Preußen zur Zeit des Kaiserreichs, Stuttgart 1980, S. 96. Für den Hinweis danke ich Frau *Aleksandra Pawliczek*; zu ihrem Projekt oben Fn. 53.

zu *Staubs* Lebzeiten derart rigide; bei den Medizinern und in der Philosophischen Fakultät waren die Karrierechancen jüdischer Wissenschaftler besser.[55]

Wohlgemerkt: Es war die Zeit, in der aus Sicht der meisten Zeitgenossen eine Taufe noch eine *andere* Sichtweise auf den Bewerber herbeiführte; eine von jüdischen Organisationen um die Jahrhundertwende in Auftrag gegebene umfassende Untersuchung zur Karriere sog. „getaufter Juden" erbrachte zur Überraschung der Auftraggeber, daß die Karrieren „getaufter jüdischer Juristen" auf Justizposten sogar überdurchschnittlich erfolgreich waren.[56] *Staub* aber blieb bei seinem Glauben und wurde nicht Richter oder Universitätsdozent, sondern, wie sein bereits erwähnter Schwager *Schindler* schreibt, ein „erfolgreicher Dozent" bei „handelsrechtlichen Kursen für Volksschullehrer". Was für eine Lehrerausbildung!

Nur eine Konzession machte *Staub*: Aus *Samuel* wurde *Hermann*. „Seit dem Eintritt in das Berufsleben",[57] jedenfalls aber in allen Publikationen *Staubs* gibt es nur noch *Hermann Staub*.[58] Soweit ersichtlich, war „Hermann" nicht der zweite Vorname *Staubs* gewesen,[59] denn zum Beispiel in allen vorliegenden Unterlagen zu *Staubs* Studium findet sich nur der Vorname „Samuel".[60] Stattdessen erfolgte ein Vornamen*wechsel*, denn selbst in dem Nachruf seines Schwagers für eine jüdische Loge[61] und auch auf dem Grabstein[62] ist nur von „Hermann Staub" die Rede.

Ein solcher Vornamenwechsel war seit 1855 in Preußen strafrechtlich erlaubt[63] und seit 1867 sogar nicht mehr genehmigungsbedürftig.[64] Weil nicht

[55] Dazu *Aleksandra Pawliczek* Kontinuität des informellen Konsens' – Die Berufungspolitik der Universität Berlin und ihre jüdischen Dozenten im Kaiserreich und in der Weimarer Republik, in: Rüdiger v. Bruch/Uta Gerhardt (Hrsg.), Kontinuität und Diskontinuität in der Wissenschaftsgeschichte des 20. Jahrhunderts, erscheint 2006.

[56] *Bernhard Breslauer* Die Zurücksetzung der Juden im Justizdienst (Denkschrift im Auftrage des Verbandes der Deutschen Juden), Berlin 1907, besonders S. 5. Zu dieser Publikation *Peter Pulzer* Religion and Judicial Appointments in Germany, 1869–1918, in: Leo Baeck Institute Year Book Bd. XXVIII (1983), S. 185 ff., hier 201.

[57] *Heinrichs* Staub (Fn. 37), S. 386.

[58] Wenn ein Vorname angegeben ist, was zeitgenössisch bei Publikationen nicht immer üblich und in der erwähnten ersten Publikation *Staubs* noch nicht der Fall war.

[59] So aber *Heinrichs* Staub (Fn. 37), S. 386. Nach einer Mitteilung von Herrn *Neustadt* wird *Staub* in den Unterlagen des Jüdischen Friedhofs Berlin-Weißensee zwar als „Samuel Hermann" geführt und ist in der Kartei unter „Samuel" eingeordnet, doch erscheint es gut möglich, daß hier eine postmortale Änderung z. B. in der Zeit nach 1933 erfolgte. Vgl. auch unten Fn. 67.

[60] Mitteilung von Herrn *Neustadt*, Brief v. 18. 3. 2006 an den Verf.

[61] *Schindler* Hermann Staub (Fn. 34).

[62] Vgl. das Photo von der Grabstätte in diesem Band S. 177.

[63] Urteil des Preußischen Obertribunals v. 20. 9. 1855, Goltdammers Archiv für das Preußische Strafrecht, Bd. 3, S. 834 f.; nachgewiesen bei *Dietz Bering* Der Name als Stigma. Antisemitismus im deutschen Alltag 1812–1933, Stuttgart 1987, S. 112.

[64] Verfügung v. 12. 7. 1867; nachgewiesen bei *Bering* Name als Stigma (Fn. 63), S. 136.

wenige Vor- und Nachnamen als jüdisch galten und damit unmittelbar Antisemitismus auslösten, gab es von 1872–1901 einen massiven und gut belegten Anstieg von *Nach*namensänderungen. Es ist aber, so der maßgebende Autor zum Namenswechsel, „sehr schwer abzuschätzen, wie oft Juden nachträglich Vornamen gewechselt haben. [...] Jedenfalls, die Antisemiten prangerten die Vornamenwechsel immer als unerlaubte Täuschungsmanöver an.“[65] Letzteres scheint bei dem nunmehrigen *Hermann Staub* aber nicht erfolgt zu sein. Ab 1897/98 war der Wechsel des Vornamens in Folge eines Urteils des Reichsgerichts wesentlich erschwert,[66] doch nun war aus dem Studenten *Samuel Staub* schon der Rechtsanwalt und Autor *Hermann Staub* geworden. „Hermann“ war dabei nicht zufällig: In *Staubs* Familie war der Vorname „Heimann“ verbreitet,[67] und zudem paßte der „germanische“ Vorname „Hermann“ zu jenem zeitgenössisch häufigen „Angleichungswillen“, der weg von den als Stigma empfundenen Namen hin zu besonders „deutschen“ Namen führte. Dieser Weg von *Samuel* zu *Hermann Staub* war nicht untypisch: Die „Änderung des Rufnamens hat [...] als typische Assimilationsform für jene zu gelten, die – ganz nach der Formel des ‚Central-Vereins‘ – ‚deutsche Bürger jüdischen Glaubens‘ sein wollten“.[68]

In seinem Hauptberuf als Rechtsanwalt unterlag *Hermann Staub* nur wenigen formalen Restriktionen, denn im Zusammenhang mit den Reichsjustizgesetzen von 1879 war die staatliche Konzessionierung der Anwaltschaft beseitigt.[69] Der Anwaltsberuf wurde daher, wie *Tillmann Krach* geschrieben hat, seit den 1880er Jahren zur „klassischen Juristenprofession“[70] für die jüdische Bevölkerung in Preußen, *Staubs* Weg war insoweit also ganz durchschnittlich. Auch *Staubs* kleinbürgerliche Herkunft erschwerte hier zwar den Anfang, nicht aber dauerhaft seine Karriere, schon weil in dieser Zeit und erstmals viele jüdische Juristen wie er aus dem kleinbürgerlichen Milieu der ostpreußischen Provinzen stammten.

[65] *Bering* Name als Stigma (Fn. 63), S. 122 bzw. S. 138.

[66] Das Urteil v. 17. 9. 1897 ist nachgewiesen bei *Bering* Name als Stigma (Fn. 63), S. 139 mit Fn. 60; zur früheren Rechtsprechung RGSt 22, 60, Urteil v. 4. 6. 1891.

[67] Dankenswerte Mitteilung von Herrn *Neustadt*. Danach wurde auch *Staub* der Name „Heimann“ in mehreren Dokumenten zugeschrieben. So wurde *Staub* in der Geburtsurkunde seiner Tochter *Margarete* vom Standesbeamten als „Samuel Heimann“ aufgenommen, obwohl er selbst nur mit „Samuel“ unterschrieb. Auch die Heiratsurkunde von *Staubs* Tochter verzeichnet deren verstorbenen Vater als „Samuel Heimann“. Die Geburtsurkunde *Staubs* konnte noch nicht ermittelt werden.

[68] *Bering* Name als Stigma (Fn. 63), S. 243. „Central-Verein“ meint den 1893 in Berlin gegründeten „Central-Verein deutscher Staatsbürger jüdischen Glaubens“. Dazu unten bei Fn. 73.

[69] Dazu neuestens *Tillmann Krach* Eine kleine Geschichte der deutschen Anwaltschaft, in: Michael Streck u.a. (Hrsg.), Historische und gesellschaftliche Grundlagen des Anwaltsberufs, Berlin 2005, S. 29ff. (36f.).

[70] *Tillmann Krach* Jüdische Rechtsanwälte in Preußen, München 1991, S. 31.

Staubs schnelle Karriereschritte auch schon vor der Publikation der noch heute bekannten Kommentare sind aber um so auffälliger, wenn man die starke Zunahme der preußischen Anwaltszahlen berücksichtigt – sie erhöhten sich um 40 % zwischen 1880, dem Jahr von *Staubs* Promotion, und dem Jahr 1895, als *Staub* die Gründung der „Deutschen Juristenzeitung" und die dritte Auflage seines HGB-Kommentars vorbereitete.[71] *Staub* gehörte daher zu jenen vielen jüdischen Anwälten, deren stetige Zunahme den Anlaß für etliche antisemitische Publikationen gab, zumal 1893 rund ½ der Anwälte in Preußen „jüdische Juristen" waren.

Eine weitere Diskriminierung traf *Staub* nahezu selbstverständlich: Die aufgrund seines Glaubens stark hinausgezögerte Ernennung zum *Notar*; „jüdische Juristen" mußten *regelmäßig* zehn Jahre länger als ihre übrigen Kollegen warten. Auch *Staubs* Publikationen konnten diese Frist, wie *Helmut Heinrichs* gezeigt hat, nicht verkürzen.[72]

Die Reaktionen *Staubs* auf diese Diskriminierungen waren zugleich die typischen Abwehrreaktionen „jüdischer Juristen" in dieser Zeit. Politisch liberal eingestellt, verstand er sich als unpolitisch und betätigte sich nicht in der Parteipolitik. Stattdessen engagierte er sich – wie überdurchschnittlich viele seiner jüdischen Anwaltskollegen – in den Standesvereinigungen, also den Anwaltsvereinen und dem Deutschen Juristentag. Als hingegen 1893 nach langen Debatten der „Centralverein deutscher Staatsbürger jüdischen Glaubens" als eigene, bewußt *nur* jüdische Organisation den Kampf gegen den Antisemitismus aufnahm,[73] war *Staub* – soweit ersichtlich – nicht beteiligt, wobei der Grund nicht mehr ermittelt werden kann.

Auch die Auswahl der von *Staub* hauptsächlich bearbeiteten Rechtsgebiete stand im Einklang mit dem Verhalten der meisten anderen „jüdischen Juristen": Es waren nicht die damals prestigeträchtigsten Fächer wie Staatsrecht, allgemeines Zivilrecht oder Rechtsgeschichte, denen sich die Mehrheit der wissenschaftlich tätigen „jüdischen Juristen" zuwandte. Stattdessen erfolgte bei „jüdischen Juristen" meist eine Hinwendung zu „modernen" und schon deshalb nicht deutsch-national ausgerichteten Fächern wie zum Beispiel dem Handels- und Wechselrecht. Zudem ließ sich mit diesen Themen die kaufmännische Tradition vieler jüdischer Juristen nutzbar machen und förderte so den Aufstieg in das Bildungsbürgertum.

Und dort – letztes Beispiel für jüdische Abwehrreaktionen im Kaiserreich – brachte *Staub* in die Kommentarliteratur erstmals, so *Peter Landaus*

[71] Die Zahlen bei *Strenge* Juden im Justizdienst (Fn. 20), S. 167.

[72] *Heinrichs* Staub (Fn. 37), S. 392.

[73] Dazu *Avraham Barkai* „Wehr Dich!". Der Centralverein deutscher Staatsbürger jüdischen Glaubens (C.V.) 1893–1938, München 2002, und demnächst *Inbal Steinitz* „Wer sich grün macht, den fressen die Ziegen" – Die strafrechtliche Rechtsschutzarbeit des Centralvereins gegen den Antisemitismus im Kaiserreich und in der Weimarer Republik, jur. Diss. Frankfurt/M. 2006.

These,[74] jenen systematisierenden und nicht nur kompilierenden Stil ein, der ihm weit über seine Kommentargebiete hinaus Bedeutung verschaffte. Doch wegen des grassierenden Antisemitismus konnte *Staub* das, was er als Wurzel seiner Methode ansah, nicht offenlegen, sondern nur seinem erwähnten Schwager *Schindler* mündlich anvertrauen. *Schindler* berichtet in einem Nachruf für die jüdische Loge, der *Staub* angehörte, folgende Aussage von *Staub*:

> „Man bewundert die eigenartige Neuheit meiner Kommentierungsmethode und weiß nicht, daß sie uralt ist. So, wie ich das deutsche Gesetz erkläre, haben die Juden ihre Lehren erläutert. Meine Darstellungsweise ist die talmudische."[75]

Wie oben erwähnt, war Staubs „Lehrer" der Religionsphilosoph und Rabbiner Dr. *Jakob Guttmann* gewesen,[76] so daß *Staub* für eine „talmudische Darstellungsweise" jedenfalls Einblicke erhalten hatte, die über den üblichen Religionsunterricht erheblich hinausgingen. Daß es sich bei dem Zitat lediglich um ein Bonmot des bekanntlich humorvollen *Staub* handelt, ist sehr unwahrscheinlich, denn dann hätte sein Schwager *Staubs* Äußerung kaum ohne einen entsprechenden Hinweis gelassen.

Zur „talmudischen Darstellungsweise" gibt es eine faszinierend parallele Bemerkung eines nahezu gleichalten russisch-jüdischen Juristen. Der 1863 geborene *Genrich B. Sliozberg* erinnert sich in seinen Memoiren an einen von ihm im Jurastudium in St. Petersburg verfaßten und preisgekrönten Aufsatz.[77] Auch *Sliozberg* schreibt von einer talmudisch beeinflußten Darstellungsweise; er gibt an, daß dieser frühe Aufsatz von ihm seine Begeisterung widerspiegele, die er als zehnjähriger Junge für den Pilpul, eine Studienmethode des Talmud, gehabt habe.[78] Deren Auswirkungen sind in dem Gutachten angeführt, das die Fakultät zu dem Aufsatz hatte erstellen lassen: Der damalige Gutachter rühmte „die Fähigkeit des Autors, unterschiedliche Meinungen der Wissen-

[74] Juristen jüdischer Herkunft im Kaiserreich und in der Weimarer Republik, in: Heinrichs, Deutsche Juristen jüdischer Herkunft (Fn. 5), S. 199, Fn. 375. Zweifelnd *Nicolas Eschen* Seminararbeit zu Hermann Staub (unpubliziert, zugänglich über www.hausarbeiten.de, 1. 4. 2006), bei Fn. 77.

[75] Wie oben Fn. 34.

[76] Dazu oben bei Fn. 7.

[77] „Dela minuvšich dnej: Zapiski russkogo evreja" („Angelegenheiten vergangener Tage: Aufzeichnungen eines russischen Juden"), Bd. 1, Paris 1933; hier zitiert nach Viktor Kel'ner (Hrsg.), Evrei v Rossii. XIX vek. (Juden in Russland im 19. Jahrhundert), Moskau 2000, S. 247–496. Herrn Dr. *Dmitrij Belkin* (Frankfurt/M.), der über die „Rechtskultur der Juden in der Ukraine, 1905–32" arbeitet, danke ich für den Hinweis und für die Übersetzung. *Belkin* geht auf die hier nur angetippte Frage (anhand russisch (ukrainisch)-jüdischer Anwälte) ausführlicher ein: Gibt es eine Wechselwirkung zwischen traditionellem jüdischen Hintergrund und einer Tätigkeit als Jurist?

[78] Ebd., S. 284.

schaftler gegenüber zu stellen und sie auf einen Punkt zu bringen."[79] Genau diese Fähigkeit zeichnete ja auch den Kommentator *Staub* aus, und wie dieser war auch *Sliozberg* umfassend publizistisch tätig.

Zu der von *Hans-Peter Benöhr* vor einigen Jahren publizierten These: „Vergebens sucht man nach Anhaltspunkten für jüdische Vorstellungen in der Rechtswissenschaft"[80] scheint daher das erwähnte Zitat zur „talmudischen Darstellungsweise" ein Gegenargument zu sein. Dies führt aber über das hier diskutierte Thema der antijüdischen Diskriminierungen hinaus. Monokausalen Erklärungsversuchen zu *Staubs* Kommentierungsweise steht zudem entgegen, daß bei einem vergleichenden Blick in die zeitgenössischen Konkurrenzkommentare zu berücksichtigen ist, daß in den 1890er Jahren die bisher wichtigsten umfangreicheren HGB-Kommentierungen bis auf eine Ausnahme sämtlich veraltet oder nur zu Teilen neubearbeitet waren.[81]

Fazit: *Hermann Staub* wurde zu spät geboren, um noch eine Universitätskarriere während der 1870er Jahre beginnen zu können – und er starb zu früh, um noch die Verbesserungen ab 1918 zu erleben. Schon in diesem Jahr, wenige Wochen vor dem Ende des Kaiserreichs, wurde nämlich zum Beispiel mit dem Hamburger Richter *Georg Schaps* der zweite „jüdische Jurist" Richter am Reichsgericht.[82] *Schaps*, ein Schüler von *Levin Goldschmidt*, war bestens ausgewiesen; er hatte 1906, also einige Jahre vor seiner Berufung nach Leipzig, die Kommentierung des Seerechts übernommen – in Staubs HGB-Kommentar.[83] Nun also führte für Mitarbeiter bei den von *Staub* begründeten Werken ein Weg nach Leipzig. *Staub* aber war damals schon lange verstorben; er, der ehemals kleinbürgerliche Aufsteiger aus Ostpreußen, hatte bei seinem „jüdischen Weg ins Bürgertum"[84] nur die *Zunahme* antisemitischer Ausgrenzungen erlebt. *Staubs* „innig[e] Verbindung praktischer Wirksamkeit und wissenschaftlicher Durchdringung"[85] und seine rastlose Produktivität sind auch eine Reaktion auf diese antijüdischen Diskriminierungen.

[79] Das Gutachten stammte von dem (nicht-jüdischen) Prof. *Nikolaj Sergeevskij*.

[80] Jüdische Rechtsgelehrte in der deutschen Rechtswissenschaft, in: Karl E. Grötzinger (Hrsg.), Judentum im deutschen Sprachraum, Frankfurt/M. 1991, S. 280ff. (298f.).

[81] Gemeint sind die 2. Auflage des Kommentars von *Anschütz/Völderndorff* (1894/95, aber nicht vollständig), die 4. Aufl. des von *Puchelt* begründeten Kommentars (1893, von *Förtsch* nur ergänzt, aber keine Neubearbeitung), und die am Ende des 19. Jahrhunderts je nach Teilband verschiedenen Auflagen des von *v. Hahn* begründeten Kommentars. Genaueres dazu bei *Jan Thiessen* „Ein ungeahnter Erfolg" – zur (Rezeptions-)Geschichte von *Hermann Staubs* Kommentaren, in diesem Band S. 55ff. (60f.).

[82] *Henne* „Jüdische Richter" am Reichsgericht (Fn. 33), S. 148 Fn. 402.

[83] Kommentar zum vierten Buche des Handelsgesetzbuchs: Das Deutsche Seerecht, zugleich als Ergänzung zu Staub's Kommentar zum Handelsgesetzbuch, Berlin 1906.

[84] Dazu jetzt allgemein: *Simone Lässig* Jüdische Wege ins Bürgertum, Göttingen 2004.

[85] *Gunther Kühne* Entwurzelte Juristen. Entwicklung und Stand der Forschung zur Juristenemigration 1933–45, JZ 2006, 233ff. (293).

II. Die „positiven Vertragsverletzungen“ und ihre Folgen

Mehr Lotse als Entdecker

Ein zivilistischer Rückblick auf *Hermann Staub* nach 100 Jahren[1]

HANS-GEORG HERMANN

I. Endgültig *ad acta*?

Zum Auftakt ein Zitat:

> „§ 280 ersetzt den ungeschriebenen Tatbestand der p[ositiven] V[ertrags]V[erletzung]. Die Fehlvorstellung der Verfasser des BGB, dass die Regelung der Unmöglichkeit und des Verzuges einerseits und die Gewährleistungsvorschriften bei Kauf, Miete und Werkvertrag andererseits alle denkbaren Arten von Leistungsstörungen erfassen, wird korrigiert. Die von Staub (1902) entdeckte Lücke des Leistungsstörungsrechts wird geschlossen. Die zur Ehrenrettung des BGB immer wieder unternommenen Versuche, für die Fälle der pVV im § 276 oder in den Vorschriften über die Unmöglichkeit doch eine Regelung aufzuspüren, können endgültig ad acta gelegt werden."

Ungewöhnlich in Emphase und Stil, stammt dieses Zitat doch nicht aus einem juristischen Frontbericht, sondern aus der Kommentierung von

[1] Die Vortragsfassung wurde in Hinblick auf die Authentizität beibehalten, für den Abdruck lediglich um Anmerkungen vermehrt. Über die im folgenden verwendete Literatur hinaus ist für die Geschichte der „pVV" zu nennen (einschließlich der jeweiligen weiteren Hinweise): In knapper Zusammenfassung *Reinhard Damm* Das BGB im Kaiserreich, in: Uwe Diederichsen/Wolfgang Sellert (Hrsg.), Das BGB im Wandel der Epochen. 10. Symposion der Kommssion „Die Funktion des Gesetzes in Geschichte und Gegenwart" (Abh. der Akademie der Wissenschaften zu Göttingen, Phil.-Hist. Klasse, 3. Folge, Bd. 248), Göttingen 2002, S. 9–67 (52f.); grundlegend: *Hans Peter Glöckner* Die Positive Vertragsverletzung, in: Ulrich Falk/Heinz Mohnhaupt (Hrsg.), Das Bürgerliche Gesetzbuch und seine Richter. Zur Reaktion der Rechtsprechung auf die Kodifikation des deutschen Privatrechts (Rechtsprechung. Materialien und Studien 14), Frankfurt am Main 2000, S. 165–191; *ders.* Positive Vertragsverletzung. Die Geburt eines Rechtsinstituts, Rechtshistorische Reihe 302, Frankfurt am Main u.a. 2006 (während der Drucklegung zu diesem Band erschienen); leicht erreichbar für einen Überblick: *Emmerich* in: MünchKomm-BGB, 3. Aufl. (1994), Vor § 275 Rn. 220–225, *Werner* in: Staudinger, 10./11. Aufl. (1967), Vorbem. zu §§ 275–292 Rn. 52–59, sowie demnächst: Reinhard Zimmermann/Joachim Rückert/Mathias Schmoeckel (Hrsg.), Historisch-kritischer Kommentar zum BGB, Bd. 2.

Helmut Heinrichs in der 62. Auflage des „Palandt“.[2] *Heinrichs* gehört zu den anerkannt besten Kennern *Hermann Staubs*,[3] doch wenn sich – ich will nicht sagen: der Staub, sondern: – der Wirbel um die Schuldrechtsreform endgültig gelegt haben wird, dann wird man sehen, ob sich der Name „Staub“ noch weiter im „Palandt“ genannt findet – zumal er sich nicht abkürzen lässt. Die aktuelle 65. Auflage für 2006 hat ihn noch, seit 2004 ist allerdings der letzte Satz aus meinem Eingangszitat weggefallen: Echte oder vermeintliche Ehrenrettung des BGB ist nicht mehr vonnöten, ob Lücke oder nicht: Sie ist geschlossen, möchte man sagen. Ein Rückblick damit ohne Belehrungsgefahr für die aktuelle Dogmatik.

Staubs Biographie ist vom fünften Redner eines Kolloquiums nicht zu wiederholen, ihre wesentlichen Stationen sind genannt. Am 2. September 1904 versuchte man in einer Berliner Klinik, *Staubs* Leben nach monatelangem Kampf gegen sein Krebsleiden operativ zu retten, vergeblich, weil er aus der Operation nicht mehr erwachte.[4] Ein Arzthaftungsrechtler dächte womöglich an einen Kunstfehler oder versehentliche Überdosierung von Chloroform oder Äther. Das will ich nicht tun und deshalb auch nicht behaupten, *Hermann Staub* sei nun auch noch „an“ pVV gestorben, wie wohl mancher Virologe *an* seiner „Entdeckung“. Es gibt also keinen „Fall Staub“ aufzuklären und juristisch zu durchleuchten – wohl aber gibt es die Möglichkeit, sein zivilistisches Erbe zu inventarisieren. Es liegt auf der Hand, es geht um *Staubs* „Positive Vertragsverletzung[en]“ („pVV“).

In den folgenden 3 Kapiteln werde ich den dogmatisch verwickelten Verhältnissen nachgehen, für deren Diskurs *Staubs* Vortrag auf dem Deutschen Juristentag im September 1902 den auslösenden Erdrutsch bedeutete, und mich den Stationen der späteren Auseinandersetzung zuwenden. Leitquelle ist naturgemäß dieser Vortrag, den *Staub* noch in seinem Todesjahr 1904 neuerlich und vor allem als erweiterte Replik auf seine Kritiker noch vom Krankenbett aus publizierte.[5] Inzwischen hatte das Reichsgericht die „pVV“ schon rezipiert: Sie findet sich – wenigstens terminologisch – erstmals tat-

[2] *Heinrichs* in: Palandt, 62. Aufl. (2003), § 280 Rn. 5.

[3] Vgl. *Helmut Heinrichs* Hermann Staub (1856–1904), Kommentator des Handelsrechts und Entdecker der positiven Vertragsverletzung; in: ders./Harald Franzki/Klaus Schmalz/Michael Stolleis (Hrsg.), Deutsche Juristen jüdischer Herkunft, München 1993, S. 385–402.

[4] *Heinrichs* Hermann Staub (wie Anm. 3), S. 397. *Staub* verstarb im Berliner West-Sanatorium in der Joachimsthaler Str. 20; als Todeszeitpunkt vermerkt der Totenschein „vormittags um 8½ Uhr“. Herrn *Hans-Hermann Neustadt* danke ich an dieser Stelle für die Übersendung der entsprechenden Kopie.

[5] Verwendet wurde der gemeinsame Nachdruck „Rudolf von Jhering, Culpa in contrahendo; Hermann Staub, Die positiven Vertragsverletzungen. Mit einem Nachwort von Eike Schmidt“, ND Bad Homburg u. a. 1969. Vgl. auch den Wiederabdruck der ersten Fassung in diesem Band, S. 131 ff.

sächlich schon 1903 im sog. „Kies"-Urteil für den Berliner U-Bahn-Bau des II. Zivilsenats: RGZ 54, 98.[6]

Heute, nach der Schuldrechtsreform von 2002, sind wir in der bequemen Situation, aus nunmehr positivistisch geschützter Stellung von der Metaebene auf das Geschehene zurückblicken zu können. Überstanden sind (hoffentlich) die großen, alten Kontroversen um Friktionen der „pVV", wenn Sie nur an die Verjährungsfristenprobleme zwischen kurzer Gewährleistung und den ehedem grundsätzlich 30 Jahren einer „pVV" denken, oder das Abmühen um die Abgrenzung zwischen Mangelschäden und Mangelfolgeschäden[7], an Instrumentalisierungen der „pVV", die vielleicht nicht *contra*, sicher aber *praeter legem* erfolgten, wenn Sie an Gläubiger*obliegenheiten* denken, die als Mitwirkungs*pflichten* des Bestellers für die Leistungserbringung des Schuldners eine „pVV" darstellen können sollten, wo das Gesetz auf ihre Verletzung doch *eigentlich* entweder ausschließlich punktuell gesetzlich reagiert hatte (etwa im Werkvertragsrecht mit § 642) oder generell den Gläubigerverzug vorsah.[8] Aller Probleme scheinen wir allerdings immer noch nicht ledig zu sein.[9]

Ich darf kurz in Erinnerung rufen: Unter „positiver Vertragsverletzung" verstand man Ende des 20. Jahrhunderts „jede Leistungsstörung im weitesten Sinne, die nicht unter eine der gesetzlich geregelten Formen der Leistungsstörungen wie namentlich Unmöglichkeit und Verzug fällt"[10]. Definitorisch kleinster gemeinsamer Nenner war damit aber auch nur eine Negativdefinition.[11] „Positiv" nannte man die gemeinten Vertragsverletzungen, weil das BGB mit Verzug und Unmöglichkeit lediglich „negative" Störungen zu behandeln schien.[12]

[6] Vom 6. 3. 1903, S. 100; hierzu *Glöckner* in: Falk/Mohnhaupt (wie Anm. 1), S. 159–161; *ders.* Positive Vertragsverletzung (wie Anm. 1), S. 71 ff.

[7] Vgl. etwa *Honsell* in: Staudinger, 12. Aufl. (1978), Vorbem. zu § 459 Rn. 38–44; § 477 Rn. 7, 14, 1.

[8] Zum Problem vgl. nur *Emmerich* MünchKomm-BGB, 2. Aufl. (1985), Vor § 275 Rn. 130f.; *Peters* in: Staudinger, 12. Aufl. (1991), § 642 Rn. 17, 33; s. a. unten Anm. 31.

[9] Worauf hier nicht im einzelnen einzugehen ist, vgl. aber etwa *Barbara Dauner-Lieb* Schuldrecht aktuell. Entwicklungstendenzen und Problemschwerpunkte zwei Jahre nach der Schuldrechtsreform (Anwaltkommentar Beilage), Bonn 2003, S. 25 f.

[10] *Emmerich* (wie Anm. 8), Rn. 95.

[11] *Michael Kotulla* Die historischen Voraussetzungen für die Entstehung des Rechtsinstituts der „positiven Forderungsverletzung" im 19. Jahrhundert, ZRG GA 108 (1991), S. 358–388 (361).

[12] *Kuhlenbeck* in: Staudinger, 7./8. Aufl. (1912), Vorbem. zu den §§ 275–282 Anm. III (S. 149–151): „Unter diesem von Staub geprägten, aber wenig zutreffenden Ausdruck fasst die augenblicklich herrschende Terminologie sehr verschiedene Fragen zusammen, deren Beantwortung einer am Buchstaben haftenden Auslegung des BGB Schwierigkeiten bereitete und zu außerordentlich geschraubten Konstruktionsversuchen verleitet hat. [...]"; *Joachim Rückert* Zeitgeschichte des Rechts: Aufgaben und Leistungen zwischen Geschichte, Rechtswissenschaft, Sozialwissenschaften und Soziologie, in: ZRG GA 1998, S. 1 ff. (29 f.).

II. Vier Lösungen mit und ohne Lücke

Dieses weite Begriffsverständnis steht am Ende einer Entwicklung, für die *Staub* den Anstoß gab. Er eröffnete seinen Vortrag mit der Feststellung, dass das Bürgerliche Gesetzbuch mit der Verzugsvorschrift des § 286 eine Regelung enthalte –

> „für alle Fälle, wo jemand eine Leistung nicht bewirkt, die er zu bewirken verpflichtet ist, wo jemand unterlässt, was er tun soll.
> Dagegen enthält das B.G.B. eine gleiche Vorschrift nicht für die zahlreichen Fälle, in denen jemand eine Verbindlichkeit durch positives Tun verletzt, in denen jemand tut, was er unterlassen soll, oder die Leistung, die er zu bewirken hat, zwar bewirkt, aber fehlerhaft.“[13]

Thema war damit der berühmte Lückenbefund und die Schließung der festgestellten oder zumindest der *behaupteten* Lücke im Gesetz.

Staubs Thesen lösten unmittelbare, aktive und heftige, aber nur insofern *„positive“* als „positiv“ feststellbare, in der Sache jedoch häufig energisch *ablehnende* Reaktionen aus. Ein Gutteil findet sich zeitnah gerade auch in „seiner“ Zeitschrift, der Deutschen Juristen-Zeitung: Stellungnahmen von *Dernburg*[14] und *Kipp*[15] gleich 1903, von *Müller-Erzbach* 1904[16] und im folgenden Jahrgang von *Krückmann*[17], andernorts – in Jherings Jahrbüchern besonders – erschienen Aufsätze von *Brecht*, *Siber*, *Scholl* und anderen …

Diese Aufsätze zeigen exemplarisch einen ganzen Strauß von Lösungsansätzen, so dass ich im folgenden lediglich und unter größtmöglicher Vereinfachung die Eckpunkte markiere.

So wenig grundsätzlich die rechtspolitische Notwendigkeit einer Schließung von Haftungslücken im Vertragsrecht geleugnet wurde[18] und so klar

[13] ND (wie Anm. 5), S. 93.

[14] *Heinrich Dernburg* Über das Rücktrittsrecht des Käufers wegen positiver Vertragsverletzung, DJZ 1903, Sp. 1–5.

[15] *Theodor Kipp* Das Reichsgericht und die positiven Vertragsverletzungen, DJZ 1903, Sp. 253–256.

[16] *Rudolf Müller-Erzbach* Über den Rücktritt bei „sukzessivem Lieferungsgeschäft“ und ähnlichen Verträgen, DJZ 1904, Sp. 1158–1163 („[…] Ich meine, Staub ist dem richtigen Rechtsgefühl gefolgt.“ [Sp. 1162]).

[17] *Paul Krückmann* Zur Lehre von den positiven Vertragsverletzungen, DJZ 1905, S. 205–207.

[18] Überhaupt übergangen hat *Josef Kohler* die „pVV“ offenbar in seiner Bearbeitung des Kapitels zum Bürgerlichen Recht in Franz von Holtzendorff (Begr.)/Josef Kohler (Hrsg.), Enzyklopädie der Rechtswissenschaft in systematischer Bearbeitung, Bd. 2, 7. Aufl. München u.a. 1914, wo er lediglich einen Seitenhieb auf die Rolle *Jherings* für die Culpa in Contrahendo austeilt und sein Lob als „Entdecker“ unter Hinweis auf ALR I 5 § 284 und den naturrechtlichen Erkenntnisstand als ungeschichtlich abtut, S. 85 Anm. 2; er hat sie aber durchaus behandelt, und auch wenn er die Unterlassungspflicht als Ausgangspunkt ansah, die Rechtsfolgenanalogie bejaht, vgl. *Josef Kohler* Lehrbuch des Bürgerlichen Rechts, Bd. II/1, Berlin 1906, bes. S. 42f., 88f., 253–255 (hier unter Nennung der „positiven Vertragsverletzung“, wenn auch ohne namentliche Nennung *Staubs*).

man die Schwächen des Deliktsrechts etwa hinsichtlich der Gehilfenhaftung oder der Ersatzfähigkeit bloßer Vermögensschäden sah, so unklar war doch die Herleitung einer Abhilfe. Vor allem darum drehten sich die Kontroversen. Praktisch wurde währenddessen – *Hans Peter Glöckner* schätzt die theoretisch für die pVV einschlägigen Judikate allein des Reichsgerichts für den Zeitraum bis 1910 auf mehr als eintausend Fälle[19] – währenddessen also wurde der praktische Handlungsbedarf selbst durchaus auch bewältigt.

Unklar aber war und blieb eine allgemein überzeugende Herleitung einer entsprechenden Rechtsgrundlage gerade auch jetzt unter der Geltung eines Bürgerlichen Gesetzbuches seit 1900.

Staub promovierte seinen Vorschlag 1902, damit waren in dieser Zeit 4 Lösungsmodelle auf dem Markt:

1. mittels Analogien zum Recht des Verzugs,
2. mittels der Unmöglichkeitslehre,
3. mittels einer unmittelbaren Anwendung des § 276 und
4. mittels der Annahme eines in den §§ 276 ff. enthaltenen allgemeinen Grundgedankens.

Diesen Grundgedanken – ich darf die Ansätze in umgekehrter Reihenfolge behandeln – verdichtete beispielhaft *Arnold Brecht* in Jherings Jahrbüchern[20] zu dem Grundsatz, der Schuldner sei verpflichtet,

> „dem Gläubiger den durch pflichtwidriges Verhalten ihm verursachten Schaden zu ersetzen".[21]

Das war schon 1908 zweifellos eine richtungsweisende Vorwegnahme unseres heutigen § 280 Absatz 1, wonach der Gläubiger für eine schuldnerseits zu vertretende Verletzung einer Pflicht aus dem Schuldverhältnis Ersatz für seinen hierdurch entstandenen Schaden verlangen kann.

Diese sicherlich eleganteste Lösung des „allgemeinen Grundgedankens" hatte den eklatanten Nachteil, dass sie neben den ausdrücklich gesetzlich anerkannten Kategorien von Unmöglichkeit und Verzug mit einem nur postulierten, im Gesetz stillschweigend vorausgesetzten, haftungsbegründenden Prinzip arbeitete.

Für diesen Gedanken konnte man der Sache nach an die sog. *culpa*-Haftung[22], eine gemeinrechtliche, wenn auch im BGB nicht rezipierte Traditionslinie des 19. Jahrhunderts, anknüpfen. Die *culpa*-Haftung hatte sich – mindestens bei Dienstverträgen – funktional als eine Vorläuferfigur zur Erfassung der Schlechtleistung entwickelt, wurde aber von *Savigny* generell

19 *Glöckner* in: Falk/Mohnhaupt (wie Anm. 1), S. 168 Fn. 39.

20 *Arnold Brecht* System der Vertragshaftung (Unmöglichkeit der Leistung, positive Vertragsverletzungen und Verzug), Jherings Jahrb. Bd. 53 (1908), S. 224 f.

21 A.a.O. S. 246.

22 Hierzu knapp: *Wolfgang Fikentscher* Schuldrecht, 3. Aufl., München 1971, § 42 I–III, S. 182–186.

abgelehnt, da die „culpa [...] gar nicht allgemein eine *causa obligationis*" sei[23]. Mit diesem Diktum *Savignys* war dieser Lehre der breitere Boden entzogen. Erst recht nach 1900 mochte niemand mehr explizit auf sie zurückgreifen.

Wünschenswerter als die Annahme eines freischwebenden, allgemeinen Grundsatzes war in jedem Fall ein engerer Anschluß an das neue BGB. Den bot die dritte Theorie, indem sie § 276 Satz 1 in unmittelbarer Anwendung und zwar als Anspruchsnorm propagierte:

> „Der Schuldner hat, insofern nichts anderes bestimmt ist, Vorsatz und Fahrlässigkeit zu vertreten".

Es war der Praxisweg der Rechtsprechung, dem auch die Literatur häufig folgte, nicht nur solange man von der *Staubschen* „Lücke" noch nichts ahnte. Im zeitnächsten Lehrbuch zu seinem Vortrag – soweit ich sehe, ist das Band 2 des berühmten „System[s] des Deutschen Bürgerlichen Rechts" von *Carl Crome*, ebenfalls aus dem Jahr 1902 – sucht man breitere Ausführungen zur Behandlung der von *Staub* als „positive Vertragsverletzung" bezeichneten Fälle vergeblich. Was man aber findet, ist eine äußerst apodiktische und ohne weitere Belege erfolgende Äußerung *Cromes* in Hinblick auf § 276:

> „Der Inhalt der Verpflichtung beschränkt sich meist darauf, dass ein gewisses Maß an Sorgfalt auf die Erfüllung verwendet werde. Ihre Außerachtlassung (Vorsatz, Fahrlässigkeit) macht also schadensersatzpflichtig."[24]

Die Kürze der Äußerung lässt Deutungen zu: Entweder war sie in ihrer haftungsbegründungsmäßigen Lesbarkeit gar nicht so intendiert, oder aber *Crome* sprach von einer Selbstverständlichkeit in der ihr gebotenen Kürze. Letzteres trifft zu.[25] Das Reichsgericht gewährte lange vor dem BGB Schadensersatz bei Verletzungen des Integritätsinteresses beim Vertragspartner, vor dem BGB entsprechend gemeinrechtlichem wie partikularrechtlichem Standard, nach Erlaß des BGB stützte es ihn auf § 276 als positive Anspruchsnorm:

Mit Urteil vom 26. 5. 1902 gewährte beispielsweise der VI. Senat am Reichsgericht einem Landwirt vertraglichen Schadensersatz für Verbrühungen an Hals und Rücken, die er durch Wasserdampf in einer Dampfbadezelle des eine Badeanstalt betreibenden Revisionsklägers erlitten hatte. Obwohl die „Dampfspannung" das zulässige Maß überschritten hatte, war trotz der damit erkennbar verbundenen Gefahr die „Dampfdouche" für die Benutzung durch die Badenden nicht gesperrt worden.[26] Das Reichsgericht

[23] System des heutigen Römischen Rechts, Bd. 3, Berlin 1840 (ND Aalen 1981), S. 295.

[24] System des bürgerlichen Rechts, Bd. 2, S. 65.

[25] *Ulrich Huber* Leistungsstörungen, Bd. 1: Die allgemeinen Grundlagen; der Tatbestand des Schuldnerverzuges; die vom Schuldner zu vertretenden Umstände (Handbuch des Schuldrechts in Einzeldarstellungen Bd. 9), Tübingen 1999, § 3 II 3, S. 79f.

[26] Werner Schubert (Bearb.), Sammlung sämtlicher Erkenntnisse des Reichsgerichts in Zivilsachen, Jahrgang 1902, Goldbach 1993, S. 509–511.

folgte der vorinstanzlichen Auffassung des Oberlandesgerichts Colmar mit der Bewertung dieses Umstandes als Vertragsverletzung und dieser als „eine Fahrlässigkeit im Sinne des § 276".

Die Vertragsverletzung erfolgte also nicht nur fahrlässig, sondern bildete die haftungsbegründende „Fahrlässigkeit", Exkulpationsbemühungen der verklagten Badeanstalt hinsichtlich der „Badediener" wurden unter Hinweis auf § 278 abgeschnitten. Die diesbezüglichen Rechtsausführungen umfassen in der *Schubertschen* Edition des Urteils keine 12 Zeilen.[27]

Nochmals, so fremd es uns heute auch anmutet: § 276 selbst fungierte hier als Anspruchgrundlage. Der Weg über § 276 hatte indessen eine letztlich entscheidende offene Flanke. Denn hiergegen ließ sich einwenden – und *Staub* wandte das auch ein –, dass die in § 276 anzutreffende Formulierung, der „Schuldner habe ... Vorsatz und Fahrlässigkeit zu vertreten", nicht einfach mit der Haftung auf Schadensersatz gleichgesetzt werden dürfe.[28]

Diese „Gleichsetzungstheorie" – *Staub* nannte sie sarkastisch eine „Gefühlstheorie"[29] – zeigte sich allerdings zäher als man glauben würde. Der Bedarf für Lösungen bei Fällen von „pVV" war beispielsweise im Arbeitsrecht schon deshalb besonders dringlich, als die §§ 611 ff. des BGB von Anfang an keine Vorschriften für mangelhafte Arbeit bereit hielten. Für solche Mängel hinsichtlich „Quantum und Quale des Arbeitseffekts" benutzte *Philipp Lotmar* den Ausdruck „Unterwirkung". Er stützte in seinem zweibändigen Werk von 1908, „Der Arbeitsvertrag nach dem Privatrecht des Deutschen Reiches", eine Pflicht zum Schadensersatz für „Unterwirkung" ausdrücklich auf § 276. *Lotmar* begegnete dem Einwand *Staubs*, dass „zu vertreten haben" und „Schadensersatz leisten" nicht identisch seien, letztlich mit der Feststellung, dass der Sprachgebrauch des BGB für „zu vertreten haben" uneinheitlich sei und meist im Zusammenhang mit Schadensersatz auftrete, so dass Schadensersatz – *Lotmar* drehte den Spieß einfach um – „eingeschlossen sein müsse, wenn es – wie in § 276 – nicht ausgeschlossen sei".[30]

Den definitiven höchstrichterlichen Schlussstrich unter die „Gleichsetzungstheorie" zog der Bundesgerichtshof erst 1953.[31] Er qualifizierte § 276 als

[27] Wie Anm. 26, S. 510.

[28] Für eine Qualifizierung dieses Vorgehens als „einengende Interpretation" des § 276 vgl. unten Anm. 74.

[29] ND (wie Anm. 5), S. 95.

[30] *Philipp Lotmar* Der Arbeitsvertrag nach dem Privatrecht des Deutschen Reiches, Leipzig 1908, Bd. 2, S. 85f. (S. 86 Nr. 1 a.E.).

[31] BGHZ 11, 80ff.: Verletzte Gläubigerobliegenheit zur Bereitstellung der Ladung nach Chartern des Frachtdampfers „Ouistreham". Der BGH nahm hier eine „positive Vertragsverletzung" [S. 83 und 84, wohlgemerkt in Anführungsstrichen] an, die den Vertragszweck so gefährdete, dass ein Festhalten am Vertrag für den vertragstreuen Teil nicht mehr zumutbar war und ihm inhaltlich die Rechte aus §§ 325, 326 – dem Rechtsgrund nach aber aus § 242 – zustünden.

ausschließlich den Haftungsmaßstab regelnde Vorschrift[32] und nahm so § 276 endgültig aus dem Rennen um die Anspruchsgrundlage für Fälle von „pVV".

Die Unmöglichkeitstheorie – also Lösungsansatz 2 – berief sich auf den damaligen § 280 Absatz 1. Er lautete: „Soweit die Leistung infolge eines von dem Schuldner zu vertretenden Umstandes unmöglich wird, hat der Schuldner dem Gläubiger den durch die Nichterfüllung entstehenden Schaden zu ersetzen."

Für die Unmöglichkeitstheorie lag der Haftungsgrund darin, daß der Schuldner entweder gerade durch eine vertragswidrige Leistung oder wenigstens durch eine mit seiner vertragsmäßigen Verpflichtung zur Leistung nach § 242 für verbunden zu erachtende Unterlassungspflicht eines vertrags*widrigen* Verhaltens die eigentliche vertragsmäßige Leistung unmöglich gemacht habe.

Vertreten wurde sie von Autoren wie *Titze*, *Goldmann*, *Lilienthal*, *Schöller* oder *Siber*[33] unter Rekurs auf *Friedrich Mommsens* Unmöglichkeitslehre aus den 1850er Jahren[34]. Ihr Kernpunkt ist die Überlegung, dass eine vertragsgemäße Leistung ebenso wie eine geschuldete Unterlassung von Schädigung im Zeitpunkt einer Schlechtleistung oder Schadenszufügung durch diese selbst verunmöglicht sei: Der geschuldete Sollzustand kann für diesen Zeitpunkt nicht mehr erbracht werden, denn der ist vorbei.

Ihre Gegner hielten ihr indessen schlicht Gesetzwidrigkeit vor. Vor allem aber ihr Ansatz einer aus Treu und Glauben abgeleiteten und durch Schädigung verunmöglichten Unterlassungspflicht handelte sich schärfste Kritik ein. *Ludwig Kuhlenbeck* – Kommentator im „Staudinger" – brandmarkte sie als Todsünde wider den Geist der

> „gesunden (sachlichen) Logik, dass sie geradezu als eine der merkwürdigsten Abnormitäten scholastischer Denkweise registriert zu werden verdient."[35]

[32] A.a.O., S. 83. Das Reichsgericht hatte sich lange unmittelbar auf § 276 gestützt, weil er für die Haftung wegen Pflichtverletzung die eigentliche maßgebende Rechtgrundlage biete, „in weiterer Auffassung der Bedeutung dieser Vorschrift" (*Kiehl* in: RGRK, 2. Aufl. [1913], § 276 Anm. 1 unter Verweis auf RG Warn 09 Nr. 262, RGZ 52, 19; 66, 289). Diese Formulierung deutet darauf hin, daß das Reichsgericht selbst davon ausgegangen sein könnte, daß der historische Gesetzgeber § 276 so nicht intendiert hatte (zum Redaktionsgang vgl. nur *Kotulla* Historische Voraussetzungen [wie Anm. 11], S. 380–384). Mindestens seit RGZ 106, 22, 25 (Urt. v. 29. 11. 1922) war dann ohne weiteres von einer ständigen Rechtsprechung des Reichsgerichts die Rede.

[33] In Jherings Jahrb. Bd. 50, S. 50, 182.

[34] „Beiträge zum Obligationenrecht, 1. Abth.: Die Unmöglichkeit der Leistung in ihrem Einfluß auf obligatorische Verhältnisse", 1853 sowie 1855 „3. Abth.: Die Lehre von der Mora"; zur Theorie und ihrer Wirkungsgeschichte vgl. *Friedhelm Harting* Die „positiven Vertragsverletzungen" in der neueren deutschen Privatrechtsgeschichte, Diss. Hamburg 1967, S. 98 ff; *Kotulla* Die historischen Voraussetzungen (wie Anm. 11), S. 367–370.

[35] *Kuhlenbeck* (wie Anm. 12), S. 150.

Staub seinerseits versenkte sie virtuos. „Geschraubt und gekünstelt", wie er sie nannte, ließ sie nämlich auch noch die Verzugsvorschrift des § 286 überflüssig erscheinen, regelte dieser doch genau einen solchen Fall, dass im Zeitpunkt „t" die geschuldete Leistung nicht erfolgte. Die Unmöglichkeitstheorie hätte das als zumindest „*vorübergehende* Unmöglichkeit" qualifizieren müssen. So subtil die Unmöglichkeitstheorie durchaus erscheint, so brillant ist *Staubs* Gegenargumentation. Unmöglich sei nicht die vertragliche Leistung, sondern – hören wir *Staub* selbst – unmöglich sei nach der Pflichtverletzung,[36]

> „die begangene Pflichtverletzung ungeschehen zu machen. Allein nach § 280 B.G.B., den die Vertreter der Unmöglichkeitstheorie hier anwenden wollen, liegt eine Verpflichtung zum Schadensersatz nur dann vor, wenn *diejenige* Leistung nachträglich unmöglich wird, welche den Gegenstand des Vertrages bildete [...].
> Das aber, was [...] unmöglich ist, nämlich das Ungeschehenmachen der begangenen Pflichtverletzung, ist nicht Gegenstand des Vertrages. Eine Verpflichtung hierzu kann auch gar nicht Gegenstand des Vertrages sein. Denn Geschehenes ungeschehen machen, ist nach den Naturgesetzen unmöglich, und wäre die Verpflichtung, das Geschehene ungeschehen zu machen, Gegenstand eines Vertrages, so wäre ein solcher Vertrag von vornherein nichtig. Denn ein Vertrag, der auf eine unmögliche Leistung gerichtet ist, ist nichtig (§ 306 B.G.B.[37])."

Staub prognostizierte 1904, die Unmöglichkeitstheorie werde „wohl kaum noch Anhänger finden"[38]. Das war verfrüht: Noch 1932 kombinierte *Himmelschein* im Archiv für die civilistische Praxis „Gleichsetzungs-" und Unmöglichkeitstheorie.[39] Ein Neuaufguß stammt sogar noch aus dem Jahr 1978.[40]

Es bleibt Lösungsweg 1. Es ist der genuine *Staubsche* Ansatz. In seinem Vortrag 1902 lieferte er dabei im Grunde lediglich die Begriffsprägung und plastisches Anschauungsmaterial – nicht weniger als 17 Beispiele einschließlich Varianten von verderbnisbringender „mottiger Pelzware" bis „saurem Wein". Vor allem aber entwickelte er nun die Begründung für Rechtsansichten, die er bereits in seinem HGB-Kommentar vertreten hatte.[41] Der Rezensionspraxis war sofort nach dem Erscheinen die „Selbständigkeit des Ur-

[36] Das folgende Zitat: ND (wie Anm. 5), S. 116 einschl. der Hervorhebungen.
[37] Natürlich a.F.; 311a BGB sieht das heute anders.
[38] ND (wie Anm. 5), S. 115.
[39] ND (wie Anm. 5), Nachwort *Schmidt*, S. 138f. Vgl. *Krüger* JuS 1999, 514.
[40] *Fritz Westhelle* Nichterfüllung und positive Vertragsverletzung, Köln 1978.
[41] Die von *Staub* in Bezug genommenen Stellen lauten Anm. 11 zu § 347 und Anm. 146 zu § 377.

theils“ im *Staubschen* Kommentar überhaupt aufgefallen.[42] Damals gab es bekanntlich zunächst noch gar kein BGB, so dass *Staub* aus dem Handelsrecht kommend nach Inkrafttreten des BGB die dortigen Möglichkeiten zur Begründung sondierte und für seine avisierten „Fälle allergrößter Wichtigkeit“, die „täglich tausendfach“ vorkommen, die berühmte „Lücke“ feststellte. Ein Gutteil seiner Beispiele[43] stammte aus seiner eigenen Anwaltspraxis, *Staub* wusste also aus unmittelbarer Erfahrung, wovon er sprach und wofür er eine Lösung suchte.[44]

Die Lösung besteht in Analogien. Dabei betont *Staub* an mehreren Stellen immer wieder die methodische Zulässigkeit der Analogie überhaupt – das ist angesichts des brandneuen Gesetzbuches auch nicht sehr verwunderlich.[45] Sehen wir sie uns an:

§ 286 Absatz 1 BGB ordnete in seiner alten Fassung schlicht an:

> „Der Schuldner hat dem Gläubiger den durch den Verzug entstehenden Schaden zu ersetzen.“

Daraus folgerte *Staub* den Grundsatz, wenn die unterlassene Pflichterfüllung zum Schadensersatz verpflichte, dann entsprechend auch die positive Pflichtverletzung. Schadensersatz ist dabei für die Rechtsfolgenseite nur die eine Hälfte seiner Theorie.

[42] *G. Cohn* ZVglRW 11 (1895), S. 300: „Ein sehr brauchbarer Commentar mittleren Umfangs, ausgezeichnet durch Uebersichtlichkeit, knappe und klare Sprache, sowie durch Selbständigkeit des Urtheils. [...]“.

[43] Unter diesen wurde und blieb (vgl. auch etwa unten Anm. 62) bis in die jüngere Literatur (vgl. *Löwisch* in: Staudinger, 12. Aufl. [1979], Vorbem. zu §§ 275–283 Rn. 19) das folgende Beispiel ein Selbstläufer: „Ein Gesellschafter, dem die Buchführung obliegt, hat innerhalb der ersten drei Monate des Geschäftsjahres die Bilanz aufzustellen. Je nach Ausfall der Bilanz werden geschäftliche Dispositionen getroffen. Schon in den ersten zwei Wochen stellt der bücherführende Gesellschafter freudestrahlend eine höchst günstige Bilanz auf, die anderen Gesellschafter treffen daraufhin entsprechend geschäftliche Dispositionen. Vierzehn Tage später stellt sich heraus, dass der bücherführende Gesellschafter aus grober Fahrlässigkeit eine falsche Bilanz aufgestellt hat. Er legt jetzt die richtig gestellte Bilanz vor. Die wahre Vermögenslage ist bei weitem nicht so günstig, wie sie nach der ersten Bilanz schien, die daraufhin getroffenen geschäftlichen Dispositionen waren verfehlt und schadenbringend. Daß der bücherführende Gesellschafter für den Schaden haftet, ist zweifellos. Aber aus welchem Rechtsgrunde?“ (ND [wie Anm. 5], S. 97).

[44] Anspielungen auf die eigene Praxis: ND (wie Anm. 5), bes. S. 104.

[45] Beispielsweise ND (wie Anm. 5), S. 100, 105. S.a. *Justus Wilhelm Hedemann* Zivilistische Rundschau, Archiv für Bürgerliches Recht 25 (1905), S. 326–402 in der Besprechung zu *Staub* (S. 367f.): „Die der Praxis segensreichen Ergebnisse verlocken. Der Theoretiker aber folgt nicht ohne Bedenken. Die Analogie ist selten kühn. Vier oder fünf Jahre nach dem 1. Januar 1900 ein solcher Schritt über das Gesetz hinaus! Darf man ihn wagen?“ (S. 367). Auch die Freirechtsschule meldete sich zu Wort, vgl. etwa *Géza Kiss* Zur Frage der sogenannten positiven Vertragsverletzungen, Archiv für Bürgerliches Recht 31 (1908), S. 175–194. Er opponierte gegen eine Lückenschließung mittels Analogie und plädierte für einen in jedem „konkreten Fall“ „infolge freier Interessenwägung“ „aufzustellenden richterlichen Ergänzungssatz“ (S. 190–194).

Im Synallagma reicht Schadensersatz als einzige Rechtsfolge nicht aus. Entwickelt besonders anhand des Sukzessivlieferungsvertrags bei punktuellen Schlechtlieferungen[46], ebenso aber auch im Fall der Gefährdung der Vertragsverwirklichung angesichts der eventuellen Unzumutbarkeit, den Gläubiger am Vertrag festzuhalten, schlägt *Staub* die Rechtfolgenanalogie zu § 326 a. F. vor. Er kommt so zu einem wahlweisen Recht nicht nur auf Schadensersatz wegen Nichterfüllung, sondern auch auf Rücktritt. Das Reichsgericht folgte ihm beim Synallagma – wenigstens für den Bereich des Handelsrechts – so gut wie sofort.[47]

III. *Stoll* und *Staub*

Einen eigentlich 5. Ansatz habe ich lieber gar nicht als solchen erwähnt, er findet sich bei dem – immer für originelle Ideen guten – *Paul Oertmann.* Er kommentierte zu § 276 im Jahr 1910 folgendermaßen:[48]

> „Die ganze Frage lässt sich befriedigend nur durch eine individualisierende Betrachtungsweise fördern. Der schon im Röm. Recht so erfolgreich verwendete Gesichtspunkt des ‚*quidquid dare facere oportet ex fide bona*' ist zugrunde zu legen, während schematische Regeln wenig helfen. [...]".

Ohne ausdrücklich § 242 hier zu nennen – schon *Heinrich Lehmann* hatte ihn in seiner Replik zu *Staub* 1905 als einigermaßen positivierte Anknüpfung ins Spiel gebracht[49] –, blieb der Grundsatz von Treu und Glauben in der gan-

[46] Und bei Dauerschuldverhältnissen.

[47] Vgl. oben Anm. 6; s. a. zustimmend *Planck* BGB, 3. Aufl. (1907), § 326 Anm. 6, S. 160f.

[48] *Paul Oertmann* Kommentar zum Bürgerlichen Gesetzbuch, 2. Buch. Recht der Schuldverhältnisse, 3./4. Aufl., Berlin 1910, § 276 Anm. 6 γ, S. 115. Insgesamt nun: *Rüdiger Brodhun* Paul Ernst Wilhelm Oertmann. Leben, Werk, Rechtsverständnis sowie Gesetzeszwang und Richterfreiheit (Fundamenta Juridica. Beiträge zur Rechtswissenschaftlichen Grundlagenforschung 34), Baden-Baden 1999, S. 183–191 zum genannten Werk.

[49] Die positiven Vertragsverletzungen, AcP 96 (1905), S. 60–113; *Lehmann* postulierte die umfassende Pflicht des Schuldners aus Treu und Glauben, alle Kräfte in den Dienst der Obligation zu stellen und somit alles zu unterlassen, was die Erreichung des Obligationszweckes gefährden oder vereiteln könnte. Entsprechend deutete er alle „positiven Vertragsverletzungen" als einen Verstoß gegen diese Pflicht, die aus einer entsprechenden Unterlassungspflicht bestehen sollte (s. a. *André Depping* Das BGB als Durchgangspunkt. Privatrechtsmethode und Privatrechtsleitbilder bei Heinrich Lehmann [1876–1963] [Beiträge zur Rechtsgeschichte des 20. Jahrhunderts 34], Tübingen 2002, S. 17). Doch auch diese Überlegung war nicht ohne Vorläufer, vgl. etwa OLG Hamburg v. 13. 5. 1901, SeuffA 56 Nr. 219 S. 392 (aus § 242 ergebe sich „die allgemeine Verpflichtung, den Gegenkontrahenten soweit möglich vor einem Schaden zu bewahren, welche demselben durch Nichterfüllung des Vertrages erwachsen könnte"). Vermutlich war es gar nicht einfach, im hektischen Fluß der Diskussion mit zudem sich teilweise vermengende Lösungsansätzen noch den Überblick zu behalten. Diesen Eindruck hat man, wenn *Hedemann* Zivilistische Rundschau (wie Anm. 45), S. 368, die Idee *Lehmanns* von der Unterlassungspflicht als allgemeinem Rechtsgrundsatz „fast noch kühner als die Staubs" schien und der Verfolgung einer entsprechenden Konstruktion „sehr selbständige Bahnen" attestierte.

zen Zeit des 20. Jahrhunderts bekanntlich stets für die „pVV" präsent und virulent. Er bot nämlich das Handwerkszeug wie das Potential, mit dem man immer neue verletzbare „Schutz- und Nebenpflichten" kreieren konnte. *Esser/Schmidt* kritisierten schließlich Mitte der 70er Jahre[50] ein undurchsichtiges

> „Dickicht der den Leistungsvorgang begleitenden Nebenpflichten wie der sonstigen Schutzpflichten, die von der Judikatur häufig ad hoc und im nachhinein aufgestellt werden und ohne nähere Systematisierung nur in der gemeinsamen Zielrichtung verbunden sind, nach Möglichkeit eine schadensfreie Abwicklung des gesteigerten sozialen Kontakts zu gewährleisten".

Der Ansatz bei *Oertmann*, dezidierte Einzelfalllösung mittels *bona fides*, kann allerdings weder in systematischer, noch wenigstens typisierender, noch wenigstens irgendwelche Fallgruppen bildender Ansatz als dogmatisch hinreichende „Förderung der Frage" gelten.

Eine solche „Förderung" erfolgte dann entscheidend von dem Tübinger *Heinrich Stoll* dreißig Jahre nach *Staubs* Vortrag – allerdings in Form eines als Abgesang konzipierten Generalangriffs auf die „pVV" und damit durch *Stoll* als wohl schärfstem Kritiker *Staubs*[51].

Gedacht als Bilanz, machte *Stoll* 1932 durchaus noch tiefe Verbeugungen vor *Staub*. Er versicherte, *Staubs*

> „persönliche und zeitlich bedingte Verdienste, seine Förderung der Praxis, seine Betonung der Notwendigkeit des Ersatzanspruches wie des Rücktrittsrechts und seinen mächtigen Anstoß für die Theorie"

nicht schmälern zu wollen.[52] Titel und These seiner Ausführungen sprachen indessen eine ganz andere Sprache: „Abschied von der Lehre von der positiven Vertragsverletzung" heißt der Aufsatz, motiviert von der Auffassung,

> „dass die Lehre von der pVV historisch betrachtet kein Ruhmesblatt der deutschen Rechtswissenschaft sein wird und daß es an der Zeit wäre, nach ihrem dreißigjährigen Bestand endgültig von ihr Abschied zu nehmen".[53]

Denn *Staubs* Lehre sei

> „heute für unser Bürgerliches Recht unbrauchbar und irreführend. Das nichtssagende, aber gefährliche Schlagwort verdunkelt die Einsicht in die wahre Sachlage und steht einem neuen Aufbau der Lehre von den Forde-

[50] *Josef Esser/Eike Schmidt* Schuldrecht, Bd. 1: Allgemeiner Teil, 5. Aufl., Heidelberg u.a. 1976, S. 105.

[51] So *Eike Schmidt* in: ND (wie Anm. 5), S. 140.

[52] A.a.O. (wie Anm. 53), S. 260.

[53] *Heinrich Stoll* Abschied von der Lehre von der positiven Vertragsverletzung. Betrachtungen zum dreißigjährigen Bestand der Lehre, AcP 136 (1932), S. 257–320 (260).

rungsverletzungen im Wege. So dürfte es kaum zu bestreiten sein, dass uns die von Staub begründete Lehre heute mehr hemmt, als fördert. Laßt uns endlich Abschied nehmen von der Lehre von der positiven Vertragsverletzung!“[54]

Stoll setzte bei der Vorstellung *Staubs* an, die „positive Vertragsverletzung“ sei eine einheitliche dritte Kategorie der Leistungsstörung, und stellte dem eine Dichotomie von Erfüllungsinteresse und Integritätsinteresse als Leistungs- und Schutzpflichten gegenüber.[55]

Die neue Konzeption *Stolls* erntete nachhaltige Anerkennung und erwies sich für die Folgezeit als weiterführend.[56] Der Weg selbst hieß allerdings – wenn auch natürlich nicht bei *Stoll* – auf der Spur der Schutz- und Nebenpflichten immer noch allgemein „pVV“.

Dabei war *Heinrich Stoll* berufen wie kein anderer, tatsächlich beinahe ihr Totengräber zu werden. Im September 1935 beendete der Ausschuß für Personen-, Vereins- und Schuldrecht in der Akademie für Deutsches Recht unter dem Vorsitz von *Justus Wilhelm Hedemann*[57] seine Beratungen zur Reform des Rechts der Leistungsstörungen. *Stoll* verfasste die entsprechende Denkschrift, die 1936 in der Schriftenreihe der Akademie veröffentlicht wurde.[58] Sie enthält einen pikanterweise erstmals ausgerechnet als § 280 nummerierten Gesetzesvorschlag, der Schutzpflichten statuiert, die die „culpa in contrahendo“ und die „pVV“ kategoriell zusammenfassen. Unter der Überschrift „Verletzung einer Schutzpflicht“ lautete Absatz 1 des Entwurfs 1936:

> „Der durch die Verletzung einer Schutzpflicht entstandene Schaden kann ohne Rücksicht auf Gültigkeit und Fortbestand des Vertrages und neben sonstigen Ansprüchen geltend gemacht werden.“[59]

[54] A.a.O. (wie Anm. 53), S. 319f.

[55] A.a.O. (wie Anm. 53), S. 285–313.

[56] Vgl. *Anke Sessler* Die Lehre von den Leistungsstörungen. Heinrich Stolls Bedeutung für die Entwicklung des allgemeinen Schuldrechts (Freiburger Rechtsgeschichtliche Abhandlungen n.F. 19), Berlin 1994, S. 28ff., 45ff., 109ff. (zur Denkschrift), in der Bewertung der Wirkung insgesamt aber zurückhaltender (S. 208).

[57] Zu *Hedemann* vgl. *Christine Wegerich* Die Flucht in die Grenzenlosigkeit – Justus Wilhelm Hedemann (1878–1963) (Beiträge zur Rechtsgeschichte des 20. Jahrhunderts 44), Tübingen 2004, bes. S. 53ff. zu seinen Aktivitäten im Rahmen der Akademie für Deutsches Recht, S. 56–64, im genannten Ausschuß.

[58] *Heinrich Stoll* Die Lehre von den Leistungsstörungen. Denkschrift des Ausschusses für Personen-, Vereins- und Schuldrecht (Schriften der Akademie für Deutsches Recht), Tübingen 1936, ND in: Werner Schubert (Hrsg.), Ausschuß für Personen-, Vereins- und Schuldrecht. 1934–1936 (Akademie für Deutsches Recht 1933–1945. Protokolle der Ausschüsse), Berlin u.a. 1990, S. 232–363 (als „gehaltvolle[r] Arbeitsbericht“ qualifiziert bei *Franz Wieacker* Privatrechtsgeschichte der Neuzeit, 2. Aufl., Göttingen 1967, S. 519 Anm. 22).

[59] A.a.O. (wie Anm. 58), S. 131.

Bei den problematischen Sukzessivlieferungsverträgen gewährte § 325 Absatz 2 des Entwurfs unter bestimmten Umständen der Störung des Gesamtinteresses ein Rücktrittsrecht auch bei fehlerhaften Einzelleistungen.[60] Das ist nun schlechterdings ein *Staub redivivus*, ob es *Stoll* gefiel oder nicht. Bekanntlich versickerten die Projekte der Akademie, dieser Entwurf wie alles andere schließlich auch, in „Blut und Boden“. Unberührt von solchen Überwindungsversuchen judizierten die deutschen Gerichte des III. Reiches über Fälle von nach wie vor auch so genannter „positiver Vertragsverletzung“.[61] Gegen den Begriff selbst wandte man weiterhin ein, etwa auch im „Palandt“ dieser Zeit, er sei missverständlich, weil scheinbar auf positives Tun und Vertragsverhältnisse beschränkt,[62] als eingebürgerter Ausdruck sei er aber beizubehalten. In den ersten sechs, den Kriegsauflagen des „Palandt“[63] tauchte – anders als im „Soergel“[64] – *Staub* allerdings nicht mehr namentlich auf. Ob das ein Indiz der explizit auf nationalsozialistische Rechtserneuerung hinkonzipierten „Palandt“-Initiative darstellt, lässt sich dabei nicht verbindlich entscheiden; zu vermuten ist es.

IV. Nachkriegstypologien

Die Entwicklung nach dem 2. Weltkrieg kann nur noch knapper skizziert werden. 1957 reihte bekanntlich *Hans Dölle* auf dem 42. Deutschen Juristentag *Hermann Staub* unter die juristischen „Entdecker“ ein.[65] 1965 publizierte *Günther Köpcke* seine Dissertation mit dem Titel „Typen der positiven Vertragsverletzung“. Sich der Grenzen seines Anliegens bewusst,[66] versuchte er unter Aufarbeitung der Judikatur für die pVV eine Konturenverleihung durch vor allem eine tatbestandsbezogene Fallgruppenbildung.

In der Differenzierung auf *Heinrich Stoll* aufbauend, bildete *Köpcke* unter den Oberbegriffen „Schlechtleistung“ und „Vertrauensverletzung“ für letztere weitere Kategorien. Es handelte sich um die Fälle verletzter

- „Mitwirkungspflichten“,
- „Schutzpflichten“,

[60] A.a.O. (wie Anm. 58), S. 137.

[61] Beispielsweise RGZ 149, 403, 404 (Urt. v. 10. 12. 1935); JW 1938, 2010 (Urt. v. 1. 3. 1938); RGZ 161, 100, 104 (Urt. v. 26. 7. 1939).

[62] *Friesecke* in: Palandt, BGB, 5. Aufl., München 1942, § 276 Anm. 7 b; doch sogar das Bilanz-Beispiel *Staubs* (s.o. Anm. 43) findet sich verwertet.

[63] Zu *Otto Palandt* (1877–1951) vgl. NDB 20 (2001), S. 9f. (*Andreas Thier*).

[64] Vgl. *Hahne* in: Soergel, 7. Aufl., Stuttgart u.a. 1939, § 276 I.2, S. 520.

[65] Ständige Deputation des Deutschen Juristentages (Hrsg.), Verhandlungen des 42. DJT, 1957, Band II, Juristische Entdeckungen. Festvortrag von Hans Dölle, S. B 15f., Tübingen 1959.

[66] A.a.O., S. 28.

- „sonstiger Treuepflichten“ und
- „Treuleistungspflichten“.

Die Rezensenten reagierten verhalten euphorisch – „nur mit Vorbehalt zu genießen“ schrieben *Esser/Schmidt*[67], schlugen damit den Esel, meinten aber eigentlich das widerspenstige Phänomen der „pVV“ selbst. Diesseits der Versuche um eine präzise Typologie hatte man sich längst auf eine „gewohnheitsrechtliche“ Anerkennung der „pVV“ verständigt[68], notfalls untermauert durch die floskelhafte Kette einer Gesamtanalogie zu den §§ 280, 286, 325 und 326[69]. Dabei blieb es bis zur Schuldrechtsreform mit dem neuen § 280 BGB.[70]

V. Schlussbemerkung

Ich darf zur Schlussbemerkung übergehen. Man wird einen Eindruck nicht los: Die Lückenfrage bewegt noch die Geister. Ohne sie gab es für *Staub* womöglich nichts zu „entdecken“. Ob es sie gab, wird von der rechtsgeschichtlichen Forschung heute überwiegend verneint.[71] So gilt für *Karl Kroeschell* die „pVV“ als „eindrucksvolles Beispiel“ dafür, „wie früh das BGB an wichtigen Stellen missverstanden wurde“, denn mit dem „freilich hochabstrakten Unmöglichkeitsbegriff des BGB lag auch hier Unmöglichkeit vor: die Leistung konnte so, wie sie geschuldet war, nicht mehr erbracht werden“. Das sei durch „rechtshistorische wie durch zivilistische Untersuchungen seit langem klargestellt“. Dabei weigere sich die im Zivilrecht herrschende Meinung freilich bis heute, dies zur Kenntnis zu nehmen.[72]

[67] A.a.O. (wie Anm. 50), S. 105; in der von *Esser* noch allein stammenden 3. Auflage (1968), § 52 VI, S. 383 Anm. 33, bescheinigte ihm *Esser* neutraler noch eine „materialreiche Zusammenstellung der Fallgruppen.“ Verhalten positiv rezensiert von *Werner Rother* AcP 67, 84–90; dezidiert positiver von *Claus-Wilhelm Canaris* JZ 66, 623f. („Insgesamt fördert die Schrift die Durchdringung der Problematik der p.V. in hohem Maße“).

[68] Belege bei *Köpcke* aaO., S. 133f.

[69] Vgl. *Wolfgang B. Schünemann* Die positive Vertragsverletzung – eine kritische Bestandsaufnahme, JuS 1987, S. 1–9 (1f.).

[70] *Alexander Mayerhöfer* Die Integration der positiven Forderungsverletzung in das BGB, MDR 2002, S. 549–556.

[71] Dezidiert bejaht etwa noch von *Kotulla* Die historischen Voraussetzungen (wie Anm. 11), bes. S. 384.

[72] *Karl Kroeschell* Rechtsgeschichte Deutschlands im 20. Jahrhundert, Göttingen 1992, S. 21f.; ebenso *ders.* Deutsche Rechtsgeschichte, Bd. 3 (seit 1650), Opladen 1989, S. 201; in diesem Sinne auch *Joachim Rückert* Leistungsstörungen und Juristenideologien heute und gestern – ein problemgeschichtlicher Beitrag zum Privatrecht in Europa, in: Jürgen Taeger/ Andreas Wiebe (Hrsg.), Informatik – Wirtschaft – Recht. Regulierung in der Wissensgesellschaft. FS für Wolfgang Kilian zum 65. Geburtstag, Baden-Baden 2004, S. 705–744 (722–729, bes. zum Unmöglichkeitsbegriff und dem Fehlschluß auf die „Lücke“).

Man trifft auch auf noch schärfere Formulierungen. Negiert man die strukturelle Lückenhaftigkeit des alten Leistungsstörungsrechts, mussten „die Bibliotheken dogmatischer Literatur zur positiven Forderungsverletzung [...] damit schon als Makulatur gelten, bevor sie es durch die gesetzliche Regelung des § 280 I BGB wurden" – so *Nils Jansen* 2005.[73]

Die Frage einer konzeptionellen Geschlossenheit des alten Leistungsstörungsrechts des BGB ist dennoch ein Feld der Deutungen geblieben. Es gibt durchaus nach wie vor eine Kontroverse um *Staub*, auch wenn sie sich nun definitiv aus der Dogmatik in die Rechtsgeschichte verlegt hat. Für die einen ist *Staub* der Entdecker, für die anderen – bei aller mehr oder weniger nachsichtigen Behandlung – ein Irrender[74].

Viel interessanter erscheint aber die Beobachtung, dass er 1902 offensichtlich einen Nerv bloßlegte, der bis zur Fassung des heutigen § 280 vibriert.

Erledigt hat sich seit der Schuldrechtsreform eigentlich der Terminus. Das gilt für die „positive Vertragsverletzung" als Wort ebenso wie für die epigonal ewig etwas besserwisserische Formulierungsvariante „pFV" („positive Forderungsverletzung") zur Miterfassung des Phänomens auch in gesetzlichen Schuldverhältnissen. Im Gesetz findet sich heute beides nicht. Trotzdem spricht man weiterhin zumindest der Sache nach von „pVV", weil sie nach wie vor von Unmöglichkeit und Schuldnerverzug zu trennen ist.[75]

[73] *Nils Jansen* „Tief ist der Brunnen der Vergangenheit". Funktion, Methode und Ausgangspunkt historischer Fragestellungen in der Privatrechtsdogmatik, ZNR 27 (2005), S. 202–228 (209).

[74] Hart in dieser Beurteilung *Staubs* jüngst *Schermaier* JZ 2006, 330, 335f. Vgl. auch *Huber* Leistungsstörungen (wie Anm. 25), S. 80: Die einengende Interpretation des § 276 führte zu „einer empfindlichen Lücke im Haftungssystem. Diese durch die Interpretation selbstgeschaffene Lücke wird durch das vermeintlich selbstgeschaffene Rechtsinstitut der ‚positiven Vertragsverletzung' ausgefüllt". *Huber* mutmaßt Kritizismus und eine „gewisse Wortgläubigkeit" *Staubs* als Erklärungsansätze für dieses „Rätsel der Dogmengeschichte, dass es gerade ein Autor von dem Rang und praktischen Verständnis Staubs war", der die „dem bisherigen Rechtszustand [...] und den Erfordernissen der Praxis widersprechende, dem Buchstaben verhaftete Interpretation des § 276 so zäh verteidigt hat" (S. 80 Anm. 94). Ob diese wissenschaftsgeschichtliche Zuweisung jenseits der Etiketten von „Entdecker" *oder* „Irrendem" der Wertschätzung Abbruch tun kann, möchte ich dahingestellt sein lassen. Nicht dahingestellt sein lassen möchte ich aber folgendes:

Staub hat „seine" Fälle mit der „pVV" juristisch als Kategorie materialisiert („klassische Tatbestandsprägung", vgl. *Dubischar* in: AK [1980], Vor §§ 275ff., Rn. 33), indem er ihr einen Namen gegeben hat, und man mag als Nebenbemerkung ergänzen: In den Denkformen der jüdischen Kabbala ist das ein entscheidender Vorgang, ob *Staub* nun eher laizistisch war oder nicht (Vermutungen bei *Heinrichs* Staub [wie Anm. 3], S. 401). Aber nicht nur das: Die künftige Auseinandersetzung war nun in konkrete Bahnen geleitet und die Diskussion gebündelt: nun ließen sich die vertretenen Positionen leichter verorten und zueinander in Beziehung setzen.

[75] *Dieter Medicus* Bürgerliches Recht, 20. Aufl. 2004, Rn. 238, S. 171. Man wird sehen müssen, wie lange sich dieser Sprachgebrauch der unter altem Recht juristisch Sozialisierten forttragen wird. Die Chancen dürften nicht schlecht stehen, da das dogmatische Differenzierungsbedürfnis ungebrochen ist.

Definitiv nicht erledigt hat sich, dass unser heutiger Oberbegriff der „Pflichtverletzung“ ohne die *Stollsche* Weichenstellung in „Leistungsstörung“ und „Schutzpflichtverletzung“ nicht recht denkbar ist und diese Weichenstellung nicht möglich war ohne die wegweisende *Staubsche* Provokation. Was *Staub* als Lückenfüllung dachte und als ihr effektives Auffangnetz dienen sollte, hat sich – *mutatis mutandis* – nun in gewissem Sinne über das Phänomen pathologischer Verträge mit dem Begriff der „Pflichtverletzung“ gewölbt.

Ob „Entdecker“ oder „Irrender“: *Staub* bleibt eine *condicio sine qua non* für die Ausprägung auch noch des jetzigen Leistungsstörungsrechts. Meine Würdigung verlagert sich damit vom Entdeckertopos zum Lotsentopos: „Mehr Lotse als Entdecker“[76].

[76] Wer die biographische Literatur über *Staub* durchsieht, stößt unweigerlich auf die entsprechende Metapher: Was *Bismarck* als Politiker, sei *Staub* unter den Anwälten Deutschlands gewesen (vgl. *Otto Liebmann* Hermann Staub, DJZ 1904, Sp. 825–834 [828]; *Heinrichs* Staub [wie Anm. 3], S. 385).

Die Rolle der Leistungsstörungen bei der Schuldrechtsreform

Dieter Medicus

I.

Als ich noch ein praktizierender Zivilrechtslehrer war, bin ich nach den Vorlesungen mehrfach von Studenten gefragt worden: „Wie ist denn das möglich: Jetzt weiß man seit vielen Jahrzehnten, nämlich seit *Hermann Staub*, daß im BGB die positive Vertragsverletzung (oder positive Forderungsverletzung, im folgenden kurz pVV oder pFV) fehlt. Trotzdem tut der Gesetzgeber nichts, um diese Lücke zu füllen." Darauf habe ich sinngemäß geantwortet: Der parlamentarische Gesetzgeber benötige immer den Zwang einer gewissen Notwendigkeit, also einen möglichst spektakulären Fall, mit dem die Praxis nicht allein fertig wird (heute entsteht ein ähnlicher Zwang oft durch Richtlinien der EU). Bei der pVV fehle ein solcher Zwang aber: Spätestens seit *Hermann Staub* wisse die Praxis eben, wie sie sich zu verhalten habe, das brauche der Gesetzgeber ihr nicht noch eigens vorzuschreiben. Manchmal habe ich dann noch auf § 919 Abs. 1 BGB hingewiesen, wo sich der grammatikalisch falsche „verrückt gewordene Grenzstein" gleichfalls seit 1896 unverbessert finde, obwohl auch dieser unbestreitbare Fehler alsbald entdeckt worden sei.

Heute weiß ich, daß meine Antwort etwas zu sehr an der Oberfläche geblieben ist. Allerdings hat die Praxis bald bemerkt, daß allein mit Verzug und Unmöglichkeit nicht auszukommen war, also mit Reaktionen auf eine Verspätung oder das gänzliche Ausbleiben der Leistung. Zu berücksichtigen war vielmehr auch die Schlechtleistung. Das scheint ziemlich leicht zu gelingen, wenn man für solche Fälle eine Pflicht zum Schadensersatz und beim gegenseitigen Vertrag auch ein Rücktrittsrecht ins Gesetz schreibt. Dafür hätten wohl zwei Paragraphen genügt: Einer bei den §§ 280ff. BGB und einer bei den §§ 323ff. BGB. Aber damit hätten sich nicht alle Probleme lösen lassen, die sich für die Praxis erst im Lauf der Zeit herausgestellt haben. Denn Fälle der Schlechtleistung sind ja schon im ursprünglichen BGB wenigstens an drei speziellen Stellen geregelt worden, nämlich bei der Haftung von Verkäufer, Vermieter und Werkunternehmer für Mängel ihrer Leistung. Hierbei war mehrfach eine nur historisch zu erklärende, stark abgekürzte

Verjährung bestimmt worden. Daraus haben sich mannigfache Konkurrenzprobleme von großer praktischer Bedeutung ergeben. An deren Schrecken kann man wohl am besten durch den Hinweis auf das Begriffspaar Mangelschaden und Mangelfolgeschaden erinnern (oder auch unmittelbarer und mittelbarer Mangelschaden). Abgesehen von dem Fehlen der begrifflichen Schärfe dieser Unterscheidung hat mich auch deren Ergebnis nie überzeugt: Der Anspruch auf Ersatz des der Leistung näheren Mangelschadens sollte in kurzer Frist verjähren; dagegen sollte Ersatz für den entfernteren Mangelfolgeschaden in der normalen, viel längeren Frist (30 Jahre!) verlangt werden können.

Dazu kam beim Kauf noch eine besondere, wiederum nur historisch zu erklärende Eigenart: § 463 BGB hatte nur für Schäden infolge eines Mangels wegen einer Eigenschaftszusicherung oder wegen Arglist des Verkäufers eine Ersatzpflicht bestimmt. Dagegen war – anders als etwa beim Werkvertrag – die bloße Fahrlässigkeit des Verkäufers nicht erwähnt. Es war nicht zweifelsfrei, ob und inwieweit man hier die allgemeine Haftung aus pVV als Lückenfüller einsetzen durfte.

Schon angesichts dieser Sonderregeln war die Einfügung der Schlechtleistung ins BGB nicht mit einer bloß lokalen Schönheitsoperation zu bewerkstelligen. Deshalb war es sachgerecht, den 1984 erteilten Arbeitsauftrag an die Kommission zur Überarbeitung des Schuldrechts (im folgenden kurz: SRK) nicht auf die Einführung der pFV zu beschränken. Vielmehr ergaben sich drei miteinander verbundene Problemkreise: das allgemeine Recht der Leistungsstörungen, die Gewährleistungsrechte bei Kauf und Werkvertrag sowie das Verjährungsrecht. Es fehlte das Gewährleistungsrecht der Miete. Diese ist aber einer weiterreichenden Reform unterworfen worden, für die eine andere Kommission zuständig war. Allerdings haben der Charakter der Miete als Dauerschuldverhältnis und die sozialen Bezüge bei der Wohnungsmiete ohnehin zu Besonderheiten vor allem bei der Kündigung gezwungen. Aber bei Schadensersatzansprüchen hat das unverbundene Nebeneinander der beiden Bearbeitungen zu ärgerlichen Unterschieden geführt. Doch haben diese mit der pVV kaum zu tun und können daher hier unbeachtet bleiben.

II.

1. Grundlage der Arbeit der SRK am Leistungsstörungsrecht war ein großes, für das BMJ erstattetes und 1981 veröffentlichtes Gutachten von *Ulrich Huber*.[1] Allerdings hatte sich die an *Huber* gerichtete Frage nicht direkt auf

[1] BMJ (Hrsg.), Gutachten und Vorschläge zur Überarbeitung des Schuldrechts I (1981), S. 647ff.

das „ideale“ Leistungsstörungsrecht bezogen. Vielmehr lautete diese Frage spezieller: „Empfiehlt sich die Einführung eines Leistungsstörungsrechts nach dem Vorbild des Einheitlichen Kaufgesetzes? Welche Änderungen im Gesetzestext (des BGB) und welche praktischen Auswirkungen im Schuldrecht würden sich daraus ergeben?“

Dabei hatte *Huber* als Grundlage[2] das einheitliche Gesetz über den Kauf beweglicher Sachen v. 17. 7. 1973 (BGBl. I 856, EKG), aber auch schon ergänzend den Entwurf des modernen „Übereinkommens der Vereinten Nationen über den internationalen Warenkauf“, das am 11. 4. 1980 in Wien verabschiedet worden ist. Dieses „Wiener Kaufrecht“ (auch „Convention of Contracts for the International Sale of Goods“, CISG) hat ja auch inzwischen das EKG abgelöst.

2. *Huber*[3] hat sehr deutlich ausgesprochen, daß nach seiner Ansicht die Regeln des Leistungsstörungsrechts im Internationalen Kaufrecht denen des BGB weit überlegen sind. Ich zitiere aus seiner Zusammenfassung wörtlich: „Wir können guten Gewissens keinem Land, das uns bei der Novellierung seines Schuldrechts um Rat fragt, empfehlen, unser Leistungsstörungsrecht zu übernehmen ... Vor allem in rechtstechnischer Hinsicht ist das BGB, soweit es um das allgemeine Leistungsstörungsrecht und um das Sachmängelrecht geht, mißglückt.“[4] Entsprechend heißt es dann noch: „Es unterliegt keinem Zweifel, daß das dem einheitlichen Kaufrecht zugrunde liegende Konzept dem Konzept des BGB weit überlegen ist.“[5]

Angesichts dessen kann es nicht verwundern, daß die Vorschläge *Hubers* überwiegend dem Internationalen Kaufrecht folgen. Dem stehe, schreibt *Huber*[6], auch nicht entgegen, daß dieses nur grenzüberschreitende Kaufgeschäfte über bewegliche Sachen erfasse; seine Regelungen seien hinreichend verallgemeinerungsfähig.

III.

Diese starke Annäherung an das Recht des Internationalen Warenkaufs hat in der SRK (und auch in der späteren Vorbereitung der Reform) keine Mehrheit gefunden. Im Kaufrecht zeigt sich das schon daran, daß auch das reformierte BGB weiter vom Stückkauf ausgeht, während das internationale Kaufrecht (wie auch das deutsche HGB, § 377) von „Ware“ und damit vom Gattungskauf spricht. Demgegenüber ist bei Grundstücken und grundstücksgleichen Rechten, aber etwa auch bei gebrauchten Kraftfahrzeugen

[2] AaO. S. 689.
[3] AaO. S. 663 Nr. 2 a.
[4] AaO. S. 668 Nr. 19.
[5] AaO. S. 669 Nr. 12.
[6] AaO. S. 663 Nr. 2 b und c.

der Stückkauf unentbehrlich (womit freilich der internationale Handel kaum zu rechnen braucht). Einigkeit hat dagegen in dem hier interessierenden Punkt bestanden: Die Regeln über Leistungsstörungen müssen so gefaßt werden, daß auch die pVV einbezogen ist. Und zwar soll das nicht dadurch bewirkt werden, daß einfach neben die Unmöglichkeit und den Schuldnerverzug noch ein weiterer Störungstatbestand (etwa die Schlechterfüllung) gestellt wird. Vielmehr soll die Regelung von einem Oberbegriff ausgehen, der alle Störungsformen erfaßt. Über die Wahl dieses Oberbegriffs war freilich schon die SRK nicht einig; ob die schließlich vom Gesetzgeber getroffene Entscheidung glücklich war, ist noch heute streitig.

IV.

1. Das internationale Kaufrecht hat den Begriff der Nichterfüllung (non performance) gewählt, und dem hatte sich auch das *Huber*sche Gutachten angeschlossen.[7] In der SRK haben vor allem die Rechtsvergleicher (*Kötz*, *Schlechtriem*) diesen Begriff favorisiert. Die zahlenmäßig weit überwiegende Gegenpartei, insbesondere auch die Praktiker, haben jedoch eingewendet, die Nichterfüllung umfasse die Schlechterfüllung nicht eindeutig. Aus den Beratungen erinnere ich mich noch an das eindrucksvolle Beispiel von *Heinrichs*: Ein Arzt möge zu einem Patienten kommen und diesen nach allen Regeln der Kunst richtig behandeln. Bei der Verabschiedung stößt er jedoch versehentlich an den Nachttisch; das dort abgelegte Fieberthermometer fällt herunter und zerbricht. Hier könne man doch keinesfalls von Nichterfüllung sprechen! Auch die von den Rechtsvergleichern vorgeschlagenen Abhilfe durch eine eigene Vorschrift, welche die Schlechterfüllung der Nichterfüllung ausdrücklich gleichstellen sollte, hat wenig Gegenliebe gefunden: Eine solche Vorschrift verwische eben doch nur sachliche Unterschiede (etwa zu einem „echten" Nichterfüllungsfall, in dem der Arzt erst gar nicht kommt). Der Unterschied zeigt sich ja schon an der Verschiedenheit der Rechtsfolgen: Gesundheits- oder bloßer Sachschaden.

2. Als Oberbegriff hat sich dann in der SRK (und auch in den folgenden Gesetzesberatungen[8]) die „Pflichtverletzung" durchgesetzt (vgl. § 280 BGB). Denn diese erfasse wirklich jede von der Seite des Schuldners stammende Leistungsstörung und insbesondere auch die Schlechtleistung.

Ganz ohne Schwierigkeiten kommt man freilich auch mit der Pflichtverletzung nicht aus. Das zeigt sich bei der Unmöglichkeit der Leistung. Hier braucht der Schuldner nach § 275 BGB die unmögliche Leistung nicht

[7] AaO. S. 663 Nr. 6, vgl. auch BMJ (Hrsg.), Abschlußbericht der Kommission zur Überarbeitung des Schuldrechts (1992), S. 129ff.

[8] Vgl. Abschlußbericht (o. Fn. 7), S. 130.

zu erbringen. Dann fällt es folglich schwer, in dem Nichterbringen dieser Leistung eine Pflichtverletzung zu sehen. Eine etwa verletzte Pflicht des Schuldners, die Leistung möglich zu halten, kann aber erst mit dem Abschluß desjenigen Vertrags entstehen, durch den die Leistung versprochen wird. Daher mußte für die anfängliche – also schon beim Vertragsschluß bestehende – Unmöglichkeit ein besonderer Bezugspunkt für die Unmöglichkeit gesucht werden. Die Lösung findet sich in § 311a Abs. 2 S. 2 BGB: Dort wird auf die Kenntnis oder zu vertretende Unkenntnis des Versprechenden von dem Hindernis für die versprochene Leistung abgestellt. Damit wird eine Pflicht des Versprechenden vorausgesetzt, sich vor seinem Versprechen über seine Leistungsfähigkeit Gedanken zu machen. Aber auch der Zentralbegriff der Nichterfüllung trifft hier auf Schwierigkeiten. Denn „erfüllen" kann doch nur, wer etwas schuldet, und gerade daran fehlt es wegen § 275 BGB hinsichtlich einer schon anfangs unmöglichen Leistung. Eine gewisse Sonderstellung für diese Art der Leistungsstörung läßt sich also nicht vermeiden.

V.

Wie sieht nun die Berücksichtigung derjenigen Fälle, die man vorher zur pFV gerechnet hatte, für das reformierte Schuldrecht im einzelnen aus?

1. Zunächst zum Vorschlag der SRK: Diese hatte in § 280 Abs. 1 Kommissionsentwurf (im folgenden: KE) allgemein eine Ersatzpflicht des Schuldners für den aus einer Pflichtverletzung des Gläubigers entstehenden Schaden bestimmt. Dagegen sollte sich der Schuldner nur durch den Nachweis wehren können, er habe die Pflichtverletzung nicht zu vertreten.

§ 280 Abs. 2 KE enthält dann drei Sondervorschriften. Die erste betrifft den Schadensersatz statt der Leistung („großer Schadensersatz"): Dieser soll nur unter besonderen Voraussetzungen ersetzt verlangt werden können, namentlich regelmäßig erst nach einer erfolglosen Fristsetzung durch den Gläubiger. Bei einer nicht vollständigen Leistung soll nach § 281 Abs. 1 S. 2 KE der Gläubiger Schadensersatz wegen der ganzen Leistung nur verlangen können, wenn er an der Teilleistung kein Interesse hat.

Die zweite Sondervorschrift bezieht sich auf die Verzögerung der Leistung: Deswegen soll Schadensersatz nur verlangt werden können, wenn die Voraussetzungen des Schuldnerverzugs (§ 284 KE) vorliegen, also insbesondere eine Mahnung oder ein Ersatz dafür, namentlich die Vereinbarung eines Fälligkeitstermins.

Die dritte Sondervorschrift endlich betrifft den gegenseitigen Vertrag: Hier soll der Gläubiger Schadensersatz wegen Nichtausführung des Vertrags (also wohl eine Art Schadensersatz statt der Leistung) nur verlangen können, wenn er von dem Vertrag zurückgetreten ist; wahlweise auch Ersatz des Vertrauensschadens.

Dagegen werden die Fälle der pFV nicht ausdrücklich als eigene Störungsform angesprochen. Die SRK hat das für unnötig gehalten, weil diese Fälle allemal von dem Begriff der Pflichtverletzung erfaßt würden. Das gilt insbesondere auch für die Lieferung einer mangelhaften Sache beim Kauf.[9] Denn in § 434 KE war im Gegensatz zum alten Recht die Pflicht des Verkäufers zur Lieferung frei von Sach- und Rechtsmängeln bestimmt. Die Lieferung einer mangelhaften Sache bedeutet daher allemal eine Pflichtverletzung und führt also deren Rechtsfolgen herbei. Diese werden freilich namentlich im Kaufrecht durch besondere Rechtsbehelfe (Nacherfüllung, zugleich als Recht zur zweiten Andienung; Minderung) ergänzt.

2. Zu erörtern bleibt für gegenseitige Verträge noch der Rücktritt, der auch die alte kauf- und werkvertragliche Wandelung ablösen soll. Für ihn bestimmt § 323 KE das Erfordernis einer Pflichtverletzung des anderen Teils; doch muß dem Rücktritt regelmäßig der erfolglose Ablauf einer dem Schuldner gesetzten Frist vorausgehen. Ausgeschlossen sein soll das Rücktrittsrecht außer bei Unerheblichkeit der Pflichtverletzung auch dann, wenn die verletzte Pflicht eine Schutzpflicht nach § 241 Abs. 2 KE darstellt und dem Gläubiger trotz der Pflichtverletzung ein Festhalten am Vertrag zugemutet werden kann (§ 323 Abs. 3 Nr. 2 KE).

Dieser Vorschlag der SRK weicht übrigens nicht unerheblich von dem Entwurf *Hubers* ab. Zwar verlangt auch *Huber* regelmäßig eine Nachfrist (§ 326 seines Entwurfs). Doch soll sie bei einer wesentlichen Vertragsverletzung unnötig sein. Und eine solche wesentliche Vertragsverletzung soll vorliegen, wenn durch sie das Interesse des Gläubigers an der Durchführung des Vertrages entfällt und der Schuldner dies beim Vertragschluß vorausgesehen hat oder voraussehen konnte (§ 326 a I bis III Entwurf *Huber*).

3. Insgesamt kann man danach sagen: Beide Entwürfe stimmen weithin darin überein, daß sie die pFV unter dem gewählten Oberbegriff (Pflichtverletzung oder Nichterfüllung) im wesentlichen ohne eigene Definition nur mitlaufen lassen. Ein Ansatz zu einer Sonderbehandlung liegt aber immerhin bei dem erwähnten § 323 Abs. 3 Nr. 2 KE: Bei der Verletzung einer Schutzpflicht nach § 241 Abs. 2 KE soll der Gläubiger sogar nach einer erfolglosen Fristsetzung nur dann zurücktreten können, wenn ihm ein Festhalten am Vertrag unzumutbar geworden ist. Grund für diese Sonderbehandlung war, daß in solchen Fällen der Schuldner immerhin die geschuldete Leistung störungsfrei erbracht hat. Da aber der Rücktritt auch und sogar in erster Linie das Leistungsverhältnis betrifft, sollte die Schutzpflichtverletzung auch auf dieses Rückwirkungen erzeugt haben müssen, nämlich eben die Unzumutbarkeit der Leistungsannahme. Darauf komme ich alsbald noch zurück.

[9] Vgl. dazu Abschlußbericht aaO. S. 20ff.; 32ff.

VI.

Gerade das Recht der Leistungsstörungen ist in der Folgezeit teils sehr kontrovers diskutiert worden: auf Kongressen, in Gremien mit verschiedener Zusammensetzung und schließlich in den Gesetzgebungsorganen. Schon aus Zeitgründen ist es unmöglich, hier das Schicksal aller einschlägigen Vorschriften während dieser Erörterungen darzustellen. Ich wende mich daher gleich derjenigen Fassung zu, in der die Vorschriften schließlich Gesetz geworden sind. Dabei ist wieder zu unterscheiden zwischen dem Schadensersatzrecht, das sich in den §§ 280ff. BGB findet, und dem Rücktrittsrecht in den §§ 323 bis 326 BGB.

1. Zunächst also zu den Schadensersatzansprüchen. Hier macht das Gesetz eine Unterscheidung, die sich schon bei *Hermann Staub*[10] findet: Der neben die Erfüllungsansprüche tretende Schaden aus einer Pflichtverletzung ist allein nach § 280 Abs. 1 BGB zu ersetzen. *Staub* hatte das den „Einzelschadensersatz" genannt; heute spricht man vielfach von einem „Begleitschaden". Unter bestimmten Voraussetzungen soll der Gläubiger aber sogar Schadensersatz statt der Leistung fordern können, der also die Erfüllung ersetzt („Totalschadensersatz" nach *Staub*). Für diesen Schadensersatz gibt es zwei die pFV betreffende Sondervorschriften: Nach § 281 Abs. 1 S. 3 BGB soll der Gläubiger solchen Schadensersatz statt der Leistung nicht verlangen können, wenn der Schuldner zwar die Leistung nicht wie geschuldet bewirkt hat, aber seine Pflichtverletzung nur unerheblich ist. Diese Ausnahmevorschrift setzt die Regel voraus, daß bei nicht bloß unerheblichen Pflichtverletzungen der Schadensersatz statt der Leistung unter den in § 281 Abs. 1 S. 1 BGB weiter geforderten Voraussetzungen prinzipiell auch bei Schlechtleistung verlangt werden kann.

2. Die andere Sondervorschrift ist § 282 BGB. Danach soll der Gläubiger bei der Verletzung einer Pflicht nach § 241 Abs. 2 BGB Schadensersatz statt der Leistung nur dann verlangen dürfen, wenn ihm die Leistung durch den Schuldner nicht mehr zuzumuten ist. Hier geht es also um die Verletzung einer neben der Leistungspflicht herlaufenden Schutzpflicht. Solche Schutzpflichten sind dadurch gekennzeichnet, daß sie nicht das Leistungs-(Äquivalenz)interesse des Gläubigers schützen, sondern sein Integritätsinteresse; es geht mit anderen Worten nicht darum, daß der Gläubiger etwas erhalten soll, was er noch nicht hat, sondern er soll nichts einbüßen, was er schon hat. Dies ist der Fall, der im KE nur für den Rücktritt in § 323 Abs. 3 Nr. 2 geregelt war: Die Leistung selbst ist nicht zu beanstanden, aber auf der Ebene der Schutzpflichten hat der Schuldner sich in einer Weise verhalten, die seine Leistung für den Gläubiger unzumutbar macht. Ein Schulbeispiel

[10] Die positiven Vertragsverletzungen (Berlin 1904), etwa S. 26; 39; 51f. Vgl. auch den Wiederabdruck der ersten Fassung in diesem Band, S. 131ff.

hierfür bildet der Malermeister, der zwar ordentlich malt, aber durch den ungeschickten Umgang mit seiner Leiter beim Besteller Porzellan zerschlägt. Hier kann es für den Besteller unzumutbar sein, den ungeschickten Handwerker in der Nähe des noch verbliebenen Porzellans hantieren zu lassen. Auch das durch den Arzt zerbrochene Fieberthermometer gehört hierher. Nur kann dort von einer Unzumutbarkeit weiterer Behandlung gewiß keine Rede sein.

Auch diese Gegenüberstellung von zwei Arten der pFV findet sich schon bei *Staub*. Sie steckt in dem Satz, in dem *Staub*[11] die von ihm zu lösenden Fälle beschreibt: „Überall ist [...] etwas getan, was hätte unterbleiben sollen; oder es ist zwar die Leistung bewirkt, aber sie ist fehlerhaft bewirkt worden." Dabei bezeichnet das erste die Schutzpflichtverletzung und das zweite die Schlechtleistung.

3. Ganz ähnlich verhält es sich bei den Vorschriften über den Rücktritt vom gegenseitigen Vertrag. Daß dieser dem Gläubiger unter Umständen gleichfalls zustehen müsse, hat wiederum schon *Staub*[12] ausgesprochen, etwa mit der plastischen Formulierung: „Ganz selbstverständlich muß der vertragstreue Teil das Recht haben, vom Vertrage zurückzutreten; es kann ihm nicht zugemutet werden, mitanzusehen und abzuwarten, wie der vertragsverletzende Teil ihn weiter fortgesetzt verletzt".

Das reformierte Recht regelt diesen Rücktritt gleichfalls an zwei Stellen: In § 323 Abs. 1 BGB wird von der „nicht vertragsgemäßen Leistung" gesprochen; das umfaßt insbesondere die Schlechtleistung. Abs. 3 S. 2 ergänzt das noch durch das Erfordernis, die Pflichtverletzung dürfe nicht bloß unerheblich sein. Der folgende § 324 BGB bildet dann die rücktrittsrechtliche Entsprechung zu § 282 BGB: Bei der Verletzung einer Pflicht aus § 241 Abs. 2 BGB muß das Festhalten an dem Vertrag für den Verletzten unzumutbar sein. Für Dauerschuldverhältnisse wird das durch den neuen § 314 BGB ergänzt, der für das Recht zur außerordentlichen Kündigung gleichfalls auf die Unzumutbarkeit abstellt, hier freilich bezogen auf das Vertragsverhältnis. Jedenfalls kann also der ungeschickte Maler von dem noch übrigen Porzellan des Bestellers ferngehalten werden; nicht aber (außer über § 627 BGB) der Arzt von dem Patienten.

VII.

Insgesamt findet man also in dem modernisierten Schuldrecht – das freilich insoweit nur der schon überwiegend geübten Praxis entspricht – die fast hundert Jahre alten Gedanken von *Hermann Staub* vollständig wieder. Nur

[11] AaO. (vorige Fn.) S. 6, vgl. schon S. 5.
[12] AaO. (o. Fn. 10) S. 61.

in einem winzigen Punkt glauben wir klüger geworden zu sein: *Staub*[13] hatte für die Fälle, die er neben Unmöglichkeit und Verzug erfassen wollte, ganz auf ein positives Tun des Schuldners abgestellt. Daher hatte auch das Rechtsinstitut seinen Namen „positive" (nämlich durch positives Tun begangene) Forderungs- und Vertragsverletzung. Das ist zwar weithin, aber doch nicht immer richtig. Richtig ist es etwa, wenn eine geschuldete Information zwar rechtzeitig, aber falsch gegeben wird. *Staub*[14] hatte hierfür mehrfach als Beispiel den Fall gebracht, daß ein Gesellschafter die geschuldete Bilanz zwar rechtzeitig, aber unrichtig aufgestellt und damit schädliche Dispositionen veranlaßt. Auch der ungeschickte Maler oder der Arzt schädigen durch positives Tun. Anders liegt es dagegen in dem nicht seltenen Fall des Unterlassens einer Warnung vor schädlichen Nebenfolgen der Leistung: Hier liegt wenigstens das Schwergewicht auf dem Unterlassen. Allerdings ist die Unterscheidung zwischen Tun und Unterlassen nicht selten nur eine Frage der Formulierung:[15] Etwa bei der unterbliebenen Warnung kann man die Pflichtverletzung auch in der nicht von einer Warnung ergänzten Leistung sehen, also in einem Tun, dessen Gefahren nicht durch eine Warnung vermieden oder gemildert werden.

Ein Beispiel hierfür bilden etwa auch Fälle der folgenden Art: Die Reparatur eines schadhaften Daches wird in Auftrag gegeben. Nach Abschluß der Arbeiten glaubt sich der Besteller sicher und räumt seine alten Bücher wieder auf den Dachboden. Doch war die Reparatur mangelhaft; daher dringt erneut Regen ein, so daß die Bücher verderben. Hier kann man den Wasserschaden auf das Unterlassen der sachgerechten Reparatur zurückführen. Man kann aber die Schadensursache auch in einem positiven Tun sehen: Der Dachdecker habe durch den Abschluß seiner Arbeit den unrichtigen Anschein erweckt, das Dach sei wieder dicht und der Dachboden folglich sicher.

Die Bedenken gegen die Betonung des positiven Tuns durch *Staub* haben also kaum Gewicht; sie verschwinden fast völlig hinter seinen durch ein glänzendes Judiz gesteuerten, hinreißend vorgetragenen und zeitlos richtigen Gedanken[16].

[13] AaO. (o. Fn. 10) S. 4f.

[14] Etwa aaO. (o. Fn. 10) S. 10f.

[15] Zu entsprechenden Schwierigkeiten im Strafrecht jüngst *Führ* Jura 2006, 265ff.

[16] Dabei spielt keine Rolle, ob man die „Unmöglichkeit" des alten BGB auch umfassender hätte verstehen können, wie jüngst wieder *Schermaier* (JZ 2006, 330, 335) behauptet. Denn der gewöhnlichen Wortbedeutung entspricht das nicht; ebensowenig dem Sinn von § 275 aF BGB. Daher hatte die h.M. nach 1896 allen Anlaß, nicht zu dem weiten Verständnis zu finden. In dieser Situation war das Eingreifen von *Staub*, der ja keineswegs als einziger die von *Schermaier* für falsch gehaltene Bedeutung angenommen hat, sinnvoll und nötig.

III. Kommentator des Handels- und Gesellschaftsrechts

„Ein ungeahnter Erfolg“ – zur (Rezeptions-) Geschichte von *Hermann Staubs* Kommentaren*

Jan Thiessen

Als *Staub* im Jahre 1900 die letzte von ihm selbst betreute Neuauflage seines HGB-Kommentars einleitete, bemerkte er den Kontrast, der das aktuelle Vorwort vom Vorwort der Erstauflage trennte. Nur sieben Jahre zuvor hatte *Staub* noch geschrieben: „Ich kann nur wünschen, daß die auf das Werk verwendete, einer angestrengten Berufsthätigkeit abgerungene Zeit und Mühe [...] nicht verloren sein möchte.“[1] Nun schlug *Staub* einen anderen Ton an: „Inzwischen ist dem mit jenem zaghaften Geleitworte seinerzeit in die Welt gesandten Werke ein ungeahnter Erfolg beschieden gewesen.“[2] Im folgenden soll den Gründen für diesen „ungeahnten Erfolg“ nachgegangen werden, den Gründen für den Erfolg einer Methode. Hierzu werden kurz die äußeren Daten der *Staub*schen Kommentare dargestellt (I), sodann einige Besonderheiten von *Staubs* Methode erläutert (II) und zuletzt die Rezeption seiner Kommentare bis in die Gegenwart verfolgt (III). Untersucht wird vor allem, wie der Kommentator *Staub* sein Verhältnis zu Gesetz, Gerichten und Wissenschaft definierte, wie sich dieses Verhältnis auf Inhalt und Form seiner Kommentare auswirkte und wie seine Methode die NS-Zeit überdauerte.

* Erweiterte Fassung des Vortrags auf dem Festkolloquium der Juristischen Fakultät für *Hermann Staub* am 10. März 2006 in der Humboldt-Universität zu Berlin.

[1] *Staub* Kommentar zum Allgemeinen Deutschen Handelsgesetzbuch (ohne Seerecht), 1. Auflage, Berlin 1893, S. 161.

[2] *Staub* Kommentar zum Handelsgesetzbuch, 6./7. Auflage, Berlin 1900, S. III. An gleicher Stelle feierte *Staub* in der 2. Auflage von 1894 einen „buchhändlerische[n] Erfolg, der meine Erwartungen weit übertraf“ und schrieb in der 3./4. Auflage von 1896: „Mit Stolz und Freude bin ich wiederum nach so kurzer Zeit in der Lage, eine neue Auflage herauszugeben“. In der 5. Auflage von 1897 betonte *Staub*, „die bisherige Anerkennung [...] ist der schönste Lohn meiner Mühen und giebt mir Muth zu der neuen Aufgabe, die meiner jetzt harrt. Denn auch das neue Handelsgesetzbuch soll mich auf dem Plane sehen.“

I. *Staubs* Kommentare im Überblick[3]

Hermann Staub hat drei[4] Kommentare begründet, von denen zwei bis heute fortgeführt werden. *Staub* hat sich nach dieser Aufgabe nicht gedrängt, es war der Verleger *J.J. Heine*, der einen Kommentator suchte, und der Anwalt *Moritz Levy*, der den jungen Kollegen empfahl.[5] Den ersten Kommentar schrieb *Staub* heimlich, damit man ihn nicht für größenwahnsinnig hielt.[6] Vorab einige Zahlen: Am Anfang stand 1893 das (Allgemeine Deutsche) Handelsgesetzbuch[7], zwei Jahre später folgte die (Allgemeine Deutsche) Wechselordnung[8] und 1903, ein Jahr vor seinem Tod, das GmbH-Gesetz. Zu seinen Lebzeiten erschienen sieben Auflagen des HGB[9], vier Auflagen der Wechselordnung[10] und die erste Auflage des GmbH-Gesetzes. Die Wechselordnung und später das Wechselgesetz[11] wurden nach

[3] Hierzu *Heinrichs* in: Heinrichs/Franzki/Schmalz/Stolleis (Hrsg.), Deutsche Juristen jüdischer Herkunft, München 1993, S. 385, 389, 393ff.

[4] Wenn man das ausdrücklich „als Ergänzung zu Staub's Kommentar" untertitelte Werk von *Schaps* Das deutsche Seerecht. Kommentar zum vierten (fünften) Buche des (Allgemeinen Deutschen) Handelsgesetzbuchs, nicht mitzählt. *Staub* bewarb den neuen Seerechtskommentar 1896 in der „Vorrede" zur 3./4. Auflage seines ADHGB-Kommentars, S. IV: „Die Bearbeitung des 5. Buches (vom Seehandel) hat nunmehr Herr Amtsrichter Dr. Georg *Schaps* in Hamburg übernommen. Dieselbe erscheint in dem gleichen Verlage, als selbständiges Werk, aber zugleich als Ergänzung meines Kommentars. Ich bin dem Herrn Verfasser hierfür um so mehr zu Dank verpflichtet, als ich nach Einsicht der eben erschienenen 1. Lieferung des gedachten Werkes dasselbe als eine meinen Anschauungen nach jeder Richtung entsprechende Ergänzung meines Buches bezeichnen kann. Ich wünsche dem Unternehmen einen guten Fortgang und eine ebenso günstige Aufnahme, wie ich sie zu finden das Glück hatte." Der von *Schaps* begründete Kommentar erschien bislang in einer Teillieferung 1896 und dann in vier Auflagen 1897–1906, 1921–1929, 1959–67, 1978. Biographische Angaben zu *Schaps* (1867–1918) gibt *Schaaf* in: *Lobe* Fünfzig Jahre Reichsgericht am 1. Oktober 1929, Berlin/Leipzig 1929, S. 382. Die Familie *Schaps* nach dessen Tod beschreibt *Klemperer* Leben sammeln, nicht fragen wozu und warum. Tagebücher 1918–1924, Band 1, Berlin 1996, S. 447f. (Eintrag vom 20. Mai 1921).

[5] Dies berichtete *Staub* in seinem Nachruf auf *Moritz Levy* in DJZ 1896, 417: „Ja, junge Kräfte in ihrem Streben zu fördern, das war sein Element. Habe ich doch selbst, wenn ich ein wenig in der Wissenschaft Geltung habe, es ihm zu danken. Er war es, der meinen Verleger, als er einen Bearbeiter des Handelsgesetzbuchs suchte, an den jungen Kollegen verwies, dem er soeben auf dem Straßburger Juristentage [1889] näher getreten sei, und vom Beginn der Arbeit bis zu ihrem Schlusse stellte er mir immer und immer wieder in warmen Worten ermutigende Prognostika. Aus einem Gönner ist er mir schließlich ein teurer Freund geworden."

[6] Mitgeteilt im Nachruf auf *Staub* von *Liebmann* DJZ 1904, Sp. 825 (828f.).

[7] Seit 1897 nur noch „Handelsgesetzbuch".

[8] Seit 1908 nur noch „Wechselordnung".

[9] 1891–1893, 1894, 1896 (Doppelauflage), 1897, 1899/1900 (Doppelauflage).

[10] 1895, 1896, 1899, 1901.

[11] Seit dem Gesetz vom 21. Juni 1933, RGBl. I S. 399. Das neue Wechselgesetz beruhte auf dem Genfer Abkommen zur Vereinheitlichung des Wechselrechts, RGBl. II 1933, S. 377. Es hat daher keinen nationalsozialistischen Hintergrund, auch wenn es aufgrund des berüchtigten „[Ermächtigungs-]Gesetzes zur Behebung der Not von Volk und Reich" vom

Staubs Tod von der Familie *Stranz* übernommen[12]. Die 14. Auflage erschien 1952, danach wurde der Kommentar eingestellt. Der GmbH-Gesetz-Kommentar wurde ab der 2. Auflage von *Max Hachenburg*[13] fortgeführt, unter dessen Namen zuletzt die 8. Auflage erschien[14]. Der HGB-Kommentar wurde zunächst von insgesamt sieben Autoren[15] bis 1933 zur 14. Auflage geführt[16].[17] 1940 beginnt eine neue Zählung, die in der Gegenwart bis zur

24. März 1933, RGBl. I S. 141, von der Reichsregierung beschlossen und von *Hitler*, *Gürtner* und *Frick* unterzeichnet wurde. Zumindest mißverständlich ist die Andeutung von *Ziesak* Der Verlag Walter de Gruyter 1749–1999, Berlin/New York 1999, S. 252: „Das juristische Standardwerk *Staubs Kommentar zur Wechselordnung* (1895) war schon mit der 13. Auflage von 1934 in *Kommentar zum Wechselgesetz* umbenannt worden.“ Diese Änderung vollzog die Umbenennung des Gesetzes nach, der Name *Staub* blieb indes ebenso wie der Name des Bearbeiters *Martin Stranz* auf dem Titelblatt erhalten. Auch zwischen den Zeilen lesenswert das Vorwort von *Stranz* vom März 1934: „Das neue Wechselgesetz ruht auf einem internationalen, zur Anbahnung eines Weltwechselrechts bestimmten Abkommen. Es tritt in einer Zeit in Kraft, in der der Wille, auf allen Gebieten der volksgebundenen Rechtsüberzeugung zum Durchbruch zu verhelfen, zu kräftigem Leben erwacht ist. Die Vereinigung beider Blickpunkte ist dem deutschen Bearbeiter des Genfer Einheitlichen Wechselsrechts dadurch erleichtert, daß dieses Gesetz in seinen Grundzügen aus dem bisherigen deutschen Rechte – der Wechselordnung – hervorgewachsen ist. Außer diesem durch die Entstehungsgeschichte begründeten Zusammenhang besteht eine weitere Verknüpfung mit dem in Deutschland gewachsenen Recht: Auf Schritt und Tritt wird nämlich der Bearbeiter des Wechselrechts zu anderen Fragen des bürgerlichen Rechts hinübergeführt. Nur im Rahmen des allgemeinen nationalen Rechts läßt sich auch das neue Wechselrecht erfassen. [...] Wie das neue Gesetz auf der bewährten Grundlage der Wechselordnung aufbaut, galt es auch für mich, unter Wahrung des Zusammenhangs mit der bisherigen Rechtslehre und Rechtsprechung den Gedanken des neuen Gesetzes die Wege zu ebnen. So war eine doppelte Synthese zwischen Altem und Neuem, Fremdem und Eigenem Ziel dieses Buches. Kein unmögliches Ziel! Denn es ist nur *ein* Recht, dem wir alle dienen.“ Näher zur Geschichte der von *Staub* begründeten Kommentare in der NS-Zeit unten III.2 und 3.

[12] Biographische Hinweise zu *Josef Stranz, Moritz Stranz und Martin Stranz* gibt *Göppinger* Juristen jüdischer Abstammung im ‚Dritten Reich‘, 2. Aufl., München 1990, S. 320.

[13] Zur Biographie *Hachenburgs* vgl. *Göppinger* (Fn. 12), S. 285, zu dessen Mitautor *Fritz Bing* aaO., S. 238.

[14] Berlin/New York 1992–1997. Vgl. unten IV. bei Fn. 286.

[15] *Heinrich Könige (Koenige), Albert Pinner, Felix Bondi, Wilhelm Gadow, Eduard Heinichen, Heinz Albert Pinner* und *Walter Schmidt*. Biographien bei *Schaaf* (Fn. 4), S. 346, 387, 389; *Göppinger* (Fn. 12), S. 174, 308; *Krach* Jüdische Rechtsanwälte in Preußen, München 1991, S. 435.

[16] 1906–1909, 1912/13, 1920, 1921, 1926–1932 (Doppelauflage), 1932/33.

[17] Zur ersten Auflage nach *Staubs* Tod die Rezension von *Eccius* Gruchot 51 (1907), 236f.: „Daß das Staubsche Werk für die Praxis des Handelsrechts lebendig erhalten werden mußte, war ein Bedürfnis, über das sich nicht streiten läßt. Es kam darauf an, daß die vortreffliche Methode erhalten wurde. Das viele Neue, insbesondere die von Theorie und Praxis gebotenen Vertiefungen in bezug auf das neue Recht, war – nicht anzufügen, sondern – hineinzuarbeiten. Daraus folgte mit Notwendigkeit Bearbeitung des Ganzen im Anschluß, aber ohne Gebundenheit an die von Staub gegebene Grundlage. Die hiernach gebotene Arbeit wird den Kern der großen Bedeutung Staubs lebendig erhalten.“

4. Auflage reicht. Daß die Zählung 1933 endet und 1940 neu beginnt, ist kein Zufall.[18]

Noch eindrucksvoller als die Zahl der Neuauflagen ist die damalige Auflagenhöhe. Der HGB-Kommentar erschien 1900 in 13 000 Exemplaren. Im gleichen Jahr gab es in Deutschland insgesamt nur etwas mehr als 15 000 Rechtsanwälte und Richter.[19] Dies bedeutet, daß nahezu jeder Anwalt und Richter den „Staub“ auf seinem Schreibtisch gehabt haben muß.[20] Eine vergleichbare Verbreitung hat heute nur der „Palandt“. Weitere Zahlen zur Auflagenhöhe sind leider kaum bekannt, da die betreffenden Akten im Archiv des de Gruyter-Verlags nur unvollständig überliefert sind[21] und die Rezensenten über das schon damals gut gehütete Geheimnis der Auflagenhöhe nur selten berichteten[22]. Die genannte Zahl stammt denn auch nicht zufällig von einem Verleger. Der mit *Staub* befreundete *Otto Liebmann*, der selbst sehr erfolgreich Kommentare verlegte,[23] nannte die Zahl mit einem Anflug von kompetitiver Ehrfurcht[24]. *Staub* mag seinerzeit vom Inkrafttreten des neuen HGB zum 1. Januar 1900 profitiert haben. Von der 14. Auflage des Jahres 1933 wurden nach Unterlagen im Verlagsarchiv de Gruyter immerhin noch 4000 Exemplare gedruckt, von denen bis November 1938 2200 verkauft waren. Wiederum ist es kein Zufall, daß eine solche Erhebung gerade im November 1938 angestellt wurde.[25]

[18] Hierzu unten III.2 und 3.

[19] Das Statistische Jahrbuch für das Deutsche Reich 1901, S. 162 mit Fn. 1 und 2, verzeichnet für den 1. Januar 1901 insgesamt 6831 Rechtsanwälte und 8186 Richter. Zu Ausbildung, Arbeitsmarkt und Politik der Juristen in Deutschland zwischen 1800–1945 *Sander* http://www.forhistiur.de/zitat/0501sander.htm (1. 4. 2006).

[20] Allerdings wird nach Auskunft von *Klaus G. Saur* im Verlag de Gruyter mündlich überliefert, daß etwa 5000 Exemplare dieser Auflage, die tatsächlich noch etwas höher gewesen sei, für das Ausland, vor allem Japan, bestimmt gewesen seien.

[21] Das Verlagsarchiv de Gruyter befindet sich seit 1999 in der Handschriftenabteilung der Staatsbibliothek Berlin, Dep. 42. Die Recherche wird dadurch erschwert, daß gerade zur juristischen Sparte des Verlags, der „Abteilung Guttentag“, offenbar nur sehr wenige Akten überliefert sind. Hierzu *Müller* Wissenschaft und Markt um 1900. Das Verlagsunternehmen Walter de Gruyters im literarischen Feld der Jahrhundertwende, Tübingen 2004, S. 15. Anhand des zur Verfügung stehenden Verzeichnisses lassen sich nur wenige Akten zweifelsfrei der Abteilung Guttentag zuordnen. Daher sind möglicherweise für die vorliegende Untersuchung relevante Akten unberücksichtigt geblieben.

[22] Eine Ausnahme machte *Staub* DJZ 1898, 381 selbst, als er in seiner „Juristischen Rundschau“ die Auflagenhöhe von *Fischer/Henle* BGB, 2. Aufl., München 1898 (6000), und von *Buchka* Vergleichende Darstellung des BGB und des Gemeinen Rechts, 2. Aufl., Berlin 1898 (3000), mitteilte.

[23] Zu *Liebmanns* Biographie und seiner Tätigkeit als Herausgeber der DJZ und Verleger von „Liebmanns's Taschenkommentaren“ bzw. „Liebmann's Kurzkommentaren“, den späteren „Beck'schen Kurzkommentaren“, *Göppinger* (Fn. 12), S. 375f.; *Krach* (Fn. 15), S. 238; *Weber* NJW 1988, 2782; *Slapnicar* NJW 2000, 1692 (1693f.).

[24] *Liebmann* DJZ 1904, Sp. 825, 829.

[25] Aktenvermerk von *Dr. Alexander Elster*, dem Leiter der „Abteilung Guttentag“ im Verlag de Gruyter, von Anfang November 1938, Verlagsarchiv (Fn. 21) Dep. 42 Nr. 548 „Abteilung Göschen / Guttentag 1937 bis 1943“, S. 3; hierzu noch unten III.3.

II. „Meine Darstellungsweise ist die talmudische" – Annäherungen an *Staubs* Methode

Was zeichnet *Staubs* Methode so aus, daß sie durch einen „ungeahnten Erfolg" belohnt wurde? „Methode" meint hier neben dem „Woher" der juristischen Begründung auch das „Wie" der Darstellung. Beides hing bei *Staub* eng miteinander zusammen. Aus dem Gesetzestext – der Einzelnorm und dem Gefüge, in das *Staub* sie einordnete – entnahm er ‚seine' Struktur für die jeweilige Kommentierung. Innerhalb dieser Struktur ging er auf die Entstehung der zu kommentierenden Vorschriften ein, wenn er die Absichten der Gesetzesverfasser im Text nicht oder zumindest anders als in den Gesetzesmotiven ausgedrückt fand. Aus den Tatbeständen der Gerichtsentscheidungen, aus den Wünschen seiner Mandanten und nicht zuletzt auch aus seiner Vorstellungskraft entwarf er ein Bild des „Lebens". Dieses verwob er mit der von ihm ermittelten Gesetzesstruktur zu einem „System". *Staubs* eigenes Verständnis und der Eindruck seiner Zeitgenossen ist in vielen Äußerungen überliefert, welche die vorangehende Beschreibung seiner Methode belegen.

1. Der Blick von außen und der Vergleich zur Konkurrenz

Die äußere Gestalt der Kommentare erschließt sich sehr klar in den Worten *Max Hachenburgs*, der den GmbH-Kommentar von *Staub* ‚erbte'[26] und in dieser Eigenschaft wohl auch sich selbst als Schüler *Staubs* bezeichnete[27]:

> „Die Art, wie er die Erläuterungen gibt, ist jedem bekannt. […] Der grundlegende Satz wird mit einem Schlagworte an die Spitze gestellt. In Unterabteilungen wird der weitere Inhalt der Materie gegeben, stets unter Hervorhebung, auch im Drucke, des wesentlichen Momentes. Gern steht an der Spitze der Erläuterungen unmittelbar unter dem Gesetzestexte eine allgemeine Bemerkung. Sie orientiert über die Tragweite und den Zweck der Stelle. Von da entspringen die zahlreichen Wege nach links und rechts, überall von den Wegweisern begleitet und überall zum Ziele führend."

Für heutige Leser klingt dies nicht sonderlich bemerkenswert – abgesehen vielleicht von der Schlußwendung, daß die Wegweiser des Kommentars überall zum Ziel führen. Das ist auch heute nicht selbstverständlich. Es wäre wenig ergiebig, hier den Aufbau einer typischen *Staub*-Kommentierung vorzustellen. Die Darstellung müßte sich im wesentlichen auf die Kopfsätze be-

[26] *Hachenburg* Staub's Kommentar zum Gesetz, betreffend die Gesellschaften mit beschränkter Haftung, 2. Auflage, Berlin 1906, S. III f.

[27] Auch für die folgenden Zitate *Hachenburg* Holdheims Monatsschrift für Handelsrecht und Bankwesen, Steuer- und Stempelfragen 13 (1904), 237 (238): „Nur der Meister selbst schafft das Meisterwerk und die andern sind seine Schüler."

schränken, die Staub zur Gliederung seines Textes nutzte und an die sich die eigentliche Kommentierung anschloß. Dies würde jedoch die Besonderheit des Kommentars nicht vermitteln.[28] Mit *Hachenburg* ist davon auszugehen, daß sich *Staubs* Methode in der äußeren Form der Kommentierung ausdrückt. Wollte man freilich ‚nacherzählen', wie *Staub* mit der jeweiligen Materie umging, als er sie kommentierte, würde dies auf eine Neukommentierung hinauslaufen. Es ist daher am ehesten aufgrund von *Staubs* Äußerungen außerhalb der Kommentare feststellbar, wie sich seine Methode auf seine Ergebnisse und Begründungen ausgewirkt hat.[29] Zumindest *Staubs* Kommentar zum GmbH-Gesetz[30] kann jeder ohne Schwierigkeiten selbst zu Rate ziehen. Er ist derzeit der einzige *Staub*-Kommentar, der im Internet frei zugänglich ist, und zwar auf den Seiten des Frankfurter Max-Planck-Instituts für europäische Rechtsgeschichte.[31] Man schlage – dem Rat *Hachenburgs* folgend – eine beliebige Seite auf, und man wird *Hachenburgs* Beschreibung hier eins zu eins wiederfinden, vom Einleitungssatz über die Darstellung in Unterabteilungen bis hin zu den Wegweisern, die hierhin und dorthin, aber immer zum Ziel führen.

Im übrigen aber fragt man sich: Sieht nicht jeder Kommentar so aus? *Hachenburg* gibt hier als Antwort: „Die Methode *Staub's* ist die Methode der meisten Kommentare geworden", wobei die Betonung heute auf *geworden* zu legen ist. Auch ältere HGB-Kommentatoren[32] wie *Friedrich von Hahn*[33] oder *Hermann Makower*[34] schichteten die einzelnen Tatbestandsmerkmale

[28] Vgl. für einen ersten Eindruck die im Anhang dieses Bandes, S. 161 ff., abgedruckte Kommentierung *Staubs* zu Art. 4 ADHGB, der die Funktion des heutigen § 1 HGB hatte.

[29] Hierzu unten ab II.2.

[30] *Staub* Kommentar zum Gesetz betreffend die Gesellschaften mit beschränkter Haftung, Berlin 1903. Auch heute noch lesenswert hierzu die Rezension von Reichsgerichtsrat *Heinrich Sievers* Gruchot 47 (1903), 720 ff.

[31] http://dlib-pr.mpier.mpg.de/ (1. 4. 2006).

[32] Weitere Werke sind genannt bei *Henne* und *Karsten Schmidt* in diesem Band, S. 22 und 110.

[33] *Hahn* Commentar zum Allgemeinen Deutschen Handelsgesetzbuch, 3 Auflagen, Braunschweig 1863–1877.

[34] Das allgemeine Deutsche Handelsgesetzbuch nebst dem Preußischen Einführungsgesetze vom 24. Juni 1861 und der Instruktion vom 12. Dezember 1861 für den praktischen Gebrauch aus den Quellen erläutert von *Hermann Makower* und *Sally Meyer*, 1. Aufl. Berlin 1862; zuletzt Handelsgesetzbuch mit Kommentar, herausgegeben von *Hermann Makower*, bearbeitet von *F. Makower*, 13. Aufl., Berlin 1906/07. Zu *Makower* der Nachruf von *Meyer* DJZ 1897, 162; *Strenge* Juden im preußischen Justizdienst 1812–1918. Der Zugang zu den juristischen Berufen als Indikator der gesellschaftlichen Emanzipation, München 1996, S. 126 Fn. 103; *Landau* in: Heinrichs u. a. (Fn. 3), S. 198 f. Als „Großkommentar", wie bei *Landau* bezeichnet, können aber erst die letzten Auflagen gelten, da jedenfalls in den 1870er Jahren ein erheblicher Teil des Kommentars aus den im Anhang abgedruckten Gesetzen bestand. Seine Jugend und seine frühe Bekanntschaft mit *Eduard Lasker* schildert *Makower* bei Richarz (Hrsg.), Jüdisches Leben in Deutschland. Band 1: Selbstzeugnisse zur Sozialgeschichte 1780–1871, Stuttgart 1976, S. 442 ff. Ausführlich Deutsches Biographisches Ar-

einer Norm ab und hoben die einzelnen Abschnitte im Druckbild hervor. So fand *Hahn* denn auch noch zwanzig Jahre nach der letzten Auflage seines Kommentars viel Beifall: Der Kommentar müsse „als immer noch unerreichtes Muster der kommentarmäßigen Behandlung eines Gesetzbuches bezeichnet werden [...], unerreicht in der einfachen, klaren, gründlichen, tief und fein durchdachten Darlegung der Entstehung und des Inhalts des Gesetzes“.[35] *Staubs* direkten Konkurrenten *Makower* traf hingegen kurz nach dessen Tod ein von *Laband* erhobener ‚Plagiatsvorwurf‘, der freilich auf die Form beschränkt blieb und zudem an *Makowers* Sohn gerichtet war, der den Kommentar fortgeführt hatte:

> „In der äußeren Anordnung ahmt [Makowers] Kommentar den Staub'schen nach, so daß jemand, der das Buch aufschlägt ohne das Titelblatt anzusehen, glauben könnte, den Kommentar von Staub vor sich zu haben; inhaltlich besteht diese Gleichartigkeit aber nicht, soweit sie nicht durch die Identität des Materials begründet ist. Der Kommentar ist sehr eingehend und für die Bedürfnisse der Praxis zweifellos sehr brauchbar; die Erläuterungen bestehen vielfach in einer übersichtlichen Registrierung der zu den Paragraphen des Gesetzes ergangenen Entscheidungen der obersten Gerichte, eine immerhin verdienstliche Arbeit.“[36]

chiv II, 848, 396–398. 1830 geboren, war *Makower* einer der ersten Juden, die in den 1860er Jahren als Anwalt zugelassen wurden. Ein Teilnachlaß von *Makower* ist überliefert in der Stiftung Neue Synagoge Berlin – Centrum Judaicum.

[35] Nachruf auf *Hahn* von Reichsgerichtsrat *Hugo Rehbein* DJZ 1897, 139. *Hahn* hatte zwischen 1857 und 1861 an den Beratungen des ADHGB teilgenommen und widmete daher der Entstehungsgeschichte der kommentierten Vorschriften besondere Beachtung. Zwischen 1872 und 1893 gehörte er dem Reichsoberhandelsgericht und dem Reichsgericht an, *Rehbein* aaO.; *Schaaf* (Fn. 4), S. 338, 341. *Hahn* wurde auch dem ADHGB-Kommentar von *Puchelt/Förtsch* entgegengehalten, der 1892–94, zeitgleich zur Erstauflage des „Staub“, in Leipzig neu erschienen war: „Gewonnen hätte das Werk, wenn eine bessere systematische Durchdringung des Stoffes zu Tage träte, was, wie *v. Hahn's* Beispiel beweist, auch bei einem Kommentare sehr wohl durchführbar ist“, Rezension von *Rehme* ZHR 44 (1896), 580 (581).

[36] *Laband* Die Litteratur zum neuen Handelsgesetzbuch, DJZ 1898, 384, 385. Ähnlich *ders.* Die neue Litteratur des deutschen Handelsrechts, DJZ 1900, 332, 333: „Ein Kommentar großen Stils ist [...] der von *Makower* [...], welcher in der äußeren Anlage von dem Staub'schen Vorbild beeinflußt ist, inhaltlich aber weder ihn, noch den von Düringer-Hachenburg erreicht.“ Zum ersten Band von *Düringer/Hachenburg* Das Handelsgesetzbuch vom 10. Mai 1897 auf der Grundlage des Bürgerlichen Gesetzbuches, Mannheim 1898/99, „diesem vortrefflichen Werke“, schrieb *Laband* aaO.: „Etwas kürzer und nicht ganz so reichhaltig [wie Staub], aber durch seinen Inhalt ebenfalls von hervorragender Bedeutung [...] Die Erläuterungen zeichnen sich durch ihre Klarheit und durch die gründliche Berücksichtigung der Rechtsprechung und legislatorischen Materialien aus.“ Die stärkere Berücksichtigung der Materialien hatten *Düringer* und *Hachenburg* im Vorwort damit begründet, daß *Düringer* der Sachverständigenkommission zum HGB angehört habe, deren Materialien bisher nicht veröffentlicht seien.

Geradezu hymnisch rezensierte *Laband* demgegenüber die letzte von *Staub* selbst stammende, zum neuen HGB von 1897 verfaßte Doppelauflage von *Staubs* Kommentar:

> „Die großen Vorzüge dieses Kommentars, der durch seine Vollständigkeit, Gründlichkeit und praktische Brauchbarkeit sich ein Ansehen bei Theoretikern und Praktikern verschafft hat, wie kein anderer, sind so allgemein anerkannt, daß sie hier nicht hervorgehoben zu werden brauchen. Die Methode, nach welcher dieser Kommentar gearbeitet ist, hat allen späteren zum Vorbild gedient, keiner aber hat ihn übertroffen. Der Scharfsinn, mit welchem die Bedeutung und Tragweite der einzelnen Rechtsvorschriften klargestellt, die Umsicht, mit welcher alle Einzelfragen und kasuistischen Details behandelt, die Uebersichtlichkeit und Kunst, mit welcher der weitschichtige Stoff gegliedert ist, sind bewunderungswürdig."[37]

Der Vergleich des „Staub" mit dem „Makower"[38] ist deshalb besonders reizvoll, weil beide Kommentare nicht nur zu Lebzeiten ihrer Verfasser konkurrierten, sondern nach deren Tod aufgrund einer Fusion kurzzeitig unter dem Dach desselben Verlags fortgeführt wurden, bis der Verlag offenbar dem erfolgreicheren „Staub" den Vorzug gab.[39] Zwei Rezensionen aus dem Jahre 1907 vereinten beide Werke auch auf derselben Seite von „Gruchots

[37] *Laband* Die neue Litteratur des deutschen Handelsrechts, DJZ 1900, 332, 333. Die Rezensionen von *Staubs* Kommentaren enthielten neben viel Lob bisweilen auch Kritik, etwa von *Martin* DJZ 1897, 143, der „die Behandlung des fremden Rechts" beanstandete: „Von einem im übrigen so hochstehenden Kommentar darf man wohl beanspruchen, daß der Verf., wenn er sich überhaupt mit fremdem Recht befassen will, sich nicht mit kurzen Verweisen auf anderswo darüber Gesagtes begnügt, sondern den fremden Rechtsquellen selbst nachgeht." Aufschlußreich hierzu *Staubs* Blick auf den „Brüsseler Advokatenkongreß" von 1897, DJZ 1897, 338: „Indessen kann füglich die Frage aufgeworfen werden, ob überhaupt von internationalen Tagungen dieser Art positive Resultate zu erwarten sind. Medizinische Kongresse haben internationale Fragen zum Gegenstande, mit juristischen Dingen ist es anders. Die Gesetzgebung und die Rechtswissenschaft sind im großen und ganzen national, und die Standesfragen haben erst recht einen so ausgeprägten nationalen Charakter, daß die Versuche gemeinsamer Regelung in allen Ländern der Welt im allgemeinen wohl aussichtslos sind." *Staubs* Bearbeiter *Martin Stranz* konnte für das Wechselrecht zu einem anderen Ergebnis kommen, vgl. sein Vorwort zum Wechselgesetz-Kommentar von *Staub/Stranz*, zitiert oben in Fn. 11.

[38] Vgl. auch *Karsten Schmidt* in diesem Band, S. 110.

[39] *Ziesak* (Fn. 11), S. 148: „1902 erfuhr das Unternehmen [I. Guttentag] durch den Ankauf des J.J. Heine'schen Verlags eine wertvolle Bereicherung. Für 350000 Mark gingen rund hundert juristische Titel in das eigene Programm über." Darunter waren auch die Kommentare zum HGB und zur Wechselordnung, die „der Meister und Neuschöpfer der Kommentierungskunst Hermann Staub" verfaßt hatte, so die Formulierung des de Gruyter-Prokuristen *Gerhard Lüdtke* Der Verlag Walter de Gruyter & Co. – Skizzen aus der Geschichte der seinen Aufbau bildenden ehemaligen Firmen, nebst einem Lebensabriß Walter de Gruyter's, Berlin 1924, S. 46. Im selben Haus wurde auch der kürzere HGB-Kommentar von *Litthauer/Mosse* als Bestandteil der erfolgreichen „Sammlung Guttentag" verlegt.

Beiträgen".[40] Ein wesentliches Defizit gegenüber *Staub* hatte demnach erst *Makowers* Sohn aufholen können: „Die neue Auflage zeichnet sich vor den früheren durch größere Übersichtlichkeit aus." Blickt man etwa in die elfte *Makower*-Auflage, die zeitgleich mit dem ersten *Staub*-Kommentar erschienen ist, so zeigt sich ein ‚Aufbaufehler', den *Staub* von vornherein vermied. Ähnlich wie die Glossatoren des Spätmittelalters[41] und – großer Zeitsprung – ebenso wie bald nach *Makower* die Reichsgerichtsräte in ihrem BGB-Kommentar[42] versah *Makower* den Gesetzestext mit fortlaufenden Fußnoten und folgte dabei der Reihenfolge, in welcher die von ihm ausgewählten Stichworte im Text erschienen, d.h. einer eher syntaktisch als semantisch motivierten Reihenfolge. In gewisser Weise unterwarf er sich damit mehr als ohnehin unvermeidlich der sprachlichen Willkür der Gesetzesverfasser und deren Ausdrucksgeschick, auch wenn er nicht jedes Wort, ja nicht einmal jeden Satz kommentierte und viele Vorschriften erstaunlich ‚aufbau-folgerichtig' formuliert sind. Selbstverständlich führt diese Darstellungsform nicht notwendig zur Unübersichtlichkeit, zumal wenn der Verfasser genügend Querverweise aufnimmt. Zumindest im de Gruyter-Verlag war man sich des Gegensatzes des Reichsgerichtsrätekommentars zur Methode von *Staub* (und *Düringer/Hachenburg*) dreißig Jahre später allerdings deutlich bewußt.[43]

Staub destillierte aus dem Gesetzestext von vornherein sein ‚eigenes' System[44] – genauer: das System, das er als das des Gesetzgebers ansah. Bereits *Rießers* ZHR-Rezension zur 1. Auflage des ADHGB-Kommentars[45] betonte diese gedankliche Eigenständigkeit *Staubs*:

> „Neben den bereits vorhandenen und eingebürgerten Kommentaren einen neuen zu schreiben, welcher wirklich Neues und Selbständiges zu bieten im Stande sei, würde noch vor Kurzem als eine unmögliche Aufgabe allgemein betrachtet worden sein. Der Verfasser hat jedoch diese Aufgabe gelöst; er verbindet mit dem feinen Gefühl des Praktikers für die Bedürfnisse der Praxis eine ungemeine Begabung für die scharfe Durchdenkung wissenschaftlicher Streitfragen und für eine klare, prägnante, ich möchte sagen mathematische Darstellung der Ergebnisse seiner Gedan-

[40] Gruchot 51 (1907), 237, Kurzrezensionen von *Eccius* (zu Staub, oben Fn. 17) und *Heinrici* (zu Makower), daraus auch das folgende Zitat.

[41] Vgl. nur *Kunkel/Schermaier* Römische Rechtsgeschichte, 14. Aufl., Köln 2005, S. 231; eingehend *Lange* Römisches Recht im Mittelalter, Band 1: Die Glossatoren, München 1997, § 13 I, S. 118ff., 441f.

[42] Das Bürgerliche Gesetzbuch mit besonderer Berücksichtigung der Rechtsprechung des Reichsgerichts, ab der 2. Aufl., Berlin 1913 gleichfalls bei Guttentag.

[43] Vgl. unten das Zitat in Fn. 265.

[44] Zum Topos „System" unten II.4.

[45] Ebenso die von *Hermann* in diesem Band, S. 34 Fn. 42, zitierte Rezension von *Cohn*. Vgl. auch *Förtsch* Recht 1897, 25; 1899, 24; *Keyßner* ZHR 49 (1900), 349; *Riesenfeld* JurLitBl 1901, 53.

kenarbeit. Der Verfasser vermeidet die ebenso bequeme, als nahe liegende, leider aber vielfach eingeschlagene Manier, mit der Papierscheere die einzelnen bisher aufgestellten Ansichten aneinanderzureihen und je nach der Quantität oder Qualität ihrer Verfechter im Wege des Hammelsprungs oder der Ausloosung die Durchschnittsmeinung, eine Art von autoritativer Mittelansicht zu gewinnen. Er verfährt, was ihm gar nicht genug zum Lobe angerechnet werden kann, in jeder einzelnen Frage *durchaus selbständig*, er bildet sich zuerst auf rein logisch wissenschaftlichem Wege die eigene Ansicht, und sieht sich dann erst um, ob er für die so gewonnenen Resultate Freunde oder Gegner findet. Man könnte ihm im Gegenteil vorwerfen, daß er dadurch manchmal unfreiwillig die Ansicht erweckt, als habe er auch da ganz neue Resultate gefunden, wo bereits Andere zuvor zu den nämlichen Resultaten gelangt waren; aber dieser Vorwurf wiegt umso leichter, als es in wissenschaftlichen Dingen lediglich auf die Wahrheit und Richtigkeit, nicht auf das Prioritätsrecht des Gedankens, ankommt. Immerhin wird bei einer neuen Auflage das Citaten-Beiwerk, sowohl was die Literatur, als was die Praxis angeht, schon um deswillen vermehrt werden müssen, weil nur auf diesem Wege dem beschäftigten Leser das Weiterarbeiten auf der vielfach nur angedeuteten Gedankenbahn erleichtert werden kann."[46]

Staub lieferte demnach einen Kommentar, der alte Ergebnisse als eigenständig und neu erscheinen ließ, weil er durch eigene Beschäftigung mit Gesetz und Praxis dazu gefunden hatte, und nur diese eigene Beschäftigung ließ ihn auch tatsächlich neue Ergebnisse finden. Die „ungemein übersichtliche und klare *Anordnung* der Einzelerläuterung" tat ein übriges, daß „dieser Kommentar in unglaublich kurzer Zeit sich eine besondere und geachtete Stellung errungen hat, welche der Verfasser sicherlich dem Buche durch rastlose Weiterarbeit zu erhalten wissen wird".[47] Wie aber kam *Staub* dazu, „durchaus selbständig" eine „ungemein übersichtliche und klare" Kommentierung zu schaffen?

2. Staubs *Selbstzeugnis*

Staub selbst hat seine Methode ähnlich wie *Hachenburg*, nur etwas knapper beschrieben. Er stellte seine Methode jedoch in einen überraschenden Kontext, den *Thomas Henne* schon angesprochen hat:[48]

[46] *Rießer* ZHR 42 (1894), 320f. Hier hatte *Makower* anfangs möglicherweise einen Vorsprung, vgl. dessen Vorwort zur 11. Auflage, Berlin 1892/93: „Die Zusammenstellung der Urtheile bei den einzelnen Artikeln bezweckt, aus den Entscheidungen mehrerer *concreter* Fälle die *Theorie* des höchsten Gerichtshofes in den einzelnen Materien erkennbar zu machen."

[47] *Rießer* ZHR 42 (1894), 321.

[48] In diesem Band S. 21f.

„Meine Art zu kommentieren hat Schule gemacht. Man bewundert die eigenartige *Neuheit* meiner Kommentierungsmethode und weiß nicht, daß sie *uralt* ist. So wie ich das deutsche Gesetz erkläre, haben die Juden ihre Lehren erläutert. Meine Darstellungsweise ist die talmudische. Ich werfe zu jedem Paragraphen die auftauchenden Probleme als Fragen oder Themen in Form einer Überschrift auf und beantworte sie.“[49]

Staub hat diese Äußerung nicht öffentlich getan, und sie wurde auch nicht von ihm selbst niedergeschrieben, sondern von seinem Schwager *Arthur Schindler*[50] überliefert. In einer Festnummer zum 50jährigen Jubiläum des Ordens Bne Brit in Deutschland, dem *Staub* angehört hatte, zeichnete *Schindler* 1932 ein bisher wenig beachtetes, aber sehr plastisches Porträt, das über *Staub* mehr und anderes erzählt als die bekannten Nachrufe von *Liebmann*[51] und *Hachenburg*[52]. *Schindler* war *Staub* nicht nur familiär, sondern auch beruflich verbunden. Er fertigte die Register für *Staubs* Kommentare zum HGB und zum GmbH-Gesetz, eine Arbeit, die *Staub* dem jungen Assessor und angehenden Rechtsanwalt *Schindler* mit der „Richtschnur“ übertragen hatte: „Du mußt dich bei jedem Worte fragen, *wo kann der Ochse noch suchen!*“[53] Daß *Schindler* den Text mit einem Abstand von dreißig Jahren schrieb, erklärt zwar Erinnerungslücken.[54] Aufgrund der Distanz

[49] Überliefert von *Schindler*, Männer der Wissenschaft. Hermann Staub, in: Der Orden Bne Briss. Mitteilungen der Großloge für Deutschland VIII. U.O.B.B. 1932, S. 98f., Festnummer zum Ordenstag 1932, abgedruckt im Anhang dieses Bandes, S. 169ff.

[50] Geboren am 30. 5. 1871 in Beuthen/Schlesien, deportiert nach Theresienstadt am 28. 8. 1942, dort umgekommen am 21. 9. 1942, Gedenkbuch Berlins der jüdischen Opfer des Nationalsozialismus, Berlin 1995, S. 1130. *Staub* heiratete 1884 *Laura Schindler*; *Arthur Schindler* war ihr jüngerer Bruder. Seinem Großneffen *Hans-Hermann Neustadt* danke ich für diese biographischen Angaben und für den Hinweis auf *Schindlers* Beitrag (Fn. 49).

[51] Fn. 6.

[52] Fn. 27.

[53] *Schindler* (Fn. 49), S. 99 = Anhang S. 171. *Staub* hatte sich von *Schindler* gewünscht, „das Register viel eingehender zu gestalten, als es von meinen Vorgängern in früheren Auflagen geschehen ist“, so *Schindler* aaO. Das nicht von *Schindler* stammende Register zum ADHGB-Kommentar in der ersten Auflage hatte *Rießer* ZHR 42 (1894), 323 als „unvollständig“ gerügt, konnte aber schon für die zweite Auflage feststellen: „das Register ist erheblich verbessert“, *Rießer* ZHR 44 (1896), 584, 585. In der 2. bis 5. Auflage dankte *Staub* für das Register seinen „verehrten Kollegen“, den Berliner Rechtsanwälten *Neumann III*, *Grünschild* und *Scheff*, im Vorwort zum GmbHG-Kommentar von 1903 (S. III) „meinem Schwager, dem hiesigen [Berliner] Rechtsanwalt *Arthur Schindler*.“ In der Rezension zum GmbHG-Kommentar lobte *Rausnitz* ZHR 45 (1904), 345, „das treffliche, vom Rechtsanwalt *Schindler* verfaßte Register“. Auch das HGB-Register zur 6./7. Auflage erstellte offenbar *Schindler*, auch wenn *Staub* dies nicht aussprach, vgl. aber *Könige*, *Stranz* und *Pinner* in ihrer Vorrede zur achten Auflage von 1906: „Die Bearbeitung des Sachregisters ist wiederum in die bewährten Hände des Herrn Rechtsanwalts Arthur *Schindler* gelegt worden, dessen Sorgfalt uns zu großem Dank verpflichtet.“

[54] So schreibt *Schindler* (Fn. 49) etwa, der HGB-Kommentar sei zu *Staubs* Lebzeiten in 10 Auflagen erschienen.

dürfte der Text jedoch eher objektiv geraten sein als bei einem unmittelbaren Nachruf.

Das von *Schindler* überlieferte Zitat führt zu einer heiklen Frage, für die sich – wenige Jahre nach *Schindler* – *Hugo Sinzheimer* rechtfertigte, als er 1938 ein Buch unter dem Titel „Jüdische Klassiker der deutschen Rechtswissenschaft" veröffentlichte:

> „Der Titel dieses Buches muß jedem auffallen, der bisher gewohnt war, wissenschaftliche Denker nicht nach ihrer Herkunft, sondern nach dem Werte ihrer Leistungen zu beurteilen. Die Wissenschaft strebt nach Wahrheit, die Wahrheit aber kennt keine Unterscheidung, und das Interesse, an den Ergebnissen der Wissenschaft teilzunehmen, ist unabhängig von dem persönlichen Ursprung, den diese Ergebnisse haben. Wenn trotzdem hier von ‚jüdischen Klassikern' die Rede ist, so bedarf dies der Erklärung."[55]

Auf *Sinzheimers* Erklärung wird zurückzukommen sein.[56] Auch hier würde es sich verbieten, nach einer ‚spezifisch jüdischen' Methode bei *Staub* zu suchen, wenn *Staub* dies nicht selbst getan hätte. Leider besteht *Staubs* einzige Äußerung zu den Ursprüngen seiner Methode in jenem sehr kurzen, extrem vereinfachenden Zitat aus zweiter Hand. Die Schwierigkeit liegt darin, das Zitat weder zu übergehen noch ihm eine Bedeutung beizumessen, die *Staub* fremd gewesen wäre. Die folgenden Fragen sind daher unvermeidlich spekulativ: Ist in *Staubs* Kommentaren tatsächlich eine „talmudische Darstellungsweise" erkennbar? Und warum findet sich ein Hinweis darauf erst dreißig Jahre später und dann auch nur im verschwiegenen Kreis der Loge? Zumindest diese letzte Frage ist plausibel zu beantworten, während die erste Frage letztlich unbeantwortet bleiben muß.

Staub beendete seine Schulausbildung zu einer Zeit, als einem anderen Druckwerk gleichfalls ein ‚ungeahnter Erfolg' beschieden war, einem Buch mit dem Titel „Der Talmudjude", verfaßt oder genauer: aus älteren Quellen zusammengeschrieben durch einen katholischen Theologen mit dem programmatischen Namen *August Rohling*[57], der offenbar noch höhere oder zumindest häufigere Auflagen als *Staub* erzielte[58]. Hintergrund waren die Pariser Prozesse in der Mitte des 13. Jahrhunderts, in denen der Talmud

[55] *Sinzheimer* Jüdische Klassiker der deutschen Rechtswissenschaft, Amsterdam 1938, Nachdruck Frankfurt am Main 1953, S. 1.

[56] Unten III.2. bei Fn. 254.

[57] *Rohling* Der Talmudjude. Zur Beherzigung für Juden und Christen, 1. Auflage Münster 1871.

[58] 22 Auflagen bis 1933 zählt *Patschovsky* in: Haverkamp/Ziwes (Hrsg.), Juden in der christlichen Umwelt während des späten Mittelalters, Zeitschrift für Historische Forschung, Beiheft 13 (1992), S. 13 Fn. 1.

als solcher angeklagt war und wegen Gotteslästerung verurteilt wurde[59]. *Rohling* wärmte nun dieses sechs Jahrhunderte alte Zerrbild des Talmuds publikumswirksam auf. Der hier interessierende Kern des Vorwurfs lag darin, daß die Talmudgelehrten sich angeblich über das Gesetz Gottes stellten.[60] *Staub* hätte öffentlich also kaum sagen können, er kommentiere „talmudisch", ohne den Vorwurf zu provozieren, er stelle sich über das Gesetz.[61]

Inwieweit aber ist eine „talmudische Betrachtungsweise" in seinen Kommentaren überhaupt nachzuweisen?[62] Bei der Antwort ist aus mehreren Gründen Vorsicht geboten. Ein Jurist ohne Vorkenntnisse kann hier allenfalls auf neuere Talmud-Forschungen verweisen.[63] Zudem ist nur sehr wenig über *Staubs* religiöse Bildung bekannt. Wie fundiert konnte er selbst seine Kommentierungen als „talmudisch" bezeichnen? Es ist zwar äußerst unwahrscheinlich, daß *Staub* anläßlich seines 13. Geburtstages seine Bar Mizvah nicht gefeiert hätte. Dies hätte besonderen religiösen Unterricht mit sich gebracht, aber kein vertieftes Studium des Talmuds. So beschreibt *Arthur Schindler* lediglich, daß *Staub* die Haggada für die Sederabende des Pessachfestes lückenlos im Urtext lesen konnte.[64] Immerhin sprach aber auf *Staubs* Beerdigung der Breslauer Rabbiner *Guttmann*, der in einem Zeitungsbericht als *Staubs* Lehrer bezeichnet wurde.[65] Auch dieser Bericht erhellt freilich nicht, ob *Guttmann* den jungen *Staub*, der bis 1874 im allerdings fast 200 Ki-

[59] Hierzu *Patschovsky* (Fn. 58), S. 15ff.; *Lawall* Faciatis incendio concremari. Untersuchungen zur Situation des europäischen Judentums in der ersten Hälfte des dreizehnten Jahrhunderts anhand der Pariser Verfahren gegen den Talmud, Frankfurt am Main u.a. 2004, S. 199ff.

[60] *Patschovsky* (Fn. 58), S. 17; *Lawall* (Fn. 59), S. 203ff.

[61] Zu *Staubs* Position zwischen Gesetz, Gerichten und Wissenschaft unten II.3.

[62] Für ihren Rat zu den folgenden Ausführungen danke ich herzlich *Inbal Steinitz*.

[63] Aus den letzten zwei Jahrzehnten etwa *Neusner* The Formation of the Jewish Intellect. Making Connections and Drawing Conclusions in the Traditional System of Judaism, Atlanta 1988; *ders.* The Law Behind the Laws. The Bavli's Essential Discourse, Atlanta 1992; *ders.* The economics of the Mishnah, Atlanta 1998; *ders.* The Hermeneutics of The Rabbinic Category-Formations. An Introduction, Lanham u.a. 2001; *ders.* Analysis and Argumentation in Rabbinic Judaism, Lanham u.a. 2003; *ders.* The Talmud. Law, Theology, Narrative. A Sourcebook, Lanham u.a. 2005; *ders.* Rabbinic Categories. Construction and Comparison, Leiden/Boston 2005; *Kraemer* The Mind of the Talmud. An Intellectual History of the Bavli, New York/Oxford 1990; *Ohrenstein/Gordon* Economic Analysis in Talmudic Literature. Rabbinic Thought in the Light of Modern Economics, Leiden u.a. 1992; *Moscovitz* Talmudic Reasoning. From Casuistics to Conceptualization, Tübingen 2002; *ders.* in: Hezser (Hrsg.), Rabbinic Law in its Roman and Near Eastern Context, Tübingen 2003, S. 105ff.; *Jacobs* Rabbinic Thought in the Talmud, London/Portland, OR 2005; *Stephen M. Wylen* The Seventy Faces of Torah. The Jewish Way of Reading the Sacred Scriptures, New York/Mahwah, NJ 2005, S. 137ff.

[64] *Schindler* (Fn. 47), S. 98.

[65] Die vorangehenden Informationen verdanken die Herausgeber dieses Bandes einmal mehr *Staubs* Enkel *Hans-Hermann Neustadt*. Näher zum folgenden *Henne* in diesem Band, S. 21f.

lometer entfernten Beuthen wohnte, lediglich auf die Bar Mizvah vorbereitete, oder ob *Staub* einen weitergehenden Unterricht bei *Guttmann* erst aufnahm, als dieser, soeben diplomiert, ab 1870 den Breslauer Rabbiner im Amt vertrat.[66] Wie beliebig Spekulationen hier sein können, zeigt ein flüchtiger Blick in den Katalog der Berliner Staatsbibliothek. Methodologische Studien, die heute sehr verbreitet sind[67], blieben damals offenbar die Ausnahme[68]. Statt dessen erschien in Staubs Todesjahr 1904 in Berlin ein Buch mit dem Titel „Was muß man vom Talmud wissen? Gemeinverständlich dargestellt von Berthold von Schottenfeld". Kannte *Staub* dieses Buch, hätte er einer „gemeinverständlichen" Darstellung überhaupt bedurft? Seit der Auseinandersetzung um den „Talmud-Juden" waren in Deutschland viele Bücher publiziert worden, die den Talmud und den „wahren Talmudjuden"[69] einem breiteren Publikum erklären wollten. Vor diesem Hintergrund kann das *Staub*-Zitat zur „talmudischen Darstellungsweise" mehrere Gründe haben. Es kann einer Abwehrreaktion entsprungen sein, wie sie *Thomas Henne* beschreibt[70], aber auch – oder sogar zugleich – eine tiefe Verbundenheit *Staubs* zur jüdischen Religion ausdrücken. In letzterem Sinn wurde es auch von *Arthur Schindler* überliefert. Wie die ganz ähnlichen Erinnerungen des russischen Juristen *Genrich B. Sliozberg*[71] nahelegen, war die erste, sehr frühe Begegnung, die jüdische Jungen mit wissenschaftlicher Methode hatten, offenbar durch ein mehr oder weniger intensives Talmud-Studium vermittelt. Es könnte daher auch bei *Staub* ein früher, aber umso prägenderer Eindruck gewesen sein, der ihn eine Parallele zwischen seinem Kommentieren und der Arbeit eines Talmudgelehrten erkennen ließ. Blickt man auf neueste Forschungen, die versuchen, „talmudic reasoning" zu er-

[66] *Staub* war zu diesem Zeitpunkt mit vierzehn Jahren für den Bar Mizvah-Unterricht bereits zu alt; seine Studien hätten daher einen besonderen Hintergrund haben müssen. *Guttmann* hatte jedoch bereits seit 1861 in Breslau studiert, trat schon in seiner Studienzeit als Prediger hervor und promovierte vor Abschluß seiner theologischen Studien. *Guttmann* verließ Breslau im gleichen Jahr (1874), um Rabbiner in Hildesheim zu werden, als *Staub* sein Studium in Breslau aufnahm. Als *Guttmann* 1892 nach Breslau zurückkehrte, war *Staub* wiederum bereits seit zehn Jahren Rechtsanwalt in Berlin. Biographische Angaben zu *Guttmann* bei *Schneider* Die jüdische Gemeinde in Hildesheim 1871–1942, Dissertation Göttingen 1999, http://webdoc.sub.gwdg.de/diss/1999/schneider/ii-te3.pdf, S. 3–7, und zu *Staub* bei *Heinrichs* (Fn. 3), S. 387.

[67] Fn. 63.

[68] Ermittelt werden konnte – neben unzähligen materiellen, d.h. nicht primär methodologischen Talmud-Studien – lediglich *Hirschfeld* Der Geist der talmudischen Auslegung der Bibel, Erster Theil: Halachische Exegese. Ein Beitrag zur Geschichte der Exegese und zur Methodologie des Talmud's, Berlin 1840.

[69] *Katz* Der wahre Talmudjude. Die wichtigsten Grundsätze des talmudischen Schrifttums über das sittliche Leben des Menschen, 3. Auflage, Berlin 1893, letzter Nachdruck Berlin 1928.

[70] In diesem Band, S. 21.

[71] Eingehend hierzu *Henne* in diesem Band, S. 21.

klären, zeigen sich für einen Laien durchaus Parallelen. „From casuistics to conceptualization“[72], wie *Leib Moscovitz* 2002 titelte – dies klingt kaum anders als die bekannte Beschreibung von *Staubs* Methode, der nicht Rechtsprechung kompiliert, sondern Recht systematisiert habe[73]. Das Ergebnis ist eine Kommentierung, die – wie *Peter Ulmer* es im Vorwort zur 8. Auflage des „Hachenburg“ fordert[74] –, die leitenden Fragen stellt und zugleich mit den geschriebenen Antworten auch die noch ungestellten Fragen beantwortet. Was wie Mystik klingt, dürfte in jeder Wissenschaft Beispiele haben. Die Methode, die *Staub* und *Hachenburg* beschreiben, wurde in gleicher Weise etwa für die Glossatoren beansprucht.[75] Es handelt sich um eine abendländische Tradition, die von Antisemiten geleugnet wurde und daher bei *Staub*, dreißig Jahre später bei *Schindler* und kurz darauf auch bei *Sinzheimer* zur Selbstvergewisserung zwang. *Staub* dankte seiner Beschäftigung mit dem Talmud offenbar ein Vorbild für seine Aufgabe, einen autoritativen Text respektvoll und zugleich selbstbewußt zu entschlüsseln.

3. *Kommentator zwischen Gesetz, Gerichten und Wissenschaft*

Es ist nach dem Beitrag von *Hans-Georg Hermann*[76] unnötig zu betonen, wie falsch der Vorwurf, der Gelehrte stelle sich über das Gesetz[77], gerade *Staub* gegenüber wäre. *Staubs* Versuch, am Text des BGB entlang eine Lösung für die „positiven Vertragsverletzungen“[78] zu finden, zeigt deutlich, daß *Staub* die aus seiner Sicht gesetzesnähere Lösung anderen Meinungen

[72] Fn. 63.

[73] *Liebmann* DJZ 1904, Sp. 825, 828: „Von der Erkenntnis ausgehend, daß nur in dem Mutterboden der Systematik die Frucht der Wissenschaft gedeiht, kam *Staub* zu dem Gedanken, die Erörterung der einzelnen Gesetzesparagraphen auf systematischer Grundlage aufzubauen.“ Zum Kontext des Zitats *Karsten Schmidt* in diesem Band, S. 113f. Zum Gegensatz ordnender Zusammenstellungen gegenüber Systembildungen in der Handelsrechtswissenschaft des 19. Jahrhunderts *Rückert* in: Scherner (Hrsg.), Modernisierung des Handelsrechts im 19. Jahrhundert, Beihefte der ZHR 66 (1993), 25ff., 42ff., zusf. 60f.

[74] Fn. 14, Band 1, S. VII.

[75] Vgl. *Lange* (Fn. 41), S. 112f., 455f., und die Beschreibung von *M. Gribaldus Mopha* de methodo ac ratione studendi libri tres, 1554, zitiert nach *Stintzing* Geschichte der deutschen Rechtswissenschaft, Erste Abtheilung, München/Leipzig 1880, Neudruck Aalen 1978, S. 107f., übersetzt von *Hattenhauer/Buschmann* Textbuch zur Privatrechtsgeschichte der Neuzeit mit Übersetzungen, München 1967, S. 32f.: „Ich mache die Vorbemerkung, zergliedere den Text / fasse den wesentlichen Inhalt kurz zusammen / bilde Beispielsfälle / lese kritisch den Text / begründe / mache allgemeine Anmerkungen / und kläre Streitfragen.“

[76] In diesem Band S. 25ff.

[77] Vgl. oben bei Fn. 60.

[78] *Staub* Die positiven Vertragsverletzungen und ihre Rechtsfolgen, in: Festschrift XXVI. DJT 1902, S. 29ff., als Faksimile abgedruckt im Anhang dieses Bandes, S. 131ff., dort S. 127ff. auch die Einführung von *Henne* zu den weiteren Auflagen von *Staubs* Schrift.

aus Wissenschaft und Praxis vorzog. Er selbst hat dies in anderem Zusammenhang so formuliert:

> „Wenn möglich, folge ich immer dem Reichsgericht. Aber wenn die klaren Worte des Gesetzes und der unverkennbare Wille des Gesetzgebers dies nicht gestatten, muß ich ihm die Gefolgschaft versagen. Dann erfordert es die Ehrfurcht vor dem höchsten Gerichtshofe, daß ich meinen Standpunkt eingehend begründe."[79]

Das Zitat betrifft das Börsengesetz, an dessen Reform *Staub* als Mitglied einer vom preußischen Handelsminister berufenen Kommission selbst mitgewirkt hatte.[80] Auch seine Kommentierungen waren darauf gerichtet, Gesetzgebung und Rechtsprechung zu beeinflussen.[81] Der Eindruck einer bloßen Unterwerfung wäre folglich verfehlt; Gesetzestreue oder -untreue hat viele Facetten. In der beginnenden Methodendiskussion um 1900[82] ist *Staub* keiner Extremposition zuzuordnen, obwohl er posthum als Katalysator oder sogar Auslöser dieser Debatte beschrieben wurde[83]. Etiketten wie „Freirechtler" oder „Positivist" versagen bei *Staub*, der zudem viele zentrale Beiträge zu dieser Debatte nicht mehr erlebte.[84] Aber auch die dem BGB vorausgeschickten Schreckbilder – ein Ende der Wissenschaft durch die Kodifikation, ein der römischen Wurzeln beraubter Materialienkultus[85] – scheinen *Staub* nicht beunruhigt zu haben. Daß er diese Entwicklungen

[79] *Staub* Der Begriff der Börsentermingeschäfte im § 66 des Börsengesetzes, Berlin 1899, S. 3, abrufbar unter http://dlib-pr.mpier.mpg.de/ (1. 4. 2006).

[80] Berichtet bei *Liebmann* DJZ 1904, Sp. 825 (831).

[81] *Liebmann* DJZ 1904, Sp. 825 (830).

[82] Zu den Stationen und Folgen dieser Debatte *Honsell* Historische Argumente im Zivilrecht. Ihr Gebrauch und ihre Wertschätzung im Wandel unseres Jahrhunderts, Ebelsbach 1982, S. 22 ff.; *Rainer Schröder* Rechtstheorie 19 (1988), 323 ff.; *ders.* in: FS Gmür, Bielefeld 1983, S. 201 ff.; *Rückert* in: Nörr/Schefold/Tenbruck (Hrsg.), Geisteswissenschaften zwischen Kaiserreich und Republik. Zur Entwicklung von Nationalökonomie, Rechtswissenschaft und Sozialwissenschaft im 20. Jahrhundert, Stuttgart 1994, S. 267 ff., *ders.* in: Festschrift Gagnér, Ebelsbach 1996, S. 203 ff.; zusammenfassend zuletzt *Heine* Die Methodendiskussion nach Inkrafttreten des Bürgerlichen Gesetzbuches und die Gründung des Vereins Recht und Wirtschaft, Frankfurt am Main u.a. 2004, S. 47 ff., speziell zur positiven Vertragsverletzung *Glöckner* in: Falk/Mohnhaupt (Hrsg.), Das Bürgerliche Gesetzbuch und seine Richter. Zur Reaktion der Rechtsprechung auf die Kodifikation des deutschen Privatrechts (1896–1914), Frankfurt am Main 2000, S. 155 (189 ff.); *ders.* Positive Vertragsverletzung. Die Geburt eines Rechtsinstituts, Frankfurt am Main u.a. 2006, S. 717 ff.

[83] *Riebschläger* Die Freirechtsbewegung. Zur Entwicklung einer soziologischen Rechtsschule, Berlin 1968, S. 32 f.; jüngst auch *Glöckner* Positive Vertragsverletzung (Fn. 82), S. 718, zurückhaltender S. 763.

[84] Zum noch zu *Staubs* Lebzeiten gedruckten Wiener Vortrag von *Ehrlich* Freie Rechtsfindung und freie Rechtswissenschaft, Leipzig 1903, äußerte sich *Staub* soweit ersichtlich nicht.

[85] Vgl. nur die prägnante Darstellung bei *Hofer* JuS 1999, 112 (113) sowie die Zitate in Fn. 158.

selbstverständlich wahrnahm und freimütig kommentierte, läßt sich aus der „Juristischen Rundschau“, seiner ständigen Kolumne in der Deutschen Juristen-Zeitung[86], indes umfänglich belegen, auch wenn *Staub* nicht immer offenlegte, mit wem er – bewußt oder unbewußt – ‚sympathisierte'. Als Kolumnist trat *Staub* öfter als ‚sachverständiger Zeitzeuge' statt in der Parteirolle auf, die er in Aufsätzen wohl eher eingenommen hätte. Da er in neun Jahrgängen DJZ monatlich zwei Kolumnen verfaßte, vermittelt die „Juristische Rundschau“ ein umfassendes, vielschichtiges Bild von *Staub*.

a) Der praktische Takt und der Gesetzesgedanke

Der Gesetzestext und die Materialien zu seiner Entstehung – „die [...] vor den meisten Büchern der neuen Litteratur den großen Vorzug voraus haben, daß sie nicht veralten“[87] – waren für *Staub* die wichtigsten Autoritäten, auf die er sich nur dann nicht verließ, wenn beide Quellen einander widersprachen.[88] Gesetzestext und Materialien standen aus seiner Sicht in keinem

[86] Ein Programm der „Juristischen Rundschau“ findet sich in einer der letzten von *Staub* verfaßten Kolumnen, DJZ 1904, 47: „Auch diese kurzen Streiflichter auf die jüngsten Begebenheiten auf dem juristischen ‚Schlachtfelde' haben schon oft zu mehrfachen Erörterungen geführt. Daß sie es nicht jedem recht machen können, liegt in der Natur der Sache. Denen, deren Handlungen kritisiert wurden, sind sie besonders unbequem, und mancher von diesen mag sich im stillen gedacht haben, was jüngst ein Gerichtsvorsitzender einem Verteidiger zurief: ‚Ich bitte, nicht so satirisch zu sein.' Doch können wir dieser stillen Bitte nicht entsprechen. Hat man uns dazu in der Prima die Herrlichkeiten der Horazischen Satiren gezeigt, um sie nie zur Anwendung zu bringen, auch da nicht, wo die Satire sich aufdrängt? Auch für den Juristen, der die Dinge um sich her betrachtet, gibt es Situationen, in denen er des trockenen Tones satt wird.“

[87] *Staub* DJZ 1900, 62f. zu den „rastlos fortschreitenden Materialien“ von *Mugdan* Die gesammten Materialien zum Bürgerlichen Gesetzbuch für das Deutsche Reich, Berlin 1899, „die ein außerordentlich verdienstvolles Unternehmen darstellen“.

[88] *Staub* DJZ 1902, 451f. gegen eine Entscheidung des LG Berlin I vom 9.6.1902 zur Auslegung des § 63 Abs. 1 HGB (nichtiger Gehaltsverzicht des „Handlungsgehülfen“ während krankheitsbedingter Dienstverhinderung?): „[Die Gültigkeit der Abrede] ist nach dem Wortlaute des Paragraphen klar, und die Entstehungsgeschichte ergiebt, daß zwar beantragt wurde, eine Abrede der letzteren Art für nichtig zu erklären, daß aber dieser Antrag abgelehnt wurde. Der Wortlaut entspricht also auch der Absicht des Gesetzgebers. Trotz alledem erklärt das Landgericht die Abrede der letzteren Art für nichtig. So wünschenswert das Ergebnis auch ist, so kann doch diese Art der Auslegung von Gesetzen nicht gebilligt werden. Es ist schon mißlich, ein Gesetz gegen seinen Wortlaut auszulegen. Nur in den äußersten Fällen darf sich die Rechtsprechung dazu entschließen, wenn nicht alle Sicherheit schwinden soll, die mit der Schaffung von Gesetzen erstrebt wird. Und diese äußersten Fälle sind lediglich diejenigen, in denen nachweislich die Absicht des Gesetzgebers eine dem Wortlaut entgegenstehende ist. Nur dann darf man sagen, daß der Wortlaut unbedacht und schlecht gewählt ist, und der Sinn und Inhalt des Gesetzes daher ein anderer sei. Aber wenn die Rechtsprechung sich über den Wortlaut und die Absicht des Gesetzgebers hinwegsetzt, dann überschreitet sie ihre Zuständigkeit.“ Ähnlich bereits *Staub* (Fn. 79), S. 65f.

grundsätzlichen Konflikt zu den „Bedürfnissen des Rechtsverkehrs“[89], einer Formel, auf die ebenso zurückzukommen sein wird wie auf das Verhältnis des Juristen *Staub* zum „Leben“[90]. So pries er eine Entscheidung des preußischen Kammergerichts als „lebensvolle und mustergiltige Jurisprudenz“, weil sie „an Hand der Motive[[91]] und der Gesetzesvorschriften“ das „unabweisbare[...] gesetzliche[...] Erfordernis[...]“ der Gesellschaftsauflösung als Voraussetzung einer AG-GmbH-Umwandlung erkannt und daraus „unerbittlich die Konsequenzen gezogen“ habe, „obgleich dadurch in dem zur Entscheidung stehenden Fall die Existenz einer großen Gesellschaft in Frage gestellt und ein fast unentwirrbares Chaos von Rechtsverwicklungen heraufbeschworen“ wurde.[92] Da ein solches Ergebnis nach heutigem Umwandlungsrecht geradezu exotisch anmutet,[93] fällt es schwer, *Staubs* Begeisterung für diese Entscheidung mit einem Abstand von mehr als einem Jahrhundert nachzuvollziehen. *Staub* erfreute sich an Urteilen mit „umfassender Würdigung der Litteratur, mit hohem praktischem Takte, helfend, soweit das Gesetz es gestattet, aber unerbittlich niederreißend, was dem Gesetzesgedanken widerstrebt“.[94] Der „praktische Takt“ – ein in jener Zeit vielbeschworener, aber hochumstrittener Topos[95] – mußte, so wichtig er *Staub* war, hinter dem „Gesetzesgedanken“ zurücktreten. Ganz ähnlich hatte *Windscheid* gegen *Otto Bähr* formuliert: „Ich mißachte nicht den praktischen Takt, ich halte ihn für etwas sehr wertvolles, ich will nur nicht, daß er die Quelle der richterlichen Entscheidung sei. Die Quelle der Entscheidung kann nur das juristische *Denken* sein.“[96] Allerdings hatte diese Einstellung seinem Pandektenrechtslehrbuch[97] kurz zuvor das Etikett „Orakel der

[89] *Staub* DJZ 1903, 73.

[90] Unten II.4. Vgl. zur Geschichte der „praktischen Bedürfnisse“ in der Rechtswissenschaft die Kölner Antrittsvorlesung „Der Jurist, das Recht und das Leben“ von *Haferkamp* in Verein zur Förderung der Rechtswissenschaft (Hrsg.), Fakultätsspiegel Sommersemester 2005, Köln u.a. 2005, S. 83 (86ff.).

[91] In ähnlicher Weise folgte *Staub* dem Reichsgericht und dem preußischen Oberverwaltungsgericht in der Frage der Steuerpflichtigkeit des Emissions-Agios, DJZ 1899, 391ff., in der beide Gerichte hauptsächlich mit den Motiven der Aktiennovellen 1870 und 1884 argumentiert hatten.

[92] *Staub* DJZ 1896, 383.

[93] *Karsten Schmidt* Gesellschaftsrecht, 4. Auflage 2002, § 12 IV, S. 354f. zur Identität bei Formwechsel: „Als Element des modernen Umwandlungsrechts wirkt diese Identitätsregel in solchem Maße erhellend und erleichternd, daß dies – da wir sie nun einmal haben – kaum noch hinreichend bemerkt und gewürdigt wird.“

[94] *Staub* DJZ 1896, 383.

[95] Zur Kontroverse zwischen *Bähr* und *Windscheid* nach Veröffentlichung des 1. BGB-Entwurfs *Schröder/Thiessen* JZ 2002, 325, 326 mit Fn. 25.

[96] *Windscheid* in einer Rede in Frankfurt am Main vom 22. 9. 1889, abgedruckt in DJZ 1909, Sp. 955.

[97] *Windscheid* Lehrbuch des Pandektenrechts, seinerzeit in 6. Auflage, Frankfurt am Main 1887.

geistlosen Mittelmäßigkeit“ eingetragen[98], pikanterweise von einem „hervorragende[n] Praktiker, der auch als Schriftsteller Bedeutendes geleistet hat“[99]. Auch wenn *Staub* sich in dieser Beschreibung ohne weiteres wiedererkannt hätte, stellte er die literarische Analyse des Gesetzes nicht über das Gesetz selbst. Er forderte aber ‚rechtliches Gehör‘ für rechtswissenschaftliche Autoren[100] und konnte ein seiner eigenen Ansicht entgegengesetztes Gerichtsurteil eher akzeptieren, wenn die Richter alle denkbaren Positionen erwogen hatten:

> „Es ist selbstverständlich, daß das Reichsgericht alle entgegengesetzten Stimmen der Literatur sorgfältig geprüft hat [...]. Dennoch wäre es erwünscht gewesen, daß es die Erwägungen mitgeteilt hätte, welche es dazu veranlaßt haben, die gegen seinen Standpunkt vorgebrachten gewichtigen Gründe als unstichhaltig zu erachten. Das wäre geeignet gewesen, die Wirkung seiner Rechtsprechung zu erhöhen.“[101]

b) Urteilsschelte

Der Wunsch nach einer stetigen Rechtsprechung[102] hinderte *Staub* nicht, widersprüchlichen Entscheidungen etwas positives abzugewinnen. Diese hätten die „gute Folge, das eigene Urteil zu stärken und bei aller Ehrfurcht vor dem höchsten Gerichtshofe seine Aussprüche nicht ohne eigene Nachprüfung als maßgeblich zu acceptieren“.[103] Auch wenn er klagte, „das Schelten auf das Urteilen ist alte deutsche Gewohnheit“,[104] hatte er kein Verständnis für den Wunsch, „daß bei der Revision des Börsengesetzes nicht

[98] *Bähr* Grenzboten 47 (1888), 450ff. (453), der aaO. S. 455f. seinerseits das „freie juristische Denken“ hochhielt. Vgl. auch das Zitat von *Crome* unten Fn. 141.

[99] So *Windscheids* (Fn. 96) Beschreibung von *Bähr*, ohne dessen Namen zu nennen. Auch *Staub* nannte *Bähr* einen „hervorragende[n] Praktiker“ im gleichen Satz wie *Levin Goldschmidt* einen „hervorragende[n] Theoretiker“, Vortrag gehalten vor der Juristischen Gesellschaft zu Berlin am 14. November 1903, Fünfundvierzigster Jahres-Bericht über die Wirksamkeit der Juristischen Gesellschaft zu Berlin in dem Vereinsjahre 1903–1904, S. 36.

[100] Natürlich freute sich *Staub* auch, daß das Reichsgericht seinen pVV-Aufsatz (Fn. 78) zitiert hatte, *Staub* DJZ 1903, 214; *ders.* DJZ 1904, 386; *ders.* Die positiven Vertragsverletzungen, Berlin 1904, S. 30, 40.

[101] *Staub* DJZ 1903, 20, zu einer börsenrechtlichen Entscheidung des RG vom 18. Oktober 1902. Vgl. zur umstrittenen Auslegung von § 326 BGB a.F. *Staub* DJZ 1902, 425, 426 zu RGZ 50, 262: „Mit ausführlicher wissenschaftlicher Begründung, die von voller Beherrschung der darüber angewachsenen Litteratur zeugt, hat [das Reichsgericht] diese Frage behandelt und damit diesen Streit zum Schweigen gebracht.“ Hierzu noch unten Fn. 174 und 176.

[102] *Staub* DJZ 1897, 238.

[103] *Staub* DJZ 1897, 338.

[104] *Staub* DJZ 1901, 178.

versäumt werden möchte, das Gesetz in dem Sinne der so viel angegriffenen Entscheidungen des Reichsgerichts zu deklarieren, damit das Ansehen des Reichsgerichts nicht unter weiteren Angriffen zu leiden habe"[105]. Seine Reaktion war ungewohnt heftig:

> „Wo ist jemals die Ansicht vertreten worden, daß das Ansehen eines obersten Gerichtshofes dadurch leidet, daß die Wissenschaft zu den Ergebnissen seiner Judikatur Stellung nimmt? Wie oft hat solche Polemik schon zu dem Erfolg geführt, daß die obersten Gerichtshöfe ihre frühere Ansicht aufgaben! Durch nichts würden unsere höchsten Gerichtshöfe mehr leiden, als durch ein kritikloses Nachbeten, wie es hier empfohlen wird. Und nun soll gar die Gesetzgebung die Kritik zum Verstummen bringen, damit das Ansehen des Reichsgerichts unter der Bekämpfung seiner Entscheidungen nicht Gefahr laufe! Ist das die Aufgabe des Gesetzgebers? Hat das Gesetz die Entscheidungen der obersten Gerichtshöfe zu interpretieren? Oder hat es, wenn diese Entscheidungen, ob richtig oder nicht, zu Folgen geführt haben, die ihm nicht zweckmäßig erscheinen, das Gesetz so abzuändern, daß solche Konsequenzen aus ihm nicht mehr gezogen werden können?"[106]

Man kann *Staub* demnach nicht vorwerfen, er habe gewissermaßen aus Bequemlichkeit nicht primär das Gesetz kritisiert sondern dessen Auslegung durch die Gerichte, weil auch eine noch so „ständige Rechtsprechung" leichter zu ändern sei als das Gesetz. Urteilskritik gehörte vielmehr zu seinem wissenschaftlichen Selbstverständnis. „Denn die Bekämpfung von rechtskräftigen Reichsgerichtsurteilen kann doch unmöglich verboten sein. Sonst müßte ja die Wissenschaft umkehren, die bisher in eigentümlicher Verblendung auf solchen unzulässigen Pfaden gewandelt ist."[107] Zuweilen resignierte *Staub* aber auch vor dem ‚letzten Wort' des Reichsgerichts, wenn er weder einen Sinneswandel noch praktische Auswirkungen erwartete, so beim „Differenzgeschäft vor und nach dem Börsengesetz":

[105] So aber *Fels* JW 1902, 876.

[106] *Staub* DJZ 1902, 44.

[107] *Staub* DJZ 1902, 19f. zu einem „*Prozeß*, der jüngst *gegen einen Rechtsanwalt wegen Beleidigung eines Staatsanwalts* geschwebt hatte" und bei dem „von dem plädierenden Staatsanwalt als erschwerend der Umstand hervorgehoben [wurde], daß der Rechtsanwalt in seinem Vortrag, welcher jene Beleidigung angeblich enthielt, das Urteil eines Schwurgerichts kritisiert hatte, obwohl dasselbe bereits rechtskräftig geworden war."

„Es hat keinen Zweck, diese Judikatur[108] jetzt noch ausführlich zu bekämpfen. Denn die Gerichte (bis auf das OLG. Hamburg) haben sich ihr gebeugt und ein weiterer wissenschaftlicher Streit erscheint aussichtslos. Dazu kommt, daß diese ganze Frage infolge der neuen Börsenreform unpraktisch geworden ist [...]".[109]

c) Liberale Gesetzesauslegung und soziale Gesetzgebung

Staubs Gesetzestreue war nicht untertänig vorauseilend, sondern liberal[110] zugunsten privatautonomer Vereinbarungen. Richter waren nach seiner Vorstellung nicht befugt, eine unmittelbar nicht einschlägige Vorschrift mit der Begründung anzuwenden, daß die Parteien diese Vorschrift umgangen und so deren Zweck vereitelt hätten:

„Wenn das Reichsgericht [...] sagt, daß die entgegengesetzte Ansicht dazu führen würde, die Umgehung der Vorschrift des § 766 BGB. leicht zu bewirken, so ist darauf zu erwidern, daß es Sache des *Gesetzgebers* ist, Vorschriften zu geben, durch welche die Vereitelung seiner Absichten nicht möglich ist. Will er einen bestimmten wirtschaftlichen Erfolg durch eine Formvorschrift erzeugen, so muß er die Formvorschrift so weit ausdehnen, daß jener Erfolg dadurch gesichert ist. Ist ihm dies aber nicht gelungen, so kann der Richter ihm nicht beispringen und über die Formvorschriften des Gesetzes hinaus noch andere Rechtsgeschäfte an die Form knüpfen, bis jener vom Gesetzgeber erstrebte wirtschaftliche Erfolg erzielt ist. Die gleiche, meiner Ansicht nach unzutreffende Deduktion liegt der Entscheidung [...] zu Grunde, wo ein *Auftrag zum Spiel* für ungültig erklärt wurde. Das Gesetz selbst erklärt nur das Spiel, nicht auch den Auftrag zum Spiel, für ungültig. Es würde aber, sagt das Reichsgericht, wenn man den Auftrag zum Spiel als rechtsverbindlich anerkennen würde, ‚der Zweck des Gesetzes zum großen Teile vereitelt werden'. Aber diese Erwägung ist nicht beweisend. Sie stellt den Zweck des Gesetzes über das Gesetz. Freilich bei der Auslegung *des Gesetzesinhalts*, bei der Auslegung dessen, was der Gesetzgeber *vorgeschrieben* hat, muß auch der Zweck des Gesetzes eine Rolle spielen, und von zwei mit dem Wortlaut des Gesetzes vereinbaren Auslegungen muß diejenige den Vorzug erhalten, welche seinen Zwecken am nächsten kommt. Aber wenn das Gesetz zugestandenermaßen einen Tatbestand *nicht* verbietet, *nicht* für uner-

[108] Vgl. aus der langen Kette sehr umstrittener Entscheidungen zwischen 1891 (dem Erscheinungsjahr der 1. Lieferung von *Staubs* ADHGB-Kommentar) und 1896 (dem von *Staub* gezogenen vorläufigen Schlußstrich, Fn. 109) etwa RGZ 27, 378; 30, 214; 31, 397; 33, 58; 34, 82; 34, 186; 35, 286; 36, 245; 38, 232.

[109] *Staub* DJZ 1896, 397, 398.

[110] Als politische Einstellung *Staubs* angedeutet von *Heinrichs* (Fn. 3), S. 392.

> laubt, *nicht* für ungültig erklärt, so kann er nicht deshalb als verboten, als unerlaubt, als ungültig erklärt werden, weil der Zweck des Gesetzes sonst nicht erreicht werden würde."[111]

Im Kontinuum zwischen Gesetzesauslegung und Gesetzesumgehung[112] zog *Staub* den Gerichten eine enge Grenze. Daß Privatrecht „frei" und „sozial" zur gleichen Zeit sein könne und solle[113], demonstrierte *Staub* am Beispiel des Konkursrechts, als er Bestrebungen zu dessen Verschärfung kritisierte:

> „Sonderbar sind übrigens die Anschauungen, von denen diese Bestrebungen ausgehen. Während man sonst überall, besonders aber im Civilprozeßrecht, den wirtschaftlich schwachen Schuldner gegen die kapitalistische Uebermacht des Gläubigers zu schützen sucht[114], wird das Bild in demselben Augenblicke ein anderes, wo den wirtschaftlich Schwachen die Kräfte ganz verlassen, und der Konkurs über ihn hereinbricht. Von diesem Augenblicke ist der Schuldner der böse Mann, gegen den der bedrängte Gläubiger nach Möglichkeit zu schützen ist. Von diesem Augenblicke an vergißt man ganz, daß der Konkurs in tausend Fällen ein Unglück ist, daß es ehrlicher ist, in Konkurs zu gehen und so in geordnetem Verfahren eine gleichmäßige Verteilung unter die Gläubiger zu ermöglichen, als ohne Konkurs einzelnen Gläubigern es zu ermöglichen, sich durch Pfändungen vorweg zu befriedigen und die anderen leer ausgehen zu lassen. Betrügerische Absichten können in beiden Fällen obwalten, aber Front muß gemacht werden gegen die Anschauung, als sei der Konkurs allein schon ein erhebliches Anzeichen für ein betrügerisches Verhalten und dasselbe ein besonderer Anlass zu scharfem Vorgehen gegen den Schuldner."[115]

[111] *Staub* DJZ 1903, 18, 19 zu RGZ 51, 120, 122; 51, 156, 159. Ähnlich bereits *Staub* (Fn. 79), S. 70f., 73.

[112] Hierzu grundlegend *Jan Schröder* Gesetzesauslegung und Gesetzesumgehung. Das Umgehungsgeschäft in der rechtswissenschaftlichen Doktrin von der Spätaufklärung bis zum Nationalsozialismus, Paderborn u.a. 1985.

[113] Zu diesem Konzept *Rückert* ZfA 23 (1992), 225ff., *ders.* in: Historisch-kritischer Kommentar zum BGB (HKK), Band I, Tübingen 2003, vor § 1: Das BGB und seine Prinzipien, Rn. 31ff., 39ff., 43ff., 86ff., 93ff.; *ders.* JZ 2003, 749 (750ff.).

[114] Ähnlich *Staub* DJZ 1898, 14 zum vorzeitigen Inkrafttreten des neuen HGB-Abschnitts über die Handlungsgehilfen am 1. Januar 1898: „Gerade dieser Abschnitt trägt in eminentem Maße die Signatur unserer großen Civilgesetzgebungen, ist getragen von jenem Geiste, der noch den Bearbeitern des ersten Entwurfs eines Bürgerlichen Gesetzbuchs unbekannt war, den man den sozialen Zug der Zeit nennt. Was hier behandelt ist, hat den Zweck, den wirtschaftlich Schwachen zu helfen, und schon die Thatsache des vorzeitigen Inkrafttretens dieses Abschnittes soll diesem Zwecke dienen." *Staub* hatte bereits 1897 ein „Supplement" zur 5. Auflage seines ADHGB-Kommentars verfaßt, das neben einer „Erläuterung der Bestimmungen des neuen H.G.B. über die Handlungsgehilfen" auch „eine vergleichende Darstellung des alten und des neuen H.G.B." enthielt.

[115] *Staub* DJZ 1898, 117.

Als sozial verteidigte *Staub* hier die Freiheit, ein gescheitertes Unternehmen in einem geordneten Verfahren abzuwickeln, um für alle Beteiligten zu retten, was zu retten ist – nach *Staub* auch für den Schuldner.[116] Als sozial in diesem Sinne kann auch *Staubs* wohlwollende Haltung zur damals noch sehr jungen, „vom Standpunkt des Allgemeinwohls ausserordentlich nützlichen“ Rechtsform der Gesellschaft mit beschränkter Haftung gelten.[117] „[A]uf den verschiedensten Gebieten des industriellen, gesellschaftlichen und geistigen Lebens ist sie ein willkommenes Mittel, um mit begrenztem wirthschaftlichen Risico wohlberechtigte und nützliche Zwecke zu erreichen.“[118] Neben seiner Fähigkeit, den wesentlichen Gegenstand einer Rechtsnorm oder einer ganzen Kodifikation in wenigen, sehr einfachen Sätzen oder gar nur in einem Satz zu erfassen, beeindruckt noch heute *Staubs* Gespür für drohende, ungelöste Fragen, deren mögliche Antwort *Staub* aufzeigte, bevor die Gerichte sich festgelegt hatten oder der Gesetzgeber zum Eingreifen bereit war,[119] „ohne Bestreben, sich mit neuen Ansichten in den Vordergrund stellen zu wollen“[120]. In seiner letzten Kommentierung aus dem Jahre 1903 verstand *Staub* etwa § 30 Abs. 1 GmbHG auf den ersten Blick durchaus nicht ‚liberal‘, sondern strenger als selbst die heutige Rechtsprechung:

[116] Mit dem üblichen Akzent auf der „Verlustgemeinschaft der Gläubiger“ meinte zuvor auch *Kohler* Lehrbuch des Konkursrechts, Stuttgart 1891, S. 1: „Der Grund, warum die Rechtsordnung im Falle des Zusammenbruchs des Vermögens ein besonderes Verfahren eintreten läßt, bei welchem die Gesamtheit der Gläubiger beteiligt ist, beruht in der sozialen Natur des Rechts. Das Konkursverfahren enthält ein Stück sozialer Gesetzgebung. In solchen Fällen nämlich, wo die Vermögenslage *in thesi* zu sicheren Verlusten führt, muß der Individualismus, kraft dessen ein jeder Gläubiger dem anderen den Vorsprung abzugewinnen und für sich zu retten sucht, was zu retten ist, weichen; es soll eine Ordnung des Verfahrens stattfinden, kraft welcher die Verluste möglichst gleichmäßig auf die verschiedenen Gläubiger umgelegt werden.“

[117] Vgl. die Rezension von *Rausnitz* ZHR 45 (1904), 345, *Staub* steht der Gesellschaftsform zu positiv gegenüber.

[118] *Staub* (Fn. 99), S. 36f., zu den Insolvenzfolgen S. 38, dort auch das Allgemeinwohlzitat, hierzu noch unten bei Fn. 130 und 222.

[119] *Liebmanns* Bemerkung in DJZ 1904, Sp. 825 (830), daß *Staub* nach Inkrafttreten des BGB „mit an erster Stelle unverzagt und selbständig eingriff“, paßt für das junge GmbH-Recht eher als für das traditionsgeprägte bürgerliche Recht, auch wenn der Eindruck, das BGB sei gänzlich neues Recht, offenbar sehr verbreitet war, *Glöckner* Positive Vertragsverletzung (Fn. 82), S. 711. Neben der pVV (*Glöckner* aaO., S. 70) und dem sogleich folgenden Beispiel zur Kapitalerhaltung thematisierte *Staub* als einer der ersten auch das Problem der Sacheinlagenbewertung, *Staub* (Fn. 99), S. 40, vgl. *Hachenburg* (Fn. 26), S. III f. Indem *Staub* sich oft früh und eigenständig äußerte, anstatt abzuwarten, erhöhte er freilich sein Risiko, angegriffen und widerlegt zu werden. Dies gilt nicht nur für seine strenge Auslegung des § 30 Abs. 1 GmbHG (Fn. 122), sondern auch für die pVV (hierzu unten ab Fn. 150ff. sowie *Hermann* in diesem Band, S. 25ff.) und für die Lehre vom Scheinkaufmann (hierzu *Karsten Schmidt* in diesem Band, S. 116ff.).

[120] So die Rezension von *Keyßner* ZHR 49 (1900), 349 (350). Ähnlich lobte bereits *Förtsch* Recht 1897, 25 „die Selbständigkeit der entwickelten Ansichten, die mit einem Glänzenwollen durch Aufstellung neuer Lehrmeinungen nichts zu thun hat“.

> „An die Gesellschafter darf das zur Erhaltung des Stammkapitals erforderliche Vermögen nicht ausbezahlt werden. Man bedenke, daß jedes Vermögensstück, welches die Gesellschaft besitzt, zur Erhaltung des Stammkapitals erforderlich sein kann. Denn was in dem einen Zeitpunkte zu diesem Zwecke erforderlich ist, kann bei dem fortwährenden Wechsel, in welchem sich der Vermögensstand einer im Verkehr befindlichen Gesellschaft befindet, später dazu nötig sein. Daraus ergiebt sich der Grundsatz, daß Gesellschaftsvermögen an die Gesellschafter überhaupt nicht ausgezahlt werden kann."[121]

Damit blieb dem Gesellschafter ähnlich wie im Aktienrecht praktisch nur der Anspruch auf den jährlichen Bilanzgewinn. Eine Ausnahme wollte Staub – außer in den vom Gesetz selbst bestimmten Fällen – nur dann zulassen, „wenn der Gesellschafter Gläubiger der Gesellschaft aus einem selbständigen Rechtsgrunde geworden ist, [...] ohne Rücksicht darauf, ob dadurch eine Unterbilanz entsteht oder die vorhandene vergrößert wird." Daran ist für das Jahr 1903 – ungeachtet der von *Hachenburg* schon in der nächsten Auflage von 1906 vorgenommenen Relativierung[122] – zweierlei bemerkenswert. Zum einen erfaßte *Staub* das Stammkapital nicht gegenständlich, sondern bilanziell.[123] Zum anderen unterschied *Staub* den „selbständigen Rechtsgrund" vom Gesellschaftsverhältnis. Hier klingt bereits der heute übliche Vergleich mit einem außenstehenden Dritten an, der in seinen Entscheidungen nicht von seiner Stellung als Gesellschafter beeinflußt ist.[124] Nach diesem Maßstab hätte *Staub* seinen Mandanten vermutlich abgeraten, ihr Unternehmen durch Gesellschafterdarlehen zu finanzieren, eine Finanzierungsform, die nach *Staubs* Tod in ‚Mode' kam[125] und bis heute zu den umstrittensten Fragen des GmbH-Rechts und seiner Reform gehört[126]. Er hätte hierin wohl keine Umgehung des Gesetzes gesehen – was das Gesetz nicht verbot, sollten auch die Gerichte nicht verbieten dürfen[127] –, aber er hätte seine Mandanten nicht der Unsicherheit ausgesetzt, ob die Gerichte die Darlehensforderung gegen die Gesellschaft in der Insol-

[121] *Staub* (Fn. 30), GmbHG 1903, § 30 Anm. 1, auch für das folgende Zitat. Näher *Staub* (Fn. 99), S. 43f.

[122] *Hachenburg* (Fn. 26), § 30 Anm. 11.

[123] Dies war nicht zu allen Zeiten selbstverständlich und wirkt sich besonders aus, wenn die verbotene Auszahlung nicht nur eine Unterbilanz, sondern sogar eine Überschuldung herbeiführt oder vertieft, vgl. *Joost* GmbHR 1983, 285 (286ff.); *Karsten Schmidt* (Fn. 93), § 37 III 1 b und d, S. 1132, 1135f.

[124] Vgl. *Baumbach/Hueck/Fastrich*, GmbHG, 18. Aufl., München 2006, § 19 Rn. 40, § 30 Rn. 22, § 32a Rn. 51.

[125] *Thiessen* in: Duss/Linder (Hrsg.), Rechtstransfer in der Geschichte, München 2006, S. 446 (474ff.).

[126] Zuletzt *Huber/Habersack* BB 2006, 1.

[127] Vgl. das Zitat oben bei Fn. 111.

venz als Anspruch „aus einem selbständigen Rechtsgrunde" anerkennen würden. Entscheidend aber war für *Staub*, die Waage zwischen sozialer Wohltat und Freiheit zu halten: Die weitgehende Freiheit der Gesellschafter von persönlicher Haftung durfte nicht die Freiheit der Gesellschaftsgläubiger beseitigen, gewährte Kredite mit Aussicht auf Erfolg zurückzufordern.

4. „ein ganzes System von Grundsätzen" über „die bunten Wechselfälle des Lebens"

Eine besonders hellsichtige, für *Staubs* Methode typische Analyse des GmbH-Rechts präsentierte *Staub* im gleichen Jahr wie den Kommentar – keine 200 Meter von der ihm als Lehrendem verschlossenen[128] Berliner Universität entfernt. Als er vor der im Grand Hôtel de Rome versammelten Juristischen Gesellschaft zu Berlin vortrug[129], konnte er auf nur ein Jahrzehnt GmbH-Praxis zurückblicken. Dennoch stand im Zentrum seines Vortrags bereits der noch heute essentielle Zusammenhang von Kapitalausstattung und Kreditwürdigkeit. Das Mißtrauen gegenüber der GmbH

> „hat dazu geführt, dass die Gesellschaften von vornherein mit den erforderlichen Vermögenssubstraten ausgestattet werden, um entweder Credit zu entbehren oder den erforderlichen Credit zu erhalten, und dass andererseits die Geschäftswelt im Verkehr mit Gesellschaften mit beschränkter Haftung vorsichtig zu Werke geht. Solchen Gesellschaften wird eben überhaupt nicht creditiert oder nur nach sorgfältiger Feststellung der Creditwürdigkeit. Giebt es etwas Gesünderes als einen solchen Zustand? Nichts ist geeigneter, grosse Capitalien zu gefährden, als die Vertrauensseligkeit der Creditgeber."[130]

Staub beendete seinen damaligen Vortrag mit einem gleichermaßen stolz wie bescheiden verschleierten Hinweis auf seinen Kommentar, der kurz zuvor erschienen war:

> „Die Litteratur [...] lässt Manches zu wünschen übrig. An Commentaren fehlt es freilich nicht. Ob sie alle gut sind, darüber zu urtheilen steht mir nicht an."[131]

Was unterscheidet nun aber den guten vom schlechten Kommentar? Was ist das Besondere an der Methode, die – wie *Hachenburg* schrieb – „unerreicht"

[128] Hierzu *Henne* in diesem Band, S. 15ff.

[129] *Staub* (Fn. 99). *Staub* ist nach diesem Vortrag nicht mehr öffentlich aufgetreten, so *Heinrichs* (Fn. 3), S. 393.

[130] *Staub* (Fn. 99), S. 37.

[131] *Staub* (Fn. 99), S. 45.

ist? Als *Potter Stewart*, ein Richter des U.S. Supreme Court, um eine Definition verlegen war, sagte er: „I know it when I see it".[132] So dachte offenbar auch *Staub*, der allerdings in seinen Beiträgen für die DJZ deutlich definierte, was er von Kommentaren (und auch Lehrbüchern[133]) erwartete – die gleichen Vorzüge, die *Staubs* Rezensenten an seinen Kommentaren schätzten. Dabei zeigen sich zwei Konstanten, in denen sich *Staub* als respektvolles Kind des 19. Jahrhunderts offenbart, eines Jahrhunderts, vor dem dessen Enkel nur allzubald jeden Respekt verloren. Diese Konstanten – oder Variablen? – sind das „System" und das „Leben". Das Eingangszitat zum GmbH-Recht ist, wie zu zeigen sein wird, für diesen wechselnden Umgang mit „System" und „Leben" kennzeichnend.

a) Die „wissenschaftliche Bearbeitung" von Gesetzen

Der praktische Nutzen von Kommentaren war dem Praktiker *Staub* selbstverständlich wichtig, genügte ihm jedoch nicht. So lobte er zwei Kommentare zum preußischen Stempelsteuergesetz, weil sie „tief in den Geist des neuen Gesetzes ein[dringen] und … in tausend Fällen einen Wegweiser zur Findung der Entscheidung des Zweifelfalls geben [werden]. Gleichwohl wäre zu wünschen, wenn ein hervorragender Jurist sich der dankenswerten Aufgabe unterzöge, eine systematische Darstellung dieser in juristischer Hinsicht so überaus interessanten Materie zu liefern."[134] Ähnlich ‚unzufrieden' war er deshalb auch mit einem anderen, auch heute noch berühmten Kommentar:

> „Die jüngsten Tage brachten die mit Spannung erwartete *erste Lieferung des Planck'schen Kommentars* zum Bürgerlichen Gesetzbuch. Schlicht und bescheiden, wie es der bekannten Art des großen Geburtshelfers des Bürgerlichen Gesetzbuches entspricht, ist die Aufgabe, die er sich gestellt, und die Durchführung derselben. Er will keine wissenschaftliche Bearbeitung der in dem Gesetzbuch ruhenden Prinzipien und Rechtsgedanken bieten, sondern durch eine Erläuterung der Gesetzesparagraphen das Verständnis

[132] Jacobellis v. Ohio, 378 U.S. 184 (1964), concurring opinion: „I shall not today attempt further to define the kinds of material I understand to be embraced within that shorthand description; and perhaps I could never succeed in intelligibly doing so. But I know it when I see it …". Der originale Kontext dieser Äußerung ist etwas delikat, aber da auch *Moscovitz* (Fn. 63), S. 1 Fn. 1, sie in seiner Studie über Talmudic Reasoning an prominenter Stelle zitiert, ist sie hier vielleicht dennoch nicht völlig fehl am Platz.

[133] Zu den zeitgenössischen BGB-Lehrbüchern *Hofer* JuS 1999, 112 ff.

[134] *Staub* DJZ 1896, 255 zu *Heinitz* Kommentar zum Preußischen Stempelsteuergesetz nebst Tarif vom 31. Juli 1895, Berlin 1896, und *Nölle* Das Stempelsteuergesetz vom 31. Juli 1895, Berlin 1896.

derselben den Juristen erleichtern. Die Aufgabe, die das Buch sich stellt, löst es so vollkommen, daß man den Wunsch nicht unterdrücken kann, Planck hätte sich die Grenzen seiner Aufgabe weiter gesteckt.“[135]

Das Gegenbild zu praktisch hilfreichen, aber eben nicht „wissenschaftlichen“ Darstellungen fand *Staub* zur gleichen Zeit in Lehrbüchern statt in Kommentaren:

> „*Die erste wissenschaftliche Bearbeitung des Bürgerlichen Gesetzbuches* beginnt zu erscheinen: Das Lehrbuch von Endemann [...]. Weit hinausgehend über eine bloße Paraphrase des Gesetzbuches, entwickelt es die in diesem enthaltenen Rechtssätze selbständig und doch mit dem Bemühen, das Gesetzbuch nur aus sich selbst heraus zu erklären. Freilich bleibt mancher Zweifel übrig, an zahlreichen Stellen kann die Schwierigkeit nur angedeutet und späterer Vertiefung vorbehalten bleiben. Aber für den, der es gut meint mit der deutschen Rechtswissenschaft, zeigt das Werk in seiner Gesamtheit, welche glückliche Zeit für dieselbe im Anzuge ist, welch fruchtbares Feld sich dem deutschen Juristenstande in dem neuen Gesetzbuch zur Beackerung aufthut.“[136]
>
> „*Die wissenschaftliche Behandlung des Bürgerlichen Gesetzbuches* macht gute Fortschritte. Endemanns systematischer Bearbeitung reiht sich würdig an das ‚Lehrbuch des deutschen Bürgerlichen Rechts‘ von Cosack. [Es] muß freudig begrüßt werden als eine des Gesetzbuches würdige, ernste und klare Bearbeitung, die in voller Selbständigkeit das Recht des Bürgerlichen Gesetzbuches darstellt. Von der befürchteten Papierscheerenlitteratur ist das Gesetzbuch also bisher verschont geblieben.“[137]

„Papierscheerenlitteratur“ meinte in den bereits oben zitierten Worten *Rießers* „die ebenso bequeme, als nahe liegende, leider aber vielfach eingeschlagene Manier, mit der Papierscheere die einzelnen bisher aufgestellten Ansichten aneinanderzureihen und je nach der Quantität oder Qualität ihrer Verfechter im Wege des Hammelsprungs oder der Ausloosung die Durchschnittsmeinung, eine Art von autoritativer Mittelansicht zu gewinnen“.[138] Diese Methode war *Staub* ebenso zuwider wie *Rießer*, und so wie *Rießer* sich freute, sie bei *Staub* vermieden zu sehen, freute sich *Staub* an den selbständigen Darstellungen von *Endemann* und *Cosack*. Mochte eine selbständige,

[135] *Staub* DJZ 1897, 161 zu *Planck* Bürgerliches Gesetzbuch nebst Einführungsgesetz, Einleitung und Allgemeiner Teil, Berlin 1897.

[136] *Staub* DJZ 1897, 139 zu *Endemann* Einführung in das Studium des Bürgerlichen Gesetzbuchs. Lehrbuch des bürgerlichen Rechts, 3. Aufl., Berlin 1897. Vgl. auch unten bei Fn. 149.

[137] *Staub* DJZ 1897, 196 zu *Cosack* Lehrbuch des deutschen bürgerlichen Rechts auf der Grundlage des bürgerlichen Gesetzbuchs, Band 1: Die allgemeinen Lehren und das Recht der Forderungen, Jena 1898.

[138] Oben Fn. 46.

eine „wissenschaftliche Bearbeitung" in Lehrbüchern auch leichter zu verwirklichen sein als in Kommentaren: Eine generelle Überlegenheit des Lehrbuchs über den Kommentar erkannte *Staub* nicht an und hielt dies etwa *Crome* entgegen, der sein fünfbändiges Lehrbuch mit dem an *Savigny*[139] erinnernden und (rechts-)wissenschaftsgeschichtlich hochaufgeladenen[140] Titel „System des Deutschen Bürgerlichen Rechts" versehen hatte:

> „[D]as Lehrbuch von Crome [...] tritt mit großen wissenschaftlichen Zielen auf: ‚Der feste und sichere Aufbau der juristischen Prinzipien'[141] ist es, was das Buch anstrebt. Interessant ist, was Crome über die Kommentare sagt: ‚Der Kommentar führt nicht zum Ueberblick und zur Beherrschung des Ganzen; er führt nicht zum Verständnis des Wesens und rechtlichen Verhältnisses der Begriffe; die Kommentarlitteratur ist die wissenschaftlich tieferstehende Darstellungsform.'[142] Wir können nicht

[139] *Savigny* System des heutigen römischen Rechts, 8 Bände, Berlin 1840–1849.

[140] Hierzu *Rückert* in: HKK (Fn. 113), Rn. 57ff., 64ff.; *Schmoeckel* in: HKK (Fn. 113), vor § 1: Der Allgemeine Teil in der Ordnung des BGB, Rn. 14ff.

[141] Hier zitierte *Staub* aus der programmatischen „Vorrede" von *Crome* System des Deutschen Bürgerlichen Rechts, Band 1, Tübingen/Leipzig 1900, S. V f.: „Ueberhaupt ist mein Bestreben, unter Vereinigung der romanistischen und germanistischen Grundlagen unserer überlieferten Rechtswissenschaft, den Inhalt der neuen Gesetze möglichst in Kontinuität mit dem bisherigen Rechtszustand zur Anschauung zu bringen – im Gegensatz zu jener Unordnung und Sprunghaftigkeit der Gedanken, die in der Litteratur vielfach jetzt herrscht. Nichts ist im Rechtsleben verderblicher, als ein Bruch mit der Ueberlieferung. Die Rechtswissenschaft ist überall nur *eine*, sich stetig weiterentwickelnde; mögen die Keime im ehemaligen gemeinen oder in den Partikularrechten liegen, oder mögen sie durch die neuere Forschung oder unsere Kodifikation zugetragen sein. Allenthalben müssen wir *an dies Eine, Bestehende anknüpfen.* Wer hiergegen verstößt, schafft todtgeborene Werke, mag er auch in der allgemeinen Verwirrung des Tages einen Augenblickserfolg erzielen. Sehr bald wird sich die Meinung als hohl herausstellen, als komme es nur auf die Kenntnis der neuen Gesetze an, um der Probleme des Privatrechts Herr zu werden, und als reiche ihr Inhalt für das Rechtsleben aus. Um Recht zu sprechen, muß man *juristisch denken können.* Und das lehrt uns weder der bloße Gesetzestext noch die gewandteste Darstellung seines Inhalts: es lehrt uns einzig der feste und sichere Aufbau der juristischen *Prinzipien.* Hat man das geistige Band, so hat man nach alter Weisheitslehre auch die Theile."

[142] Verkürztes Zitat aus *Crome* (Fn. 141), S. 58f.: „Die Kommentarlitteratur bezweckt die Förderung der Detailkenntniß des Gesetzes, eine Erläuterung des Rechtsstoffes in engster Anlehnung an das Gesetzeswort, sodaß das letztere allenthalben dem Bewußtsein und Gedächtniß des Lesers gegenwärtig bleibt, und für die Praxis das Auslegungsmaterial für jede einzelne Gesetzesstelle bequem zur Hand ist. Durch seine Detailleistungen kann der Kommentar die systematische Darstellung des Rechtsstoffs übertreffen; doch führt er nie zum Ueberblick und zur Beherrschung des Ganzen, er führt nicht zum Verständniß des Wesens und richtigen Verhältnisses der Begriffe; er gibt selten einen ausreichenden Ueberblick über Geschichte und Tragweite der einzelnen Bestimmungen und kann daher auch nie zur Fortbildung des Rechts im großen Stile beitragen. Die Kommentarlitteratur ist, wie jede Exegese, die wissenschaftlich tiefer stehende Darstellungsform. Das hindert selbstverständlich nicht, der Kommentarlitteratur über das Bürgerliche Gesetzbuch im Allgemeinen die gebührende Anerkennung zu zollen."

zugeben, daß das die allgemeine Ansicht ist. Warum soll ein Lehrbuch tiefer eindringen in das Wesen der Begriffe als ein Kommentar? Wohl deshalb, weil jenes von einem System ausgehe, der Kommentar nicht. Das aber ist nicht richtig. Auch der Kommentar geht von einem System aus, von dem System, welches der Gesetzgeber seinen Vorschriften zu Grunde gelegt hat. Auch diesem Systeme fehlt das geistige Band nicht und es beruht durchaus nicht auf der Naturnotwendigkeit, daß jedes andere System, welches irgend ein Verfasser eines Lehrbuches befolgt, den Inhalt des Gesetzbuches logischer aufbaut als der Gesetzgeber."[143]

Auch wenn *Staub* gar nicht gemeint war, fühlte er sich getroffen. Als „wissenschaftlich tieferstehende Darstellungsform" wollte er sein Lebenswerk nicht abgewertet wissen. Daran änderte auch nichts *Cromes* Zugeständnis, daß Lehrbuch und Kommentar einander bedingen und ergänzen.[144] Der Gesetzgeber war für *Staub* nicht weniger legitimiert, ein System des Rechts festzulegen, als „irgend ein Verfasser eines Lehrbuches". Anders als *Crome* sah *Staub* hier offenbar keinen grundsätzlichen Widerspruch, weder zwischen dem „System" der Wissenschaft und dem „System" des Gesetzgebers[145] noch zwischen Detailtreue und systematischer Darstellung[146]. *Cromes* diplomatisch bemänteltes Vorurteil gegenüber dem Kommentar entsprach letztlich einem verbreiteten Vorurteil gegenüber dem Gegenstand des Kommentators, der mutmaßlich unwissenschaftlichen Kodifikation, das *Otto Bähr* so ausgedrückt hatte: „Wo das Gesetz spricht, da ist der freien Forschung, dem lebendigen Gedanken die Welt mit Brettern zugenagelt."[147] Demgegenüber hatte der Kommentator *Staub* ein Faible für die Gesetze, die er kommentierte – offenbar deshalb, weil er souverän genug war, sich vom Gesetzestext nicht fesseln zu lassen. Aufschlußreich ist *Staubs* Lob auf *Hachenburgs* Vorträge zum damals neuen BGB, die bestimmt seien „[f]ür Stunden, in denen man das neue Recht nicht nach der Reihenfolge seiner Paragraphen studieren, sondern sich in den inneren Zusammenhang des ganzen Gesetzbuches, in seinen Geist vertiefen will".[148] Das System des Gesetzes

143 *Staub* DJZ 1900, 409f.

144 *Crome* (Fn. 141), S. V: „Ein Lehrbuch muß vor Allem in den Punkten ausführlich sein, die das Gesetz nur streift oder übergeht: je reicheres Material das Gesetz selbst beibringt, um so knapper läßt sich die systematische Darstellung fassen. Darin beruht ihr Unterschied zum Kommentar, dem die Detailentwickelung zufällt. Beide bedingen und ergänzen sich gegenseitig."

145 Wie lehrbuchhaft das System des Gesetzgebers selbst sein durfte, war unter Gesetzesverfassern und Wissenschaftlern in der 2. Hälfte des 19. Jahrhunderts heftig umstritten, hierzu *Schmoeckel* (Fn. 140), Rn. 38ff.

146 Hierzu noch unten bei Fn. 230.

147 *Bähr* Grenzboten 47 (1888), 450 (457).

148 *Staub* DJZ 1900, 62f. zu *Hachenburg* Das Bürgerliche Gesetzbuch für das Deutsche Reich. Vorträge gehalten in den Jahren 1896/97, 2. Auflage, Mannheim 1899/1900.

erschöpfte sich für *Staub* nicht in der Reihenfolge seiner Paragraphen, und deshalb blieb die wissenschaftliche Behandlung eines Gesetzes auch dann möglich, wenn man bei der Darstellung äußerlich der Legalordnung folgte. Im Gegenteil meinte *Staub*, daß die deutschen Kodifikationen seit dem ADHGB und deren systematischer Aufbau, wie *Staub* ihn verstand, einer wissenschaftlichen Darstellung und damit auch seiner Kommentierungsmethode entgegenkämen. So erklärt sich *Staubs* Haltung zum BGB, auch wenn er dieses Gesetz nicht selbst kommentierte.

b) Ein „einseitig interessierter Buchstabenjurist"

> „[J]e mehr man in das Gesetzbuch eindringt, desto mehr wird man dessen inne, daß es durch seine abstrakte Behandlungsart geeignet ist, die Rechtswissenschaft in bisher nicht geahnter Weise zu befruchten. Man wird auch, wo die einzelnen Bestimmungen nicht auf den ersten Blick klar sind, diesem wohlerwogenen Gesetzbuche gegenüber vorsichtig sein müssen mit dem Vorwurf schlechter Redaktion."[149]

Staub erhob demnach seinen Vorwurf an den BGB-Gesetzgeber, die Haftung für „positive Vertragsverletzungen" nicht adäquat ausgesprochen zu haben, ganz sicher nicht leichtfertig.[150] Sprach hier aber ein „einseitig interessierter Buchstabenjurist"[151], der entdeckte, was es schon immer gab[152]? Die pVV ist zwar nicht das eigentliche Thema, wenn es um *Staubs* Kommentare geht.[153] Zentral ist aber hier wie dort *Staubs* Methode, mit der er Recht suchte und ‚fand'. Mit dem BGB ging er nicht anders um als mit HGB, Wechselordnung und GmbH-Gesetz. Bürgerliches Recht und Handelsrecht galten seinerzeit noch als Einheit oder zumindest als System kommunizierender Röhren. Dies zeigt plakativ der Titel des *Düringer/Hachenburg*[154], dies zeigt aber auch *Staubs* Reaktion, als das BGB dem HGB-Kommentator seine „besten Rosinen" weggenommen hatte, darunter den für sein pVV-Konzept bestimmenden Schuldnerverzug[155].

[149] *Staub* DJZ 1897, 458. Ganz ähnlich bereits *Staub* DJZ 1896, 417 (unten Fn. 197); *ders.* DJZ 1897, 139 (oben Fn. 136), und wenig später *Dernburg* Das Bürgerliche Recht des Deutschen Reichs und Preußens, Band 1: Die allgemeinen Lehren des bürgerlichen Rechts des Deutschen Reichs und Preußens, 1. Aufl., Halle 1902, S. V f.

[150] Vgl. *Staub* (Fn. 100), S. 33: „Man ist den Verfassern des B.G.B. weder eine bewußte, noch eine unbewußte Anwendung eines solchen Rezeptes [„Doppelt hält besser"] zu imputieren berechtigt."

[151] *Rückert* Rg 3 (2003), 58 (62) unter Hinweis auf *dens.* ZRG GA 115 (1998), 1 (29f.).

[152] Vgl. *Rückert* in: FS Kilian (2004), S. 705 (722).

[153] Daher sei für die dogmatischen Einzelheiten verwiesen auf die Beiträge von *Hermann* und *Medicus* in diesem Band, S. 25ff. und S. 43ff.

[154] *Düringer/Hachenburg* Das Handelsgesetzbuch vom 10. Mai 1897 auf der Grundlage des Bürgerlichen Gesetzbuches, Mannheim 1898–1905.

[155] Hierzu *Karsten Schmidt* in diesem Band, S. 112.

Einseitig interessiert war *Staub* in dem Sinne, daß er das BGB in vielen Teilen als aus dem HGB ‚herausgewachsen' ansah, wie sich ja auch der erste Ansatz zum pVV-Aufsatz im HGB-Kommentar findet[156]. Als einseitig kann auch gelten, daß *Staub*, der in Breslau bei *Lujo Brentano* eine nationalökonomische Vorlesung belegt hatte[157], die Juristenausbildung stark ‚ökonomisieren' wollte:

> „*Die deutschen Professoren* haben vor einigen Tagen einen Kongreß abgehalten, in welchem sie über die Gestaltung des Studiums der Rechtswissenschaft nach Einführung des Bürgerlichen Gesetzbuchs berieten. Die Frage, ob die Pandekten weiter gelehrt werden sollen und in welchem Umfange, ist dabei sorgfältig erwogen worden.[158] Aber sicherlich ist sie nicht der einzige Gesichtspunkt, der der Erörterung wert ist. Wie der Entwurf zweiter Lesung dem Drucke veränderter Anschauungen nachgeben mußte, – das ganze Rechtsleben war seit dem Beginne der Arbeiten der ersten Kommission influiert von neuen wirtschaftlichen und sozialpolitischen Anschauungen –, so muß auch das Rechtsstudium in Zukunft dem Zuge der Zeit folgen. Es wird fortan nicht mehr genügen, es den Studenten zur Pflicht zu machen, neben der abstrakten Rechtswissenschaft ein Kolleg über Nationalökonomie zu belegen; die organische Wechselwirkung von Rechtswissenschaft und Volkswirtschaft wird auf Schritt und Tritt gezeigt werden müssen, zumal an der Hand des neuen Gesetzbuchs, das ja ein lebendes Zeugnis dieser Wechselwirkung ist, ja vielen noch nicht lebendig genug."[159]

Das ausführliche Zitat belegt nicht nur die Perspektive des Wirtschaftsanwalts. Das ‚organic reasoning' im letzten Satz des Zitats führt außerdem

[156] *Staub* (Fn. 2), § 347 Anm. 11, § 377 Anm. 146, hierzu *Hermann* in diesem Band, S. 33; *Glöckner* Positive Vertragsverletzung (Fn. 82), S. 44ff.

[157] Der Besuch der Vorlesung „Allgemeine Theorie der Volkswirtschaft" bei *Brentano* vom 23. 11. 1874 bis 12. 3. 1875 ist belegt im ersten „Anmeldungs-Buch des Studenten der Rechtswissenschaft Herrn Samuel Staub" der Universität Breslau (P/13071), wo *Staub* vom 22. 10. 1874 bis 1. 4. 1876 und erneut vom 8. 5. 1877 bis 11. 8. 1877 eingeschrieben war. Ich danke *Hans-Hermann Neustadt*, der die im Archiv der Universität Wrocław erhaltenen Kopien zur Verfügung gestellt hat.

[158] Vgl. bald darauf das resignierte Vorwort von *Dernburg* Pandekten, Band 1, 6. Aufl., Berlin 1900, S. III f.: „[D]ie alte Ueberlieferung ist abgebrochen, der Lehrvortrag über Pandekten, einst der Mittelpunkt der civilistischen Studien, das wichtigste Bildungsmittel für die Studierenden des Rechts in Deutschland und für zahlreiche Nichtdeutsche ist verstummt. […] Soll unsere Jugend an die Paragraphen des Gesetzes geschmiedet werden nach kümmerlicher Vorbildung?" Ähnlich *Oertmann* DJZ 1900, 19, 20: „Je geringer die Vorkenntnisse, die vorwiegend durch das Röm[ische] Recht gewährleistete ‚allgemeine juristische Bildung', desto mehr neigt unser Student sicherlich dazu, in den einzelnen Paragraphen des Gesetzbuches, das in seiner Totalität und seinem Geiste zu erfassen er nicht fähig ist, der Weisheit letzten Schluß zu erblicken." Ganz ähnlich jüngst *Schermaier* JZ 2006, 330ff. mit Blick auf „den heutigen Zustand der deutschen Zivilistik".

[159] *Staub* DJZ 1896, 138.

zum zweiten Topos, der neben dem „System" bei *Staub* selbst oder in Beschreibungen seiner Methode immer wieder zu finden ist: „lebend", „lebendig", „Leben". Wer will, findet auch Zitate, die Staub eher als ‚*hard core*'-Freirechtler denn als „Buchstabenjuristen" erscheinen lassen. „Aus der Rechtsprechung ist ein Erkenntnis des Reichsgerichts [zu erwähnen, in welchem] in geradezu mustergiltiger Weise handelsrechtliche Erwägungen über juristischen Formalismus siegen."[160] Eine andere „Entscheidung des Reichsgerichts" habe „das Rechtsbewußtsein in hohem Maße befriedigt. Besonders sympathisch berührt dabei die Art, wie dem Bedürfnisse des modernen Verkehrs nachgegangen und über Schulbedenken hinweggegangen wird [...]".[161] Der erste Eindruck trügt jedoch. Rechtsprechung blieb wie zitiert für *Staub* auch dann „lebensvolle und mustergiltige Jurisprudenz", wenn sie „unerbittlich niederr[iß], was dem Gesetzesgedanken widerstrebt[e]".[162] *Staub* – ein ‚lebensvoller Buchstabenjurist', ein Oxymoron, „[d]enn der Buchstabe tötet, und nur der Geist macht lebendig"[163]? Oder eine Tautologie, wenn man annimmt, daß extreme Buchstabentreue nach einem extremen Ventil verlangt, um ‚überleben' zu können?[164] Was vereint den „Gesetzesgedanken" mit den „Bedürfnissen des modernen Verkehrs", was vereint das „System" mit dem „Leben"?

Erneut hilft *Hachenburg*, um *Staub* näherzukommen. Vielzitiert ist *Hachenburgs* Wort, *Staubs* Buch sei „die zur Wissenschaft gewordene Praxis". Lesenswert ist aber auch, was *Hachenburg* dieser Summe vorausschickte:

> „Staub gab die Erläuterung der Gesetze vom Gesichtspunkte der Praxis aus. Aber diese und die Fülle von Einzelkenntnissen, die sie ihm gebracht hatte, war für ihn nur der Ausgangspunkt. Von jedem Spezialfalle stieg er zur allgemeinen Regel empor. Seine Erklärungen sind nicht die Folgen abstrakter Ableitung aus den Gesetzestexten, sondern die Erweiterung konkreter Vorkommnisse zu Begriffen. Darunter verstehe ich nicht nur die zahllosen Urteile der obersten Gerichtshöfe, sondern ebenso auch die reiche Fülle der Gestaltungen des Verkehrslebens, die er mit offenen Blicken erfaßte und aus denen er die leitenden Gedanken weiterspann. Und auch wo er nicht durch besondere Ereignisse angeregt wurde, da war das

[160] *Staub* DJZ 1896, 192. Zur zeitgenössischen und späteren Formalismus-Kritik *Rückert* in: Reiner Schulze (Hrsg.), Deutsche Rechtswissenschaft und Staatslehre im Spiegel der italienischen Rechtskultur während der zweiten Hälfte des 19. Jahrhunderts, Berlin 1990, S. 169ff. (173f.)

[161] *Staub* DJZ 1899, 190. Ähnlich *ders.* DJZ 1899, 394 zum Andenken *Heinrich Papes*: „Die klare Sprache, das sichere Erkennen der Verkehrserscheinungen, das innige Verständnis für die Bedürfnisse des Handelsverkehrs, alles das sind Eigenschaften, durch welche dieser Gerichtshof sich ein ewiges Andenken gesichert hat."

[162] Vgl. bereits oben bei Fn. 92.

[163] *Bähr* Grenzboten 47 (1888), 450 (455).

[164] Hierzu noch unten bei Fn. 219.

innere Schauen konkret gestaltet. Vor seinem geistigen Auge erschienen die bunten Wechselfälle des Lebens und aus ihnen schuf er den Inhalt des Handelsrechts. Man schlage eine beliebige Stelle seiner Kommentare auf. Man lese nur eine Seite und wird dies bestätigt finden. Die Erkenntnisse der Gerichte, die er zitiert, sind für ihn was die Digestenstellen für den Romanisten. Die eigene Auslegung, die er gibt, ist die der Verkehrsauffassung entsprechende. Das wirkliche, reale Leben spiegelt sich hier wieder, weil er selbst das Leben sah und erkannte.“[165]

Was *Hachenburg* hier in wenigen Strichen skizziert, ist das Porträt einer juristischen Methode, die im 19. Jahrhundert ihre Wurzeln hat. Der Vergleich zum Umgang eines Romanisten mit Digestenstellen lag durchaus nahe.[166] Daß er hier Vorbilder fand, zeigen besonders *Staubs* Äußerungen über *Dernburg*[167], einen „eminent ‚praktischen‘ Juristen“, den er dafür bewunderte, „mit welcher Sicherheit dieser der Praxis fern stehende Rechtslehrer die Rechtsinstitute gerade von ihrer praktischen Seite erfaßt“[168]. Die von *Hachenburg* beschriebene Methode *Staubs* läßt sich ohne abwertenden Klang „Begriffsjurisprudenz“ nennen, wenn man wie neuerdings bei *Puchta*[169] oder *Windscheid*[170] auch bei *Staub* betrachtet, woher (vor allem) die (neuen) Begriffe kommen. Aus einzelnen Fallfragmenten wird induktiv ein Begriff, ein prinzipieller Rechtssatz gewonnen und in ein System eingefügt. Aus diesem etwas abzuleiten und auf einen neuen Fall zu beziehen ist möglich; jedoch kann aus dem System nur herausgeholt werden, was zuvor hineingelegt wurde. Diese in beide Richtungen geschlossene Sackgasse trägt den klassischen Inversionsvorwurf gegenüber der Begriffsjurisprudenz.[171] Um ihr zu entrinnen, bedarf es einer Zufahrt oder Ausfahrt außerhalb be-

[165] *Hachenburg* (Fn. 27).

[166] So auch *Glöckner* Positive Vertragsverletzung (Fn. 82), S. 754.

[167] *Staub* DJZ 1898, 425 zu *Dernburg* Das Bürgerliche Recht des Deutschen Reichs und Preußens, Band 3: Das Sachenrecht des Deutschen Reichs und Preußens, 1. Aufl., Halle 1898: „Nach unserer Ansicht liegt hier ein Meisterwerk vor. Hier findet man jene kristallklare Entwickelung der Prinzipien wieder, die man an Dernburg's Werken schon von der Studienzeit her schätzen gelernt hat! Im Stil gewandt und nichts weniger als doktrinär, im Ausdruck präzis, in der Begründung kurz, so ist das Buch, obwohl es sich in Einzelheiten nicht allzusehr vertieft, ein ebenso trefflicher Führer durch das neue Gesetzbuch, wie Dernburg's Pandekten uns mit den Lehren der alten römischen Gesetzbücher bekannt gemacht hatten, ohne daß man sie kannte.“ Ähnlich *Staub* DJZ 1901, 44; *ders.* DJZ 1901, 322.

[168] *Staub* DJZ 1899, 354.

[169] *Haferkamp* Georg Friedrich Puchta und die „Begriffsjurisprudenz“, Frankfurt am Main 2004, S. 443ff.; *Henkel* Begriffsjurisprudenz und Billigkeit. Zum Rechtsformalismus der Pandektistik nach G. F. Puchta, Köln u.a. 2004.

[170] *Falk* Ein Gelehrter wie Windscheid. Erkundungen auf den Feldern der sogenannten Begriffsjurisprudenz, 2. Auflage, Frankfurt am Main 1999; *Rückert* JuS 1992, 902.

[171] *Landsberg* Geschichte der deutschen Rechtswissenschaft, Dritte Abteilung Zweiter Halbband, Text: 19. Jahrhundert bis etwa 1870, München/Berlin 1910, Neudruck Aalen 1978, S. 458ff. (461), zum Kontext *Haferkamp* (Fn. 169), S. 88ff.

reits bestehender Rechtssätze. Diese wird eröffnet etwa durch Philosophie, Religion, Politik oder Ökonomie, ausgedrückt in Chiffren wie „Volksgeist", „Bedürfnisse des Verkehrs" oder einfach nur „Leben".[172] Von hier entstammen die neuen Elemente, die in das bestehende System integriert werden müssen, und es hängt vom Systembildner ab, wie disparat oder konsistent das System aus diesem Integrationsprozeß hervorgeht.

c) Gewohnheitsrecht, Handelsbräuche, Treu und Glauben – alte und neue „Götzen"

Staub war kein ‚Extremist', der mit wenigen, lebenslang befolgten Programmsätzen erfaßt wäre. Erst die Vielzahl seiner Äußerungen in der Juristischen Rundschau erlaubt es, ein Mosaik seines Methodenverständnisses zusammenzusetzen. Die „Bedürfnisse des modernen Verkehrs", insbesondere „handelsrechtliche Erwägungen", sah er über „Formalismus" und „Schulbedenken" erhaben; der Gedanke reichte weiter als der Buchstabe.[173] Andererseits widersprach *Staub* den Gerichten besonders heftig, wenn diese eine kaufmännische Verkehrsauffassung über das Gesetz stellten.[174] Mit *Windscheid* hätte er sagen können: „Das Bedürfniß des Verkehrs ist keine Rechtsquelle."[175] Wie konnte er sich gleichzeitig damit abfinden, daß Gerichtsentscheidungen eher den Verkehrsbedürfnissen als dem Gesetz entsprachen?[176] Ein möglicher Schlüssel zu diesem scheinbaren Widerspruch liegt in *Staubs* Auffassung, daß Handelsbräuche als Gewohnheitsrecht sich nicht gegen das geschriebene Recht, wohl aber zu dessen Ergänzung bilden

[172] Hierzu *Rückert* ZRG GA 103 (1986), 199 (224ff.); *Haferkamp* (Fn. 88).

[173] Fn. 160f. Wiederum dürfte *Dernburg* (Fn. 149) *Staubs* Verständnis sehr nahe kommen: „Leitstern [des neuen deutschen bürgerlichen Rechts] ist nicht bloß das Wort des Gesetzes, das Bedürfnis des Lebens macht sich mit elementarer Macht geltend."

[174] *Staub* DJZ 1902, 67f. zu RG JW 1902, 28 = DJZ 1902, 68 Nr. 11, das „auf die im kaufmännischen Verkehr herrschende Auffassung und auf die Natur der Sache" verwies, um die Fristsetzung mit Ablehnungsandrohung gemäß § 326 BGB a.F. bei Erfüllungsverweigerung für entbehrlich zu halten. „Indessen kann dies als das letzte Wort des Reichsgerichts in dieser wichtigen Frage nicht angesehen werden. Denn die Begründung reicht nicht aus. Die im kaufmännischen Verkehr herrschende Auffassung und die Natur der Sache können einem Gesetze gegenüber, welches das Gegenteil ausspricht, nicht den Ausschlag geben, und es hat sich ja gerade darüber, ob der § 326 BGB. das Gegenteil ausspricht, in der Litteratur ein heftiger Kampf entsponnen. Dieser litterarische Streit, die hierbei aus dem Zusammenhange der Vorschriften des BGB. und der Entstehungsgeschichte des § 326 für und wider beigebrachten Argumente sind in jener Entscheidung des Reichsgerichts nicht berücksichtigt worden."

[175] *Windscheid* AcP 63 (1880), 72 (81).

[176] Wiederum zu § 326 BGB a.F. *Staub* DJZ 1903, 73 zu RGZ 51, 347: „Es kann nicht bestritten werden, daß die Entscheidung den Bedürfnissen des Rechtsverkehrs entspricht, und ich gestehe gern, daß ich nichts anderes erwartet habe, als daß die Rechtsprechung zu diesem Ergebnis gelangen werde. Ich vermochte es nicht, weil ich über die klare, gesetzliche Vorschrift nicht hinwegkam." Vgl. unten Fn. 194.

könnten:[177] „Man führt die Geltung des Gewohnheitsrechts auf die Rechtsüberzeugung des Volkes zurück. Allein mit Unrecht stellt man diesen Götzen über alles, verleiht man ihm Allmacht und Uebermacht über das geschriebene Gesetz."[178] Wie die umfangreiche Darstellung des Handelsgewohnheitsrechts in *Staubs* letzter HGB-Auflage[179] und – auf ganz andere Weise – der extrem kurze Absatz im GmbHG-Kommentar („derart schwierig")[180] zeigen, hatte *Staub* mit Gewohnheitsrecht und Volksüberzeugung zwei seit langem und auch lange nach ihm noch hochbrisante Fragen berührt[181]. Ein (hergebrachter) Handelsbrauch konnte nach *Staub* kein (neues) Gesetz überwinden, das das Gegenteil aussprach. Das Gesetz sollte hingegen so ausgelegt werden, daß es den Verkehrsbedürfnissen entsprach, wenn der Gesetzgeber dieses Bedürfnis nicht gerade als unberechtigt verworfen hatte. Daß der Gesetzgeber auch dies nicht uneingeschränkt könne, demonstrierte *Staub* am Beispiel der preußischen Warenhaussteuer[182]: „Die Idee der Riesengeschäfte ist, wie viele andere, keine zufällige Idee, sondern ein Produkt unserer Zeit und unserer Verhältnisse. Sie läßt sich, wie jede Strömung, die in den Zeitverhältnissen ihren Grund hat, mit Gesetzen nicht tot machen."[183]

Im übrigen verteidigte *Staub* die Hierarchie, in die er die Rechtsquellen eingeordnet sah, auch gegen einen neuen Götzen, den alten[184], aber ‚mutationsgefährdeten' Grundsatz von Treu und Glauben. Zwar forderte *Staub* noch 1898, „die Richterstellen möglichst zu vermehren und die Arbeitslast der Richter dadurch zu vermindern, damit sie sich einerseits dem Studium des kommenden Rechts mehr widmen können und außerdem noch Zeit übrig behalten, um sich über die Erscheinungen der fortschreitenden Kultur auf dem Laufenden zu erhalten und so fortdauernd im stande zu sein, den Wunsch des neuen Gesetzgebers zu erfüllen, die Entscheidung so zu fällen, wie ‚Treu und Glauben mit Rücksicht auf die Verkehrssitte es gebieten'."[185] Aber schon vier Jahre später war *Staub* von Treu und Glauben beunruhigt.

[177] *Staub* (Fn. 1), Art. 1 § 4ff.

[178] *Staub* Kommentar zur Allgemeinen Deutschen Wechselordnung, Allgemeine Vorbemerkungen § 5, hier zitiert nach der 2. Auflage 1896. Sehr kritisch hierzu (zur 1. Auflage 1895) die Rezension von *Pappenheim* ZHR 44 (1896), 603, 605f., der zu Unrecht annimmt, *Staub* nenne das Gewohnheitsrecht als solches und nicht – wie von *Staub* gemeint – „die Rechtsüberzeugung des Volkes" einen „Götzen".

[179] *Staub* (Fn. 2), Allgemeine Einleitung, Anm. 17ff.

[180] *Staub* (Fn. 30), Allgemeine Einleitung Anm. 8.

[181] Zu den Implikationen *Rückert* ZRG GA 103 (1986), 199ff.; *ders.* (Fn. 73), S. 19ff.; *ders.* in: HKK (Fn. 113), Rn. 26f.

[182] Gesetz, betreffend die Warenhaussteuer vom 18. Juli 1900 nebst Ausführungsanweisung vom 26. September 1900, Amtliche Ausgabe, Berlin 1900; hierzu *Spiekermann* Warenhaussteuer in Deutschland. Mittelstandsbewegung, Kapitalismus und Rechtsstaat im späten Kaiserreich, Frankfurt am Main u.a. 1994.

[183] *Staub* DJZ 1900, 293f.

[184] *Haferkamp* in: HKK (Fn. 113), Band 2, voraussichtlich Tübingen 2006, § 242 Rn. 21ff.

[185] *Staub* DJZ 1898, 447.

d) Verschwiegene Selbstverständlichkeiten

> „Aus der Zahl der *Monographien* ist eine interessante und sehr zeitgemäße Schrift von *Schneider* (Treu und Glauben im Rechte der Schuldverhältnisse des BGB.)[186] hervorzuheben. Der Verfasser revidiert die Lehre von Treu und Glauben, wie sie sich zu entwickeln droht, bekämpft mit Schärfe die Anschauung, als erhebe die Rücksicht auf Treu und Glauben den Richter über das Vertragswort und über das Gesetzeswort, und betont mit Recht, daß es, wenn dies richtig wäre, ‚mit dem gewaltigen Ernst und der Hoheit des Gesetzes aus wäre'. Er bestreitet die allwirkende Kraft des Grundsatzes von Treu und Glauben und drückt ihn zum bloßen Begleitsatz der Vertragstreue herab."[187]

Wenn auch im Gefolge von *Staubs* pVV-Schrift ein „Zeitalter der richterlichen Pflichtenerfindung eingeläutet wurde"[188], so war es dennoch nicht *Staub*, der die richterliche Freiheitsglocke läutete. Die frühe Rechtsprechung zur pVV[189] stützte sich auf den im Kontext des § 242 BGB entstandenen § 276 BGB[190] und folgte damit der von *Staub* so genannten „Gefühlstheorie", die er, mißtrauisch gegenüber einer alleinigen Begründung mit Treu und Glauben, vehement ablehnte[191]. *Staub* fand eine dem Gesetz auch seiner Ansicht nach selbstverständlich „innewohnende" Haftung für fehlerhafte Leistung im Gesetzestext nicht ausgesprochen. Die von ihm angenommene Lücke füllte er jedoch nicht schlechthin durch eine „Figur der ‚positiven

[186] München 1902.

[187] *Staub* DJZ 1902, 288. Zum Kontext der Diskussion *Haferkamp* (Fn. 184), § 242 Rn. 60ff.

[188] *Rückert* ZRG GA 115 (1998), 1 (30). Auffällig ist diese Entwicklung etwa beim Schutz von Dritten, *Hofer* ZRG GA 117 (2000), S. 377; *Haferkamp* in: Dauner-Lieb/Konzen/Karsten Schmidt (Hrsg.), Das neue Schuldrecht in der Praxis, Köln u. a. 2003, S. 171. Weniger eindeutig ist dies bei der pVV, die der BGH auch zur Haftungsbegrenzung einsetzte, *Hofer* AcP 201 (2001), 275 (289). *Hofer* bemerkt zu Recht, daß die Rechtsprechung sich dem Zusicherungsmodell des BGB, einem Modell „intensiver Selbstbestimmung", verschlossen habe, so an anderen Beispielen auch *Thiessen* Unternehmenskauf und Bürgerliches Gesetzbuch. Die Haftung des Verkäufers von Unternehmen und Unternehmensbeteiligungen, Berlin 2005, S. 69ff., zusf. 168f. Zumindest mit *Staubs* Selbstverständnis ist es jedoch nicht vereinbar, ihm geradezu eine Präferenz für „überwiegende Fremdbestimmung" vorzuwerfen, so aber *Hofer* (aaO. 284f.). *Staub* war etwa in der Drittschutzfrage nicht bereit, den Schuldner ohne tragfähige Begründung auch demjenigen gegenüber haften zu lassen, in dessen Interesse der Vertrag mit dem Gläubiger geschlossen worden war, *Staub* DJZ 1904, 48 (49), zum Vortrag von *Endemann* vor der Juristischen Gesellschaft zu Berlin am 12. 12. 1903, Jahresbericht (Fn. 99), S. 46ff.

[189] RGZ 52, 18; zur weiteren Entwicklung *Glöckner* Positive Vertragsverletzung (Fn. 82), S. 362ff.

[190] Die einzelnen Schritte sind dargestellt bei *Glöckner* Positive Vertragsverletzung (Fn. 82), S. 268ff.

[191] *Staub* (Fn. 78), S. 33 = Anhang S. 137. Dies unterschied ihn etwa von *Heinrich Lehmann* und *Paul Oertmann*, hierzu *Hermann* in diesem Band, S. 35f.

Vertragsverletzung'"[192], sondern durch eine Analogie zu §§ 286, 326 BGB a.F.[193] Seine Analogie zu den Verzugsregeln bedeutete keine Abkehr vom Erfüllungszwang des deutschen Rechts, auf dem die Unmöglichkeitslehre beruhte.[194] Daß er eine andere als die ‚naturale' Unmöglichkeit für „geschraubt" und „gekünstelt" hielt[195], hing mit seinem Anspruch an den Gesetzgeber zusammen. So beklagte er in anderem Zusammenhang,

> „daß unsere heutigen Gesetzgeber eine solche Furcht vor Definitionen haben. Die Gesetzgeber des vorigen Jahrhunderts waren mutiger oder vielleicht naiver in diesem Punkte. Sie sagten was sie meinten und überließen bewußterweise nichts ‚der Wissenschaft und der Rechtsprechung'. Wissenschaft und Rechtsprechung erhalten mit den Zweifeln, die sich ungeahnt ergeben, genug zu thun, und wenn der Gesetzgeber die Grundlagen seines Gesetzes definiert, so hat die Wissenschaft doch irgend einen Anhaltspunkt, wo sie einsetzen kann."[196]

Das Preußische Landrecht wünschte *Staub* ganz sicher nicht zurück.[197] Er hatte freilich Vorbehalte gegenüber einer Gesetzgebungstechnik, die grundlegende Rechtssätze als selbstverständlich verschwieg, statt klare Definitionen zu geben.[198] Daß *Staub* die Haftung wegen „positiver Vertragsverlet-

[192] So aber *Schermaier* JZ 2006, 330 (335).

[193] *Staub* (Fn. 78), S. 41ff., 49ff. = Anhang S. 145ff., 153ff. hierzu *Hermann* in diesem Band, S. 34f.

[194] Hierzu *Rückert* (Fn. 152), S. 732ff. *Staubs* weitgehender Verzicht auf Fristsetzung und Ablehnungsandrohung bei der Analogie zu § 326 BGB a.F. widersprach seiner ursprünglichen Ansicht, die er aber dem Reichsgericht folgend aufgegeben hatte (Fn. 174 und 176). Dies wurde durch die Einschränkung kompensiert, daß nur solche Pflichtverletzungen zum Rücktritt oder zum Ersatz des Nichterfüllungsschadens berechtigen sollten, „welche die Erreichung des Vertragszweckes gefährden", *Staub* (Fn. 78), S. 49f., in diesem Band S. 153. Wie *Rückert* zu Recht betont, war damit der Richter allerdings freier als nach den formalen Kriterien von verstrichener Frist und angedrohter Ablehnung. *Staubs* ursprüngliche Bedenken waren endgültig ausgeräumt, nachdem das Reichsgericht in der Erfüllungsverweigerung eine pVV gesehen hatte, RGZ 57, 105 (113f.), *Staub* (Fn. 100), S. 53f.; hierzu *Glöckner* Positive Vertragsverletzung (Fn. 82), S. 317ff., 637f.

[195] *Staub* (Fn. 78), S. 35, in diesem Band S. 139; kritisch *Rückert* (Fn. 152), S. 728, anders *Hermann* in diesem Band, S. 33.

[196] *Staub* DJZ 1897, 119 aus Anlaß einer Streitfrage zum neuen Börsengesetz.

[197] *Staub* DJZ 1896, 417: „Immer mehr bricht sich die Ueberzeugung Bahn, daß [das Bürgerliche Gesetzbuch] ein gewaltiges Werk ist. Besonders die Wissenschaft wird durch das neue Gesetzeswerk in ungeahnt umfassender Weise befruchtet werden. Zu dieser Befruchtung ist es mehr geeignet, als z.B. das Preußische Landrecht, weil es mehr abstrakte Regeln aufstellt, welche der theoretischen Weiterentwicklung einen freien Spielraum lassen."

[198] Zu dieser für das BGB freilich sehr typischen Gesetzgebungstechnik *Jakobs* Wissenschaft und Gesetzgebung im bürgerlichen Recht, Paderborn u.a. 1983, S. 134ff.; *ders.* Gesetzgebung im Leistungsstörungsrecht. Zur Ordnung des Rechts der Leistungsstörungen im BGB und nach Einheitlichem Kaufrecht, Paderborn u.a. 1985, S. 16ff.; *Rückert* in: HKK (Fn. 113), Rn. 16ff., 31ff. Daß „Unmöglichkeit" in keinem Stadium der Gesetzesberatungen definiert wurde, betont *Glöckner* Positive Vertragsverletzung (Fn. 82), S. 273. Die Ent-

zung" selbstverständlich voraussetzte, aber im Gesetzestext vergeblich suchte, war demnach bei ihm kein Zeichen der nach 1900 allerdings verbreiteten „Gesetzesknechtschaftsphobie".[199] Hätte der Gesetzgeber sich nach 1900 belehren lassen und dem 19. Jahrhundert[200] folgend neuformuliert: Der Schuldner wird von der Pflicht zur Leistung frei, soweit er die nicht gehörige Erfüllung nicht zu vertreten hat; er haftet auf Schadensersatz, soweit er die nicht gehörige Erfüllung zu vertreten hat – *Staub* wäre der erste gewesen, der dies begrüßt hätte.[201] Aber so hieß es nicht im BGB von 1900; die ursprüngliche Wortwahl war auch im umgangssprachlichen Sinne ‚unmöglich'. Was eigentlich gemeint war, die „Folgen der Nichterfüllung der Verbindlichkeit", hatte nur der BGB-Schuldrechtsredaktor *Franz Philipp von Kübel* noch beim Namen genannt. Seine Redaktorenvorlage war jedoch bis 1980 (!) nicht allgemein zugänglich[202], und die veröffentlichten Motive der „Hülfsarbeiter" legten nach den Beschlüssen der 1. Kommission bereits die „Unmöglichkeit der Leistung und Folgen der Nichtleistung" zugrunde[203].

stehungsgeschichte insbesondere des § 276 BGB a.F. (detailliert *Glöckner* aaO., S. 269ff.) zeigt, wie die zunächst ausführlich gehaltenen Vorschriften auf den nach Ansicht der Gesetzesverfasser notwendigen Kern reduziert wurden. Für den Leser der Materialien konnte dadurch der Eindruck der Unvollständigkeit entstehen; freilich nur, soweit der Leser vom Gesetz eine möglichst vollständige Regelung oder zumindest von den Materialien ein Bekenntnis für oder gegen eine bestimmte zeitgenössische Ansicht erwartete. Beides widersprach den Vorstellungen der BGB-Verfasser, kritisch zur Annahme eines lückenhaften Leistungsstörungsrechts deshalb bereits *Jakobs* Unmöglichkeit und Nichterfüllung, Bonn 1969, S. 17ff., 41, sowie jüngst *Jansen* ZNR 2005, 202 (208f.) und *Schermaier* JZ 2006, 330 (335), jeweils verbunden mit der Forderung, die historischen Bedingungen privatrechtsdogmatischer Normgebung zu rekonstruieren.

[199] Zu diesem Phänomen *Rückert* (Fn. 152), S. 728; die übrigen von *Rückert* genannten, der Autorität des BGB abträglichen Erscheinungen (Freirechtsbewegung, soziologische Jurisprudenz, politische Krisen) hat *Staub* selbst zwar nicht mehr oder allenfalls in den Anfängen erlebt. Sie waren jedoch prägend für die Rezeption *Staubs* und seine Entdeckung als „Entdecker" eines lückenhaften BGB.

[200] Vgl. jüngst die umfassende Darstellung bei *Glöckner* Positive Vertragsverletzung (Fn. 82), S. 101ff.

[201] *Hachenburg* DJZ 1903, 436, 437, hatte *Staubs* Analogie zu § 326 BGB a.F. mit den Worten relativiert: „Mit zwingenden logischen Gründen läßt sich allerdings die Zulässigkeit der Analogie nicht beweisen. Das kann man, wenn man ehrlich ist, bei keiner Analogie. […] Ausschlaggebend ist das Bedürfnis des Lebens." *Staub* (Fn. 100), S. 40: „Ich eigne mir diese Worte an. Freilich, wenn eine andere Konstruktion zu dem gleichen Ziele führte, die *unmittelbar* aus dem Gesetze folgte, so wäre sie vorzuziehen. Aber das ist eben nicht der Fall."

[202] *Schubert* Die Vorlagen der Redaktoren für die erste Kommission zur Ausarbeitung des Entwurfs eines Bürgerlichen Gesetzbuches. Recht der Schuldverhältnisse, Teil 1: Allgemeiner Teil, Berlin/New York 1980, S. 849.

[203] Motive zu dem Entwurfe eines Bürgerlichen Gesetzbuches für das Deutsche Reich, Band II: Recht der Schuldverhältnisse, Berlin 1888, S. 44. Zur Entstehung des § 275 BGB a.F. *Schermaier* in: HKK (Fn. 113), Band 2, voraussichtlich Tübingen 2006, § 275 Rn. 35. *Rückert* (Fn. 152), S. 728 hält die Begriffsprägung „Unmöglichkeit der Leistung" und deren hauptsächliche Verwendung als Befreiungsgrund für „nicht besonders klug. Aber man muss die Begriffe nicht gegen das Gesetz selbst versteifen." *Schermaier* JZ 2006, 330 (336)

Als Anwalt vertraute *Staub* nicht darauf, dem Gericht oder auch nur dem Mandanten vermitteln zu können, daß eine ohne weiteres nachholbare Leistung unmöglich sein sollte, nur weil der Schuldner im vertraglich vereinbarten oder gesetzlich festgelegten Zeitpunkt nicht gehörig geleistet hatte und es unmöglich war, die Zeit zurückzudrehen.[204] Ihm erschien es sicherer, die Verzugsregeln heranzuziehen, die gerade diesen Zeitablauf sanktionieren. „,So steht es im Staub' war das Zeichen mit dem der schwierigste Prozeß entschieden und der ängstliche Klient beruhigt werden konnte.“[205] *Staub* hätte diese von *Hachenburg* berichtete ,Unfehlbarkeitsvermutung' sicher nicht für sich beansprucht,[206] auch wenn es ihm natürlich darauf ankam, den Klienten zu beruhigen und den Prozeß zu gewinnen. Er fühlte sich jedoch nicht frei, sein Plädoyer auf einen Rechtssatz zu stützen, der zwar in den vorausgegangenen Privatrechtskodifikation(sentwürf)en schwarz auf weiß oder zumindest grau nachzulesen war[207], sogar noch im ersten BGB-Entwurf[208], aber ausgerechnet nicht im druckfrischen BGB[209]. Eine so verstan-

räumt ein, daß man die „Nichterfüllung“ in § 276 BGB a.F. hätte vermissen können, selbst wenn man § 275 BGB a.F. im Sinne von *Mommsens* Konzept der casuellen Unmöglichkeit als Befreiungsgrund verstanden hätte, vgl. *Mommsen* Beiträge zum Obligationenrecht, Erste Abtheilung: Die Unmöglichkeit der Leistung in ihrem Einfluß auf obligatorische Verhältnisse, Braunschweig 1853, S. 228ff., leicht zugänglich über http://dlib-pr.mpier.mpg.de/m/kleioc/0010/exec/books/%22174198%2 2 (1. 4. 2006).

204 So fand sich *Staub* (Fn. 100), S. 36, bestätigt durch *Düringer/Hachenburg* (Fn. 154), Dritter Band, Mannheim 1903–05, S. 66: „[N]iemals wird der kaufmännische Prinzipal das Urteil verstehen, in welchem ausgeführt ist, der Handlungsgehilfe, den er wegen oberflächlicher und leichtsinniger Buchführung zur Verantwortung zieht, habe sich in einer ,vertretbaren zeitweisen und teilweisen *Unmöglichkeit*' befunden.“ Auch das Reichsgericht (Fn. 189) begründete die Haftung mit § 276 BGB und nicht mit der Unmöglichkeit der Leistung, obwohl es laut *Schermaier* JZ 2006, 330 (336) bei *Mommsens* Konzept (Fn. 203) geblieben sei. Vgl. *Medicus* in diesem Band, S. 51 Fn. 16.

205 *Hachenburg* Holdheims Monatsschrift 1904, 237.

206 *Staub* (Fn. 79), S. 4: „Ob es mir gelingt, überzeugend zu wirken, das weiß ich nicht. Aber jeder ist verpflichtet, nach seinen besten Kräften zu sagen und zu begründen, was er für die Wahrheit hält.“ Vgl. *Staub* Unlauterer Wettbewerb 1 (1901/02), 7 (8).

207 Vgl. *Rückert* (Fn. 152), S. 728; *Schermaier* in: HKK (Fn. 203), § 275 Rn. 34.

208 § 224 E I.

209 Daß „*Staub* weder der Wissensstand vor 1900 noch die Intention des Gesetzgebers interessierte“ (*Schermaier* JZ 2006, 330 [335]), ist zumindest stark verkürzt. *Staub* konnte die Haftung in den von ihm beschriebenen Fällen nur deshalb als selbstverständlich voraussetzen, weil die gemein-, preußisch- und handelsrechtliche Judikatur vor 1900 hinreichend Präzedenzfälle bot, vgl. *Würthwein* Schadensersatzpflicht wegen Vertragsverletzungen im Gemeinen Recht des 19. Jahrhunderts. Grundsätze des Leistungsstörungsrechts im Gemeinen Recht in ihrer Bedeutung für das BGB, Berlin 1990, S. 210ff.; *Glöckner* Positive Vertragsverletzung (Fn. 82), S. 116ff., 202ff., 219ff. Deshalb erweiterte *Staub* den pVV-„Zusatz“ in seinem HGB-Kommentar erst, nachdem BGB und HGB 1897 verabschiedet waren, vgl. § 347 Anm. 11 (6./7. Aufl. 1899/1900) gegenüber Art. 282 ADHGB § 7 (5. Aufl. 1897). Für *Staubs* Umgang mit den Materialien des § 326 BGB a.F. und mit dem (Dis-)Kontinuitätsproblem zum ADHGB vgl. *Staub* DJZ 1901, 478f.: „Man sollte nun meinen, daß, wenn von zwei Gesetzesfassungen die eine verworfen und die andere gewählt wird, das Gesetz

dene Freiheit zur „lebensvollen Jurisprudenz“ wollte *Staub* auch den Richtern nicht eröffnen.

e) Richterliche Lebenslust

Richter sollten das Leben kennen, aber sich an das Gesetz halten. *Staub* sah hierin keinen Widerspruch. So wandte er sich gegen einen Erlaß des österreichischen Justizministers, der die Richter von „politische[r] Agitation und dem Parteigetriebe“ fernhalten wollte. Der Richter solle bestrebt sein, „lediglich seinen Berufsgeschäften zu leben und selbst in seinem sozialen Verkehr [...] Vorsicht [zu] beobachte[n]“. Dagegen *Staub*:

> „Daß er nur seinem Berufe leben soll, ist nicht zu wünschen. Wo soll er die Kenntnis des Lebens und der tausendfachen Verkehrsgestaltungen hernehmen, über die er zu Gericht sitzen soll, wenn er nur seinem Berufe lebt? [...] Weit richtiger dürfte die Mahnung sein, sich nicht abzuschließen, nicht lediglich dem Berufe zu leben, sondern sich durch unmittelbare Anschauung Kenntnis zu verschaffen von allem, was Verkehr, Technik, Wissenschaft, Kunst und Litteratur an Interessantem und Wissenswertem bieten. Das kann man aber nur im Verkehr mit seinen Mitmenschen thun, von denen sich der Richter nicht abschließen soll. Daß er sich durch diesen Verkehr in seinem richterlichen Urteil nicht beeinflussen lassen darf, ist selbstverständlich.“[210]

Folgerichtig hielt *Staub* auch nichts von Forderungen – insbesondere der von ihm durchaus als schutzwürdig betrachteten „Handlungsgehülfen“[211] – nach kaufmännischen Schiedsgerichten, da diese die ordentlichen Richter dem Leben entfremdeten: „Man beklagt sich auf der einen Seite, daß die Richter nicht immer den offenen Blick in die Verhältnisse des praktischen Lebens haben, auf der anderen Seite will man ihnen Schritt für Schritt gerade diejenigen Prozesse entziehen, deren Behandlung und Entscheidung den Richter mit dem praktischen Leben vertraut macht.“[212] Wenn diese Prozesse den ordentlichen Gerichten entzogen würden, fände hier auch

nunmehr in Gemäßheit der gewählten und nicht in Gemäßheit der verworfenen Fassung ausgelegt werden muß. Niedner [DJZ 1901, 443] will das Umgekehrte: er leitet gerade aus der Entstehungsgeschichte die Notwendigkeit her, das Gesetz nach der verworfenen und nicht nach der gewählten Fassung auszulegen. Und welches ist der Grund zu dieser eigenartigen Annahme? Die Redaktoren hätten sich ‚anscheinend nicht klar gemacht, daß unsere Bestimmung [...] eine nicht ganz glückliche Fassung erhielt, welche nunmehr der von den Gegnern vertretenen Auffassung Raum gab‘. Das ist aber doch eine bisher nicht gekannte Art, über einen Gesetzesparagraphen und seine Entstehungsgeschichte hinwegzukommen!“

210 *Staub* DJZ 1898, 468.

211 Fn. 114.

212 *Staub* DJZ 1901, 86.

keine wissenschaftliche Behandlung mehr statt. Sofern die Wissenschaft der Rechtsprechung Wege ebne, könne sie diese Aufgabe dann nicht mehr wahrnehmen.[213]

> „Von den Befürwortern der kaufmännischen Sondergerichte wird demgegenüber darauf hingewiesen, daß es bei Prozessen dieser Art weniger auf die Anwendung des Rechts als auf die Billigkeit ankommt. Aber eine größere Verkennung der Aufgaben des Gesetzes und der Rechtsprechung kann es kaum geben. Recht und Billigkeit sind nicht Gegensätze. Das Gesetz ordnet vielmehr das an, was nach den Erfahrungen des Lebens und nach sorgfältiger Abwägung der in Frage kommenden Interessengegensätze sich als gerecht und billig erweist, und die Rechtsprechung soll diese Gesetzesgedanken in die That umsetzen. Die Thätigkeit von Sondergerichten, von welchen man das Gegenteil erwartet, wäre keine Rechtsprechung mehr. Ihre Aussprüche wären, indem sie das Gesetz ignorieren und statt seiner die Grundsätze der Billigkeit, wie sie ihnen vorschweben, zur Anwendung bringen, nicht Rechtssprüche, sondern Aeußerungen des Temperaments, der Sympathie und Antipathie, der Eingebung des Augenblicks.“[214]
> „Statt aller solcher Bestrebungen sollte man im Gegenteil danach trachten, die ganze Rechtspflege zu konzentrieren und dadurch unsere Richter immer mehr in den Stand zu setzen, über alles zu richten und verständig zu richten, was das Herz des Volkes bewegt.“[215]

Im ganzen war *Staub* mit der ‚Lebenslust‘ der Richter zufrieden: „Ueber Weltabgewendetheit der Richter, über die Fähigkeit, sich mit praktischen Dingen zu befassen, konnte man vor Jahrzehnten wohl mit Recht klagen. Aber unverkennbar ist der Fortschritt der in dieser Hinsicht sich seit langem vollzieht.“[216]

Eine normenfixierte Rechtswissenschaft vernachlässigt auch heute noch oft einen wesentlichen Aspekt, der von *Staub* jedoch betont wurde und den mutmaßlichen „Buchstabenjuristen“ – dem ein sonst sehr wohlwollender Rezensent fehlende ‚Buchstabentreue‘ ausgerechnet bei der Wiedergabe des Gesetzestextes vorwarf[217] – vergessen läßt. *Staub* zerstreute Bedenken über ein zu frühes Inkrafttreten des BGB mit dem Hinweis, daß bei Einführung der Reichsjustizgesetze 1879 „der Umsturz ein weit größerer“ gewesen sei, da die Änderung des Verfahrens

[213] *Staub* DJZ 1902, 140.
[214] *Staub* DJZ 1902, 262.
[215] *Staub* DJZ 1903, 563.
[216] *Staub* DJZ 1901, 178.
[217] *Rießer* ZHR 44 (1896), 584 (585): „Der Gesetzestext selbst ist nicht sorgfältig genug durchgesehen worden, es finden sich in allen Auflagen eine ganze Reihe von theils geringen, theils gröberen Ungenauigkeiten in der Wiedergabe des Textes.“

„immer empfindlicher und plötzlicher in das Gewohnte ein[greift]. Jeder prozessualische Schritt folgt neuen prozessualischen Regeln. In weit leichteren Bahnen bewegt sich der Wechsel des materiellen Rechts. Hier scheiden zunächst die Prozesse aus, in denen überhaupt nicht über Recht oder Unrecht gestritten wird, sondern in denen der Schuldner nicht zahlt, weil er nicht will oder nicht kann, sodann die vielen Prozesse, in denen es sich um Thatsachen handelt, endlich diejenigen, in denen Erwägungen zwar juristischer, aber allgemeiner, grundsächlicher [sic] Natur die Entscheidung abgeben. Und übrig bleibt nur ein kleiner Bruchteil, in dem die positiven Bestimmungen der neuen Gesetzbücher entscheidend sind. Nun, diese wird man eben, nachdem man durch fleißiges Vorstudium ihren Inhalt in großen Zügen erfaßt haben wird, ad hoc eifrig studieren, wie wir auch jetzt Gesetze studieren, die uns nicht geläufig sind, weil sie neu sind oder selten zur Anwendung gelangen. Bei gutem Willen wird die Anwendung des neuen Rechts unüberwindlichen Schwierigkeiten nicht begegnen."[218]

f) Die Balance zwischen „System" und „Leben"

Man wird *Staub* nach allem weder für die eine noch für die andere deutsche juristische Radikalisierung des 20. Jahrhunderts verhaften können, weder für engstirnige ‚Begriffsstutzigkeit' noch für hemmungslose ‚Lebendigkeit'.[219] Der Vorwurf, (erst) das BGB (und nicht die Pandektistik) habe die Rechtswissenschaft gelähmt und (wahre) Begriffsjuristen hervorgebracht,[220] meint zwar nicht das BGB, sondern dessen Exegeten, trifft jedoch in keinem Fall den bereits am ADHGB emanzipierten *Staub*[221]. Seine entspannte Einstellung zu juristischer Dogmatik setzte sich in seiner Einstellung zum „Leben" als Rechtsquelle fort. Es klingt auch heute noch unverdächtig, wenn *Staub* wie oben zitiert sich keinen „gesünderen Zustand" vorstellen konnte als die äußerst zurückhaltende Kreditgewährung gegenüber Gesellschaften mit beschränkter Haftung. *Staub* sah „grosse Capitalien" am stärksten durch die „Vertrauensseligkeit der Creditgeber" gefährdet, nicht durch die gesetzliche Zulassung von Rechtsformen, in denen Gesellschafter unterneh-

[218] *Staub* DJZ 1899, 129.

[219] Beides ging einher oder zumindest ineinander über, speziell zur Lückendiskussion im Leistungsstörungsrecht *Rückert* (Fn. 152), S. 729. Begriffsfixierung verstellte den Blick auf die das „Leben" spiegelnden Prinzipien des BGB; die folgende Abkehr von den Begriffen hin zu mehr und anderem „Leben" vertiefte die Abwendung von den hinter den Begriffen stehenden Prinzipien, vgl. *Rückert* in: HKK (Fn. 113), Rn. 91 ff., besonders Rn. 96 ab Fn. 320 ff. und Rn. 107.

[220] *Schermaier* JZ 2006, 330 (331).

[221] *Staub* forderte lediglich, daß der Gesetzgeber nicht bewußt streitanfällige Fragen offenlassen solle; ein darüber hinausgehendes Streben nach Vollständigkeit hielt er für „naiv", oben Fn. 196.

merisch tätig werden konnten, ohne ihr gesamtes Privatvermögen zu riskieren. Im Gegenteil: „Diese vom Standpunkt des Allgemeinwohles ausserordentlich nützlichen Formen werden eben dadurch erreicht, dass die Gesellschaft mit beschränkter Haftung eine selbständige juristische Person ist.“[222] Das „Leben“, hier: das nach Einführung des GmbH-Gesetzes vorsichtigere Finanzierungsverhalten der Kreditgeber, stellte für ihn das System des Gesellschaftsrechts nicht in Frage. Drei Jahrzehnte später galt eine solche Einstellung als Inbegriff für „[s]innlos gewordenes liberales Wirtschaftsrecht“ und damit als „Aufgabe nationalsozialistischer Rechtserneuerung“.[223] Für die Gefährdung großer Kapitalien waren nach den Erschütterungen der Inflation nicht mehr die Kreditgeber verantwortlich, sondern die Gesellschafter, die sich hinter anonymen Gesellschaften ‚versteckten‘, „um durch Dazwischenschieben von juristischen Personen zwischen einerseits den Unternehmer und andererseits das Unternehmen […] alle Schranken des Rechts und des Anstandes niederzureißen. Die vom Staat geschaffene und anerkannte juristische Person als Todfeind der Rechtsordnung und der Sittlichkeit“.[224] Die verbreitete Praxis vorsichtiger Kreditgeber, den Gesellschaftern eine Bürgschaft für den aufgenommenen Gesellschaftskredit abzuverlangen, habe die Rechtsform der GmbH praktisch abgeschafft, „denn es gibt ja nun keine G.m.b.H. mehr mit wirklicher Haftungsbeschränkung. [D]ie Wirtschaft, welche sich gegen jenen Ungedanken [die ‚Wohltat der Haftungsbeschränkung‘ müsse recht weiten Kreisen der Wirtschaft zugänglich gemacht werden] zur Wehr setzte, handelte gesund und aus besserer Einsicht in das, was wirtschaftlich richtig ist.“[225] „Gesund“ war nun aber vor allem das „Volksempfinden“[226], auch im Kapitalgesellschaftsrecht[227]. Die Gewichte hatten sich verschoben, nicht nur von *caveat creditor* zu *solvat*

[222] Wie Fn. 130.

[223] So der Titel eines Aufsatzes von *Großmann-Doerth* Hanseatische Rechts- und Gerichts-Zeitschrift (HansRGZ) 1934, Sp. 19, der wie viele andere im Ergebnis erfolglos die Abschaffung der GmbH als Rechtsform forderte (Sp. 40), hierzu *Stupp* GmbH-Recht im Nationalsozialismus. Anschauungen des Nationalsozialismus zur Haftungsbeschränkung, Juristischen Person, Kapitalgesellschaft und Treupflicht. Untersuchungen zum Referentenentwurf 1939 zu einem neuen GmbH-Gesetz, Berlin 2002, S. 36ff. Zu *Großmann-Doerth* jüngst Blaurock/Goldschmidt/Hollerbach (Hrsg.), Das selbstgeschaffene Recht der Wirtschaft. Zum Gedenken an Hans Großmann-Doerth (1894–1944), Tübingen 2005.

[224] *Großmann-Doerth* HansRGZ 1934, Sp. 19 (32).

[225] Aus *Großmann-Doerths* Antrittsvorlesung vom 11. Mai 1933 „Selbstgeschaffenes Recht der Wirtschaft“, Freiburger Universitätsreden Heft 10, S. 20 = Blaurock u.a. (Fn. 223), S. 88f.

[226] Zum Wandel des Topos „gesund“ *Rückert* ZRG GA 103 (1986), 199 (235f.); *Klemperer* LTI. Notizbuch eines Philologen, 1. Aufl., Berlin 1947, S. 251, Kapitel „Gefolgschaft“: „Zentrum und Ziel dieses Systems war das Rechtsempfinden; vom Rechtsdenken ist niemals die Rede gewesen, auch nie vom Rechtsempfinden allein, sondern nur vom ‚gesunden Rechtsempfinden‘. Und gesund war, was dem Willen und Nutzen der Partei entsprach.“

[227] *Thiessen* (Fn. 125), S. 446 (477, 479 mit Fn. 179).

socius[228]. „System" war vor allem das Schimpfwort für die Weimarer Demokratie; das „organische Leben" spielte sich zwischen „Blut und Boden" ab.[229]

Dies alles hat mit *Staubs* Kommentaren mehr zu tun, als es auf den ersten Blick aussehen mag. *Staub* ging es stets um die Balance zwischen „System" und „Leben". Wie viele Liberale fand er sich oft ‚zwischen den Stühlen' wieder. Deshalb belegt *Staubs* Juristische Rundschau scheinbar jede Position und deren Gegenteil, den „Buchstabenjuristen" ebenso wie den Freund der „Verhältnisse des praktischen Lebens". *Staub* fand offenbar in den Augen vieler Leser das richtige Maß, und dies spiegelte sich, wie *Hachenburg* treffend bemerkte, auch in der äußeren Form der Kommentare wider: *Staub* verfaßte keine zeitraubenden Kommentare „von rein theoretischer Färbung" ohne „die tatsächliche Rechtsausübung der Gerichte", aber auch keine „reinen Spruchsammlungen", die nur „Detailfragen" behandeln und bei denen der „Überblick über das Ganze fehlt".[230]

Zentral für den Erfolg *Staubs* war offenbar jene von *Hachenburg* hervorgehobene, „an der Spitze der Erläuterungen" stehende „allgemeine Bemerkung", die „über die Tragweite und den Zweck" der Norm orientiert.[231] *Staub* verlor die an sich selbst gestellte Frage nicht aus den Augen, auch nicht durch ‚Zwischenfragen', und fand aus allen Exkursen wieder zurück. Neben der durchdachten Gliederung fällt auf, daß *Staub* nur sorgfältig ausgewählte Rechtsprechung zitierte. Daher kam *Staub* stets mit einem Band oder allenfalls zwei Bänden aus. Kürze war ihm wichtig.[232] Die zur Jahrhundertwende einsetzende Literaturflut zu BGB, HGB, Grundbuchordnung etc. nannte er ein „[g]lückliches Zeitalter für die Wissenschaft, aber des praktischen Juristen, der durch fortgesetztes Studium auf der Höhe der Zeit bleiben muß, harren schwere Zeiten."[233] Andererseits bemerkte er in einer Rezension zu *Cosacks* Lehrbuch des Handelsrechts: „Nur die Sparsamkeit im Citieren geht m. E. manchmal zu weit. So verweist C[osack] z. B. wegen

[228] So der Titel von *Rubner* „Solvat socius" statt „caveat creditor"? Zur Haftung des GmbH-Gesellschafters wegen sogenannten existenzvernichtenden Eingriffs, Baden-Baden 2005.

[229] *Klemperer* (Fn. 226), S. 104 ff., Kapitel „System und Organisation".

[230] *Hachenburg* (Fn. 27).

[231] *Hachenburg* (Fn. 27). Vgl. *Lange* (Fn. 41), § 12 II, S. 114, zu der alten, von einzelnen Glossatoren befolgten rhetorischen Regel, Hörer (und Leser) durch *prooemien* „dem zu Erwartenden zugetan (*benevolus*), gelehrig und lernbegierig (*docilis*) und aufmerksam (*attentus*)" zu machen.

[232] Vgl. den Beleg bei *Krach* in diesem Band, S. 6, dagegen aber auch *Förtsch* Recht 1899, 24, der in seiner Rezension zur Auflage von 1899/1900 bemängelte, daß „der Stoff in zwei Bände [...] zerlegt werden" mußte. „Ein solches Anschwellen des Stoffes möchte einigermaßen die Handlichkeit des Kommentars beeinträchtigen; der Gesetzestext verschwindet unter der Masse der Erläuterungen derartig, dass es bei der Benutzung fast bequemer ist, für den Text eine Handausgabe daneben zu haben."

[233] *Staub* DJZ 1896, 274.

der Rechtsverhältnisse der Agenten nur auf zwei Erkenntnisse des [Reichsoberhandelsgerichts] und auf ein Urt[eil] des [Reichsgerichts], während die neuere Kommentarliteratur ein ganzes System von Grundsätzen in dieser Materie aufgestellt hat.“[234]

Ein System von Grundsätzen, bei dem die „Erkenntnisse der Gerichte [sind] was die Digestenstellen für den Romanisten“[235]: Weniger sollte es nicht sein, mehr konnte es nicht sein. „[W]ie immer wird das vielgestaltige Rechtsleben gerade solche Fragen aufwerfen, an welche die Herren von der Wissenschaft nicht gedacht haben, über die kein Lehrbuch und kein Kommentar Auskunft geben wird.“[236] Wo es keine Auskunft gab, mußten das „System von Grundsätzen“ und der „Gesetzesgedanke“ bei der Suche im Interesse des Mandanten möglichst schnell helfen. So wie *Staub* sein Konzept der positiven Vertragsverletzung wohl deshalb nahe am Gesetzestext entwickelte, um als Anwalt die für seinen Mandanten sicherste Begründung zu wählen, lesen sich seine Kommentare so, als habe *Staub* sie für seine Mandanten geschrieben. Er macht es auch dem juristisch nicht vorgebildeten Leser sehr leicht. Zudem sind seine Kommentierungen wie aus einem Guß geraten. So schrieb *Arthur Schindler*, daß *Staub* pro Tag einen Artikel der Wechselordnung kommentiert und hierzu bemerkt habe: „Ich kann gar nicht so schnell stenographieren, wie der Kerl in mir diktiert“.[237] Gleichwohl beruht *Staubs* Erfolg nicht auf der Unbefangenheit des Autodidakten, wie dies etwa in der Schilderung von *Otto Liebmann* anklingt.[238]

g) *Staubs* Lehrer

Noch 1993 mußte *Heinrichs* aufgrund der damaligen Quellenlage davon ausgehen, daß *Staub* über seinen wichtigsten Forschungsgegenstand nie eine Vorlesung gehört habe.[239] Diese auf *Liebmann* zurückgehende Annahme ist jedoch durch neueste Funde in Wrocław und Berlin aus Anlaß von *Staubs* 150. Geburtstag überholt. Einmal mehr ist *Staubs* Enkel *Hans-Hermann Neustadt* zu danken, dessen Recherchen in Wrocław nicht nur das Breslauer Studium *Staubs* rekonstruierten, sondern auch den ersten Hinweis auf *Staubs* Berliner Studiensemester ergaben. Aufgrund der im Anhang zum Teil

[234] *Staub* DJZ 1896, 15. Möglicherweise hatte *Staub* seine Ansicht über das „Citieren“ nach *Rießers* Rezension zu seinem Kommentar geändert, vgl. oben bei Fn. 46.

[235] *Hachenburg* (Fn. 27). Einen ähnlichen Anspruch hatte offenbar auch *Makower*, vgl. das Zitat oben in Fn. 46.

[236] *Staub* DJZ 1899, 273.

[237] Fn. 49.

[238] *Liebmann* DJZ 1904, Sp. 825 (829): „Welche Ironie des Schicksals: *Staub*, ein fleißiger Schüler seiner Lehrer, wie *Windscheid*, *Wächter*, *Binding*, *Wach* u.a., hat alle anderen Disziplinen mit Eifer verfolgt, aber während seiner ganzen Studienzeit – ein handelsrechtliches Kolleg in Wirklichkeit nie gehört und auch hier sich als Autodidakt bewiesen.“

[239] *Heinrichs* (Fn. 3), S. 387.

dokumentierten Unterlagen ist nun bekannt, daß *Staub* in Breslau Handels-, Wechsel- und Seerecht bei *Otto von Gierke* und in Berlin „Das Recht der Aktienvereine" bei *Levin Goldschmidt* hörte.[240] *Staub*, der „während seiner Studienzeit [...] seinen kärglichen Lebensunterhalt durch Unterrichtserteilung bestritt[...]"[241] und bei seiner Berliner Immatrikulation um Stundung nachsuchte[242], verzichtete möglicherweise aus Kostengründen darauf, „privatim" auch Handelsrecht bei *Goldschmidt* zu hören[243]; ein ‚Fehler', mit dem *Staub* später vielleicht gegenüber *Liebmann* kokettierte. *Staubs* Kommentare entstanden demnach nicht aus dem Nichts. Der Grundstein für seine spätere Karriere als Kommentator des Handels-, Wechsel- und Gesellschaftsrechts war durch Vorlesungen bei den größten Rechtslehrern seiner Zeit gelegt. Wenn man also dem „Staub" eine besonders systematische Darstellung attestiert, so kann man dies ebenso von *Goldschmidts* Handelsrecht(sgeschichte)[244] oder *Gierkes* Genossenschaftstheorie und Privatrecht[245] sagen, ebenso von *Windscheids* und *Wächters* Pandekten, auch wenn *Staubs* Leipziger Studien bei *Bernhard Windscheid* zwar von *Liebmann* überliefert, aber leider nicht belegbar sind[246], und auch wenn *Staub* bei *Carl Georg von Wächter* anstelle einer Pandektenvorlesung eine „Einleitung in das deutsche Strafrecht und die Lehre von den Strafgesetzen und Strafen"

[240] Der Besuch der Vorlesung bei *Gierke* vom 10. 1. 1876 bis 14. 3. 1876 ist belegt wie oben Fn. 157, jener der Vorlesung bei *Goldschmidt* vom 26. 11. 1876 bis 23. 2. 1877 im „Anmeldungs-Buch des Studirenden Samuel Staub aus Nicolai – Inscribirt in der juristischen Facultät der Königlichen Friedrich-Wilhelms-Universität zu Berlin den 25. October 1876", überliefert im Archiv der Humboldt-Universität zu Berlin (Abgangszeugnisse v. 24. April bis 15. Mai 1877, Nr. 579). Beide Dozenten haben die An- und Abmeldung abgezeichnet, vgl. für *Goldschmidt* im Anhang S. 174.

[241] Freilich ist auch hier nur das Zeugnis von *Liebmann* DJZ 1904, Sp. 825 (827) überliefert.

[242] Anmeldungs-Buch (Fn. 240).

[243] Das „Verzeichniss der Vorlesungen, welche auf der Friedrich-Wilhelms-Universität zu Berlin im Winter-Semester vom 16. October 1876 bis 17. März 1877 gehalten werden" nennt auf S. 3 eine Vorlesung „Handelsrecht mit Einschluß des Wechsel-, See- und Versicherungsrechts, Prof. *Goldschmidt*, täglich, 10–11, privatim".

[244] *Goldschmidt* Handbuch des Handelsrechts, Erlangen/Stuttgart ab 1864; *ders.* System des Handelsrechts, Stuttgart ab 1887, hierzu *Rückert* (Fn. 73), S. 47f.; *Karsten Schmidt* in: Heinrichs u.a. (Fn. 3), S. 215 (221ff.); *Weyhe* Levin Goldschmidt. Ein Gelehrtenleben in Deutschland. Grundfragen des Handelsrechts und der Zivilrechtswissenschaft in der zweiten Hälfte des 19. Jahrhunderts, Berlin 1996, S. 159ff.

[245] *Gierke* Das deutsche Genossenschaftsrecht, Berlin 1868–1913; *ders.* Die Genossenschaftstheorie und die deutsche Rechtsprechung, Berlin 1887; *ders.* Deutsches Privatrecht, (München/)Leipzig 1895–1917; hierzu *Dilcher*, Quaderni fiorentini 3/4 (1974), 319ff., *Landau* in: Rückert/Willoweit (Hrsg.), Die Deutsche Rechtsgeschichte in der NS-Zeit – ihre Vorgeschichte und ihre Nachwirkungen, Tübingen 1995, S. 77 (80ff.).

[246] *Liebmann* DJZ 1904, Sp. 825 (830). Es ist freilich kaum denkbar, daß ein Leipziger Student in den 1870er Jahren ohne den „Windscheid" auskam, vgl. *Rückert* JuS 1992, 902 (905).

hörte[247]. Von *Windscheid* und *Wächter* könnte *Staub* auch die „oft verkannte Wahrheit“ gelernt haben, „dass die Jurisprudenz eine Wissenschaft sein soll, welche dem Leben dient, und der Alles, was sie dazu gebraucht nur Mittel sein darf, nie selbst Zweck“.[248]

III. „dass es leicht provozierend wirken könne, wenn man den Namen verewigen wolle“ – der Umgang mit einem Vermächtnis

Die Bemerkungen zur Rezeption *Staubs* sollen mit zwei Arabesken beginnen: *Staub*, der sich in den Universitäten noch als *Samuel Staub* eingeschrieben hatte, benutzte seit seinem Start in den Anwaltsberuf den Vornamen „Hermann“.[249] Obwohl *Staub* in seinen Schriften auch nur als „Hermann Staub“ bekannt geworden ist, bereitet sein Vorname offenbar bis heute größere Schwierigkeiten. So schrieb kein geringerer als *Philipp Heck* in seinem Grundriß des Schuldrechts die positiven Vertragsverletzungen einem gewissen „Ernst Staub“ zu.[250] Und ein Antiquariat in Kulmbach bietet derzeit den GmbH-Gesetz-Kommentar von „Erwin Staub jr.“ an[251] – der sonst eher als Autor der Werke „Farbatlas der Sportfische“ und „Anglerknoten leicht gemacht“ zu finden ist.

1. *Neuauflagen bis 1933 und Zitierungen*

Die seriöse Wirkung *Staubs* ist außer an den Neuauflagen der Kommentare nach seinem Tod auch an der Häufigkeit erkennbar, mit der *Staub* in der Rechtsprechung zitiert wurde. Die erste Zitierung in der amtlichen Sammlung des Reichsgerichts findet sich soweit ersichtlich noch zu seinen Lebzeiten, nämlich im Jahre 1898.[252] Die Zitierungen werden deutlich häufiger, nachdem

[247] So das „Verzeichniss der als gehört bescheinigten Vorlesungen“, überliefert im Universitätsarchiv Leipzig (Rep. I/XVI/VII – C 37). Vgl. *Mauntel* Carl Georg von Wächter (1797–1880). Rechtswissenschaft im Frühkonstitutionalismus, Paderborn u.a. 2004, S. 82ff. *Wächters* Pandekten erschienen in Leipzig 1880, also erst nach *Staubs* Studium, jedoch auf der Grundlage der Materialien, die *Wächter* für seine Vorlesungen verwendet hatte, Vorbemerkung des Herausgebers *Oscar von Wächter* in Band 1, S. III.

[248] *Windscheid* Carl Georg von Wächter, Leipzig 1880, S. 58f., zu diesem Zitat *Falk* (Fn. 170), S. 179f.; *Mauntel* (Fn. 247), S. 17f.

[249] Zu den Hintergründen umfassend *Henne* in diesem Band, S. 18f.

[250] *Heck* Grundriß des Schuldrechts, Tübingen 1929, S. 118.

[251] http://www.zvab.com (1. 4. 2006).

[252] RGZ 40, 146 (147) vom 17. 1. 1898 zur (vom Gericht bejahten) Frage, ob die einzelnen Teilhaber einer Gesellschaft, welche kein Handelsgewerbe betreibt, die aber als offene Handelsgesellschaft in das Handelsregister eingetragen ist, für die Verbindlichkeiten der Gesellschaft solidarisch haften. Zitiert wird „Staub, Kommentar zum Handelsgesetzbuch [5. Aufl., 1897], für analog liegende Fälle [...] (vgl. aaO. zu Art. 110 § 2a und § 6)“.

Reichsgerichtsräte den Kommentar mitschreiben. So nutzte etwa *Heinrich Könige* vom II. Zivilsenat den Staub, um sich mit *Adelbert Düringer*, Mitbegründer des „Düringer/Hachenburg" und Reichsgerichtsrat im I. Zivilsenat, über die Anwendung des Sachmängelrechts auf Beteiligungskäufe zu streiten.[253]

2. „(Staub)"

Die Digitalisierung der Reichsgerichtsentscheidungen durch den de Gruyter-Verlag ist leider noch nicht soweit fortgeschritten, um auch die letzte Zitierung des *Staub* feststellen zu können. Gerade dies zu wissen wäre jedoch von besonderem Interesse. In das letzte Jahrzehnt des Reichsgerichts, das mit dem „Dritten Reich" unterging, fallen auch die Versuche der Nationalsozialisten, „nichtarische Schriftsteller", wie es zumindest im juristischen Sprachgebrauch hieß, aus den Regalen der Bibliotheken und aus den Fußnoten wissenschaftlicher Werke zu drängen.

Berüchtigt ist bis heute die pseudowissenschaftliche „Tagung", die der Staatsrechtler *Carl Schmitt* unter dem an *Richard Wagner* angelehnten Titel „Das Judentum in der Rechtswissenschaft"[254] organisiert hatte und die *Sinzheimer* zu dem bereits angesprochenen Buch über „Jüdische Klassiker der Rechtswissenschaft" veranlaßte[255]. Der „Reichsrechtsführer" *Hans Frank* eröffnete die Tagung mit der Vorgabe, „einen nunmehr ein für allemal gültigen Schlußstrich unter die Entwicklung der deutschsprachigen jüdischen Rechtsliteratur zu ziehen".[256] Und *Carl Schmitt* schloß: „Wenn es aus einem sachlichen Grunde notwendig ist, jüdische Autoren zu zitieren, dann nur mit dem Zusatz ‚jüdisch'. Schon von der bloßen Nennung des Wortes ‚jüdisch' wird ein heilsamer Exorzismus ausgehen."[257]

Während *Richard Wagner* „Das Judenthum in der Musik"[258] zu seinen Lebzeiten nicht von den Spielplänen der Opernhäuser und Konzertsäle verdrängen konnte, gingen die antisemitischen Bücherstürmer der 1930er und 40er Jahre eine Allianz mit den Machthabern ein. Die Zensoren fanden „willige Vollstrecker"[259]. *Wilhelm Weimar* hatte schon 1935 in der Zeitschrift

[253] *Thiessen* (Fn. 188), S. 126f.

[254] Hierzu *Göppinger* (Fn. 13), S. 153ff., 166ff., Literaturüberblick bei *Thiessen* (Fn. 125), S. 464 Fn. 104, zuletzt *Jung* Vierteljahrshefte für Zeitgeschichte 2006, 25.

[255] Fn. 55.

[256] Das Judentum in der Rechtswissenschaft. Ansprachen, Vorträge und Ergebnisse der Tagung der Reichsfachgruppe Hochschullehrer des NSRB [National-Sozialistischen Rechtswahrerbundes] am 3. und 4. Oktober 1936, 1. Die deutsche Rechtswissenschaft im Kampf gegen den jüdischen Geist, Berlin 1936, S. 7. *Frank* nahm selbst nicht teil, aber ließ seine Ansprache verlesen.

[257] *Carl Schmitt* in: Das Judentum in der Rechtswissenschaft (Fn. 256), S. 30.

[258] *Wagner* Das Judenthum in der Musik, Leipzig 1869.

[259] Nach dem Titel des umstrittenen Buches von *Goldhagen* Hitlers willige Vollstrecker. Ganz gewöhnliche Deutsche und der Holocaust, 1. Aufl., Berlin 1996.

„Deutsches Recht“ geschrieben: „In den Erkenntnissen deutscher Gerichte liest man *noch immer nicht arische Schriftsteller* angeführt, um durch sie eine Rechtsauffassung vertreten zu lassen. Diese Art der Urteilsbegründung muß abgelehnt werden, da sie nicht nationalsozialistischer Rechtsauffassung entspricht.“[260] Diese Formulierung findet sich drei Jahre später nahezu wortgleich in einer Prozeßakte des Reichsgerichts wieder. *Eugen Kolb*, der letzte Vizepräsident des Reichsgericht und Vorsitzende des II. Zivilsenats, schrieb im Votum seines Kollegen *Bruno Schuster* an den Rand: „Nicht arische Schriftsteller können wir in den Gründen nicht zitieren; wir sagen deshalb: „die eine [Meinung] verlangt [dieses]; die andere [Ansicht] spricht sich für [jenes] aus“. Reichsgerichtsrat *Schuster* hatte *Düringer/Hachenburg* und *Staub/Pinner* an mehreren Stellen zitieren wollen; dies unterblieb nun im Urteil.[261] Der „literarische Judenstern“[262] richtete sich freilich gegen diejenigen, die ihn den Autoren anheften wollten, las sich doch jede Liste verbotener Autoren wie ein „Who is who“ der deutschen Rechtswissenschaft. So war es denn auch schwieriger als offenbar gedacht, Autoren wie *Staub* und seine Nachfolger zu entbehren. Aufschlußreich ist etwa ein Verlagskatalog von de Gruyter aus dem Frühjahr 1937. Im Angebot war weiterhin der „Kommentar zum Handelsgesetzbuch (Staub)“.[263] Kurz zuvor hatte – wiederum in „Deutsches Recht“ – *Helmut Seydel* gegen den im selben Verlag erscheinenden BGB-Kommentar der Reichsgerichtsräte angeschrieben. Dieser sei „heute mehr denn je ein rückwärtsgewandter Verteidiger eines Rechtsdenkens und eines Rechtssystems [...], das wir zu überwinden trachten. [...] Die alten Kommentare werden nur durch eine erbarmungslose Neubearbeitung erträglich werden können. Ob man sie allerdings jemals auf die Aktivseite nationalsozialistischen rechtswissenschaftlichen Schrifttums wird buchen können, erscheint auch dann noch zweifelhaft.“[264]

[260] *Weimar* Deutsches Recht 1935, 595f. in der Rubrik „Kritische Umschau“.

[261] Prozeßakte Bundesarchiv R 3002 Nr. 6489 zu RGZ 158, 302 vom 22. 10. 1938, Urteilsentwurf S. 5. Zum Kontext des Urteils *Thiessen* (Fn. 125), S. 474ff. Zur Biographie von *Kolb* aaO., S. 465 Fn. 107, zu *Schuster* bei *Thiessen* (Fn. 188), S. 159 Fn. 350.

[262] *Jung* Vierteljahrshefte für Zeitgeschichte 2006, 25.

[263] Nachweis wichtiger Gesetzesausgaben Frühjahr 1937, S. 10, im Besitz von *Thomas Henne*.

[264] *Seydel* Deutsches Recht 1936, 189 (190ff.). Eine unmittelbare Antwort hierauf könnte das Vorwort von *Baumbach* GmbHG, 1. Aufl., München/Berlin 1936 sein: „Der Erläuterer hat sich an das Bestehende zu halten. Das bedeutet nicht, daß er zur Versteinerung des Rechts beizutragen hätte. Im Gegenteil! Die schönste Aufgabe des Erläuterers ist es, dahin zu wirken, daß sich die Rechtsprechung den Erfordernissen der Zeit anpaßt, auch ohne daß es einer Gesetzesänderung bedürfte.“

3. *Untergang und Wiederentdeckung einer ‚notarisch bekannten Marke'*

Angesichts dieses Urteils verhielt sich der Verlag de Gruyter ‚mutig' und systemkonform zugleich, als er den HGB-Kommentar ab 1940 neu verlegte, ohne *Staub* und die bisherigen 14 Auflagen zu erwähnen. Bei gleicher Methode[265] und fast gleichen Autoren[266] hieß der Kommentar nun: Handelsgesetzbuch, herausgegeben von Mitgliedern des Reichsgerichts. Die Hintergründe dieser Entscheidung ließen sich im Archiv des de Gruyter-Verlags rekonstruieren. Der für die rechtswissenschaftliche Verlagssparte zuständige Abteilungsleiter *Alexander Elster* sprach Anfang November 1938 mit mehreren Reichsgerichtsräten, um die Chancen einer Neuauflage auszuloten. Ein Jahr zuvor hatte Justizstaatssekretär *Franz Schlegelberger* gemeinsam mit seinen Referenten einen Kommentar zum neuen Aktiengesetz herausgegeben, dem bald darauf auch ein Ministerialkommentar zum HGB nachfolgte.[267] Konkurrierende Verleger, Buchhändler und Autoren betrachteten diese „Geschäftigkeit" *Schlegelbergers* mit Argwohn.[268] Wer das Gesetz verfaßt, hat als Kommentator einen erheblichen Informationsvorsprung und zudem eine gewisse Autorität bei der authentischen Auslegung. Der de Gruyter-Verlag und ‚seine' Reichsgerichtsräte versuchten dies mit Sorgfalt und Qualität auszugleichen.[269] Dem Verlag erschien es „namentlich mit Rücksicht auf den zwar unzulänglichen, aber neuen Schlegelbergerschen HGB-Kommentar [...] wünschenswert, unseren Staub-Ersatz schnell herauszubringen." Schweren Herzens mußte der Verlag von *Staub* als eingeführtem Markennamen Abschied nehmen. „Was die Namensgebung des neuen Staub-Ersatz-HGB-Kommentars anlangt, so rieten [die Reichsgerichtsräte] Gadow und Weipert von der Beibehaltung des Namens Staub – in irgendeiner Form, auch nur als ‚Ersatz' oder durchgestrichen – ab; [Reichsgerichtsrat] Flad hielt eine Beifügung ‚früher Staub' für möglich,

265 Aktenvermerk von *Elster* von Anfang November 1938 (Fn. 25), S. 1: „Ein neues Gegenstück zu Düringer-Hachenburg als HGB-Kommentar zu schaffen, wie Justus Koch [Fachbuchhändler in Stuttgart] gelegentlich meinte, ist, wie sich in meiner Besprechung mit ihm herausgestellt hat, nicht zu empfehlen, wenn unser Staub-Ersatz nicht in der Art des BGB-Kommentars d[er] RGR [Reichsgerichtsräte], sondern in der bisherigen Art des Staub bearbeitet wird; und dies ist der Fall. Auch Flad [einer der neuen Bearbeiter] teilt diese Ansicht."

266 An die Stelle von *Pinner* und *Bondi* (Fn. 15) traten die Reichsgerichtsräte *Flad* und *Weipert*, Biographien bei *Schaaf* (Fn. 4), S. 348, 388, zu *Weipert* auch *Thiessen* (Fn. 125), S. 477 Fn. 174.

267 *Schlegelberger/Quassowski/Herbig/Geßler/Hefermehl* Aktiengesetz vom 30. Januar 1937, 1. Aufl., Berlin 1937; Schlegelberger (Hrsg.), Handelsgesetzbuch in der ab 1. Oktober 1937 geltenden Fassung (ohne Seerecht), Berlin 1939.

268 Aktenvermerk von *Elster* von Anfang November 1938 (Fn. 25), S. 1.

269 Brief des Hannoveraner Buchhändlers *Schmorl* vom 17. 9. 1937 an *Herbert Cram* (Schwiegersohn von *Walter de Gruyter*, seit 1923 Geschäftsführer des Verlags) und dessen Antwort vom 20. 9. 1937 aufgrund eines Aktenvermerks von *Elster* vom 18. 9. 1937, Verlagsarchiv (Fn. 21 und 25) Dep. 42 Nr. 548.

meinte jedoch auch, dass es leicht provozierend wirken könne, wenn man den Namen verewigen wolle; er empfahl insbesondere aber die Bezeichnung ‚Kommentar von Reichsgerichtsmitgliedern‘. In der Propaganda [d.h. in der Verlagswerbung] kann man natürlich etwa sagen: füllt die Lücke aus, die durch Wegfall des ‚Staub‘ entstanden ist.“[270]

Formal war der *Staub* nun ebenso „arisiert“ wie das Vermögen der deutschen Juden – und zwar zum gleichen Zeitpunkt.[271] Der neue Kommentar wurde in Fachkreisen zuweilen „Staub-Sauger“ genannt.[272] Den Kommentaren zum Wechsel- und zum GmbH-Gesetz blieb eine solche nur hinter vorgehaltener Hand durchbrochene Anonymität nur dadurch erspart, daß sie erst nach dem Krieg unter ihren alten Namen wieder erschienen.[273] *Staubs* Name wurde jedoch 1941 ausgerechnet in *Hans Franks* „Zeitschrift der Akademie für Deutsches Recht“ noch einmal genannt. Der Freiburger Wirtschaftsrechtler *Hans Großmann-Doerth*, der zeitgleich mit üblen antisemitischen Sätzen „die Juden“ für den „Verfall der Sitten im Wettbewerbsrecht“ verantwortlich gemacht hatte[274], kam nicht daran vorbei, in seiner

[270] Aktenvermerk von *Elster* von Anfang November 1938 (Fn. 25), S. 3.

[271] Vgl. die „Verordnung über den Einsatz des jüdischen Vermögens“ vom 3. Dezember 1938 (RGBl. I S. 1709). Der letzte verbliebene jüdische Autor *Heinz Albert Pinner* (Fn. 15) hatte vom Verlag offenbar eine Abfindung erhalten, der ihn ablösende *Walter Schmidt* entsprechend weniger Honorar, Aktenvermerk von *Elster* vom 19. 2. 1937, Verlagsarchiv (Fn. 21 und 25) Dep. 42 Nr. 548.

[272] Dies erzählte *Dieter Medicus* am Rande des Festkolloquiums für *Staub* am 10. 3. 2006 in Berlin.

[273] Zum Teil anders noch die Absicht im Aktenvermerk von *Elster* von Anfang November 1938 (Fn. 25), S. 1: „[S]o bleibt z.Zt. nur noch ein neuer Autor für eine künftige Auflage von Staub-Stranz, Wechselgesetz zu suchen, [...] um dann auf allen wichtigen Gebieten mit führenden Groß-Kommentaren auf dem Kampfplatz zu sein.“ Zum „Hachenburg“ hieß es aaO., S. 8, lakonisch: „empfiehlt sich [...] nicht zur Fortsetzung“.

[274] *Großmann-Doerth* Recht der deutschen Wirtschaftsordnung, in: Lammers/Pfundtner (Hrsg.), Grundlagen, Aufbau und Wirtschaftsordnung des nationalsozialistischen Staates, Band 2, Gruppe 2: Die einzelnen Rechtsgebiete, Beitrag 48, Berlin o.J. (vermutlich 1941), S. 30f. Hier stellt *Großmann-Doerth* die Frage, „ob jüdische Unternehmer im besonderen Maße zu der Verwilderung des Wettbewerbs beigetragen haben [...] Diese Frage ist zu bejahen: Neben besonderer Aktivität, neben seiner Fähigkeit, Erfolgsmöglichkeiten auf weite Sicht zu berechnen, neben schließlich seiner Anpassungsfähigkeit verdankt der jüdische Unternehmer einen großen Teil seiner Erfolge der besonderen Skrupellosigkeit in der Wahl seiner Mittel.“ Zu diesem Zitat *Hollerbach* in: Blaurock u.a. (Fn. 223), S. 35f.; *Oswalt* in: Goldschmidt (Hrsg.), Wirtschaft, Politik und Freiheit. Freiburger Wirtschaftswissenschaftler und der Widerstand, Tübingen 2005, S. 317f. *Großmann-Doerth* dankte in einer Fn. Reichsgerichtsrat *Gottfried Stumpf*, der ihm wertvolles Material aus der wettbewerbsrechtlichen Praxis des Reichsgerichts zur Verfügung gestellt habe. *Stumpf* war SA-Oberscharführer und Mitglied der Gesellschaft für Rassenhygiene; beides unter Reichsgerichtsräten sehr ungewöhnlich. Zu seiner Biographie und zu seiner Rolle als Berichterstatter des Urteils JW 1938, 862, 864, in dem er erstmals in der Rechtsprechung ein Rückzahlungsverbot für eigenkapitalersetzende Darlehen aussprach und dies mit einem Hinweis auf das „gesunde Volksempfinden“ begründete, *Thiessen* (Fn. 125), S. 479f. Fn. 179.

Rezension des neuen *Schlegelberger*'schen HGB-Kommentars zu bemerken, daß dieser „leider denen von *Staub* und *Düringer-Hachenburg* nach[stehe]"[275]. Einen anderen Akzent setzte nicht unerwartet der Berliner Anwaltsnotar *Hugo Dietrich*, der auf Anregung seines Mandanten *Friedrich Flick* einen Vorentwurf zur „Arisierungsverordnung" vom 3. Dezember 1938 geliefert hatte.[276] Mit dem „Schlegelberger" sei „eine Lücke geschlossen worden, die durch den Wegfall überholter Erläuterungswerke entstanden ist. Auf dem Boden nationalsozialistischer deutscher Rechtsschöpfung und Rechtsanschauung sind unter Berücksichtigung der praktischen Erfordernisse zahlreiche Zweifelsfragen geklärt, ist eine neue Grundlage für das Verständnis [...] unseres Handelsrechts geschaffen worden."[277] Die Rezensenten des „Staub-Saugers" legten die Herkunft des Kommentars und seine Ersatzfunktion nur vereinzelt offen. Weder *Julius von Gierke*[278] noch *Eugen Kolb*[279]

[275] *Großmann-Doerth* ZAkDR 1941, 121 (124): „[E]ine Darstellung des lebenden Rechts der Handelsgeschäfte ist es nicht oder doch nur sehr lückenhaft. Darin steht dieses neue Erläuterungswerk leider denen von *Staub* und *Düringer-Hachenburg* nach. Doch handelt es sich dabei nur um einen nicht sehr wesentlichen Gradunterschied: die Behandlung dieser Dinge bestand auch in diesen älteren Erläuterungsbüchern (vom Gesellschaftsrecht abgesehen) großenteils in Anhäufung von nur unzureichend durchgearbeitetem Material."

[276] Biographische Angaben zu *Dietrich* bei *Thiessen* (Fn. 188), S. 165f. Fn. 371.

[277] *Dietrich* DR 1940, 359f.

[278] *Gierke* ZHR 108 (1941), 169 (171) nannte *Staub* nur zusammen mit *Bondi* als Vertreter einer Ansicht, die *Bondis* Nachfolger *Gadow* gegen *Gierke* verteidigt hatte. Im übrigen hieß es: „Wir können hier [...] ein vortreffliches neues Werk begrüßen". Keine ausdrückliche Nennung auch bei *Gierke* ZHR 109 (1943), 106, 154f. und 268, dort allerdings zum 4. Band: „Er weist die von uns oft gerühmten Vorzüge seiner Vorgänger auf", was sich auf die zuvor erschienenen drei Bände, aber auch auf die Vorauflagen beziehen kann. Vgl. auch das Lob *Gierkes* zu *Schlegelbergers* HGB-Kommentar (Fn. 267) in ZHR 107 (1940), 154 (155): „Wir begrüßen dieses Unternehmen, welches das HGB. unter dem Gesichtspunkt des neuen deutschen Rechtsdenkens betrachten will. [...] Das Werk wirkt in so vieler Hinsicht ‚befreiend', daß man seine große Freude an ihm hat". *Gierke* war 1938 von der Göttinger Universität gedrängt worden, „wegen seiner nicht rein deutschblütigen Abstammung [...] seine vorzeitige Emeritierung zu beantragen", zitiert nach *Halfmann* in: Becker/Dahms/Wegeler (Hrsg.), Die Universtät Göttingen unter dem Nationalsozialismus, 2. Aufl., München 1998, S. 118.

[279] *Kolb* DJ 1943, 327: „Wissenschaftliche Gründlichkeit und Tiefe, klare Fassung der Leitgedanken, ihre folgerichtige Durchführung und Begrenzung sind besondere Vorzüge des Werks. Allenthalben ist auch der Vielgestaltigkeit der Verhältnisse, wie sie gerade auf diesem Gebiet [dem Personengesellschaftsrecht] herrscht, Rechnung getragen. So füllt das Werk eine sehr fühlbar gewordene Lücke im Schrifttum aus und bietet Wissenschaft und Rechtsprechung reiche Anregung und wertvolle Hinweise." Zu dieser Rezension die nicht unterzeichnete Gesprächsnotiz im Verlagsarchiv de Gruyter (Fn. 21) Dep. 42 Nr. 327 „Protokolle 1942–1949", Bl. 236: „Anruf von Dr. Möller im JM am 4. 5. 43. Dr. M. teilte mit, daß Flad ihm eine von Sen.Präs. Kolb verfasste Besprechung von Band 2 unseres Kommentars zum HGB zum Abdruck in der ‚Deutschen Justiz' übersandt habe. Da der für die Besprechung in Aussicht genommene Rezensent, Herr MinDirig. Krieger, zur Abfassung seines Referats nicht in der Lage ist, ist Dr. M. bereit, die Besprechung von Sen.Präs. Kolb zu veröffentlichen. Da sie sehr umfangreich ist, muß sie leider gekürzt werden, worüber sich Dr. M. mit Kolb direkt in Verbindung setzen wird. Dr. M. fragte an, ob wir mit dieser Um-

erwähnten *Staub* als Begründer des besprochenen Kommentars, ein Hinweis auf die „oft gerühmten Vorzüge seiner Vorgänger“ und die „sehr fühlbar gewordene Lücke im Schrifttum“ mußte genügen. Eine Ausnahme bildete ausgerechnet *Hans Groschuff*, der als Berliner Registerrichter jüdische Unternehmer daran gehindert hatte, sich hinter dem Firmenzusatz „deutsch“ zu ‚verstecken‘.[280] Nachdem dies „infolge der völligen Ausschaltung der Juden aus dem Wirtschaftsleben“ erledigt war, konnte *Groschuff* nunmehr auch die völlige Ausschaltung der Juden aus der Kommentarliteratur befriedigt feststellen: „Das neue Erläuterungswerk ist offenbar berufen, die Stelle des früheren Staubschen Kommentars einzunehmen und maßgeblichen Einfluß auf Rechtsprechung und Schrifttum zu gewinnen.“[281]

Dem offiziellen neuen Namen „Kommentar zum Handelsgesetzbuch. Herausgegeben von Mitgliedern des Reichsgerichts“ war nur eine kurze Dauer beschieden. Nach dem Krieg und dem Ende des Reichsgerichts mußte er durch das Wort „*Früher* herausgegeben von Mitgliedern des Reichsgerichts“ ergänzt werden.[282] Der Name „Staub“ kam erst später zu-

disponierung einverstanden sind, was ich selbstverständlich bejahte.“ Bei seiner Entnazifizierung in Ludwigsburg 1946/47 erklärte *Kolb* als Beleg für seine richterliche Unabhängigkeit, er habe eine von ihm bereits zugesagte Herausgabe eines Aktiengesetzkommentars abgelehnt, als er im Mai 1938 Präsident des für Aktienrecht zuständigen II. Zivilsenats wurde. Im Verlagsarchiv de Gruyter ließ sich dies nicht belegen. Allerdings folgte *Elster* bei der Auswahl mehrerer Kommentatoren aus dem Reichsgericht den Empfehlungen von *Kolb*, Aktenvermerk von Anfang November 1938 (Fn. 25) sowie Verlagsarchiv (Fn. 21) Dep. 42 Nr. 548, Aktenvermerk „Reise nach Leipzig am 8. und 9. Oktober 1941“. Für die Einsicht in die Entnazifizierungsunterlagen danke ich *Kolbs* Tochter Dr. med. *Elisabeth Kolb* und deren Nichte, Rechtsanwältin *Claudia Kohleiss-Rottmann*.

280 Hierzu *Wrobel* in: Festschrift Schmid, Baden-Baden 1985, 75ff.

281 *Groschuff* DR 1940, 1275f.

282 Auch bei dieser Auflage kein Hinweis auf *Staub* bei *Gierke* ZHR 114 (1951), S. 67f., ZHR (118) 1955, 80–82; ZHR (121) 1958, 74. Zu den Autoren gehörte nun neben den früheren Reichsgerichtsräten *Flad* und *Weipert* und dem Berliner Anwaltsnotar *v. Godin* auch der Hamburger Ordinarius *Hans Würdinger*, der auf *Carl Schmitts* Tagung von 1936 (bei Fn. 254) „Das Judentum im Handelsrecht“ dafür angegriffen hatte, daß es den Impuls zur Rechtsentwicklung in der Rechtsumgehung und im Konkurs ein normales Mittel finanzieller Sanierung sehe; zwei Positionen, die durchaus auch bei *Staub* anklingen (oben bei Fn. 111 und 115). *Würdingers* Vortrag liegt ebenso wie drei andere Referate aus unbekannten Gründen nicht gedruckt vor. Möglicherweise stellte *Würdinger* für den Druck kein Vortragsmanuskript zur Verfügung, sei es, daß er sich mit den Zielen der Tagung nicht identifizierte, sei es, daß er ohne Manuskript referiert hatte. Eine Zensur ist angesichts des bereits vorgetragenen Textes unwahrscheinlich, zumal ein Beitrag über „Das Judentum im Handels- und Rechtsverkehrsrecht“ in den ersten vier Teilen der Tagungsdokumentation als siebenter Teil angekündigt war, was erst ab dem fünften Teil unterblieb. Der anonyme Tagungsbericht in DJZ Sp. 1228, 1230 reduziert *Würdinger* auf die genannten Thesen; unergiebig *Zeller* JW 1936, 2907. Einen Einblick in *Würdingers* zeitgenössische Vorstellungen gibt der mit Verweisen u.a. auf *Carl Schmitt*, *Heinrich Lange* und *Julius Binder* unterlegte Aufsatz „Das subjektive Recht im Privatrecht“, DR 1935, 492. Im Vorwort zum 1. Band der 2. Auflage 1953 schrieb *Würdinger*, ohne auf *Staub* einzugehen, „in weiten Bereichen des privaten und öffentlichen Rechts“ hätten „we-

rück, mit einem Umweg über das Vorwort der dritten[283] Auflage neuer Zählung von 1967 auf das Titelblatt der vierten Auflage von 1982. Eine neue Generation von Herausgebern fühlte sich der Methode Staubs verbunden und wollte dies nun auch wieder im Titel des Kommentars ausdrücken.

IV. Ausblick: Staubs Kommentare im 21. Jahrhundert

Am Schluß steht die Frage, ob Kommentare heute noch zeitgemäß sind. Juristische Datenbanken machen umfängliche Rechtsprechungs- und Literaturübersichten in gedruckten Kommentaren weitgehend überflüssig. Die Tendenz zur europäischen Privatrechtsvereinheitlichung verlangt schon deshalb elektronische Ressourcen, weil keine Bibliothek die Anschaffungskosten für eine auch nur halbwegs repräsentative europäische Privatrechtsbibliothek aufbringen könnte. Es ist jedoch auch eine umgekehrte Tendenz erkennbar, die dahin geht, aus dem ‚Wust' von Rechtsnormen und Urteilen „Principles" herauszudestillieren.[284] Man kann dies als „neopandektistisch" abtun, wenn man will.[285] Gerade um dem ‚information overkill' zu entgehen, braucht es aber Kommentatoren wie *Staub*, die respektvoll-emanzipiert mit den Rechtsquellen umgehen, das Zufällige vom Prinzipiellen trennen, die leitenden Fragen stellen und in ihren Antworten die noch ungestellten Fragen gleich mitbeantworten. Daher ist der Ausblick optimistisch. *Peter Ulmer* und andere Autoren setzen die Arbeit, die sie im Hachenburg begonnen haben, in einem neuen Großkommentar fort.[286] Zugleich plant der de Gruyter-Verlag eine Neubearbeitung des „Hachenburg". Der *Staub*'sche HGB-Kommentar geht gleichfalls in eine Neuauflage, deren Bearbeiter das Berliner Festkolloquium aus Anlaß von *Staubs* 150. Geburtstag mit einer ‚kick-off'-Sitzung verbunden haben. Die 2005 abgeschlossene Auflage des *Staub* wird zudem bald elektronisch abrufbar sein. Die von *Staub* begründeten Kommentare sind also im 21. Jahrhundert angekommen, und dies ist – wie Staub formulieren würde – „ein ungeahnter Erfolg".

sentliche Rechtsänderungen sich vollzogen", die „zum großen Teil eine Neubearbeitung erforderlich gemacht" hätten. Als Herausgeber des HGB-Kommentars verstand sich *Würdinger* im Vorwort zur dritten Auflage neuer Zählung 1967 „als ein Nachfahre der großen Staub'schen Tradition, die zu wahren [dem Kommentar] anvertraut ist". Vgl. den Glückwunsch der ZGR-Herausgeber und Autoren des Festhefts zum 75. Geburtstag *Würdingers* in ZGR 1978, 195 f., den Nachruf von *Karsten Schmidt* JZ 1989, 1050, sowie die Kurzbiographie bei *Schubert* in: Akademie für Deutsches Recht 1933–1945, Band III/3: Ausschuß für Personen-, Vereins- und Schuldrecht 1934–1936, Berlin/New York 1990, S. 88.

[283] Vgl. das Zitat in Fn. 282.

[284] Unidroit-Principles of International Commercial Contracts; Lando-Principles of European Contract Law.

[285] So etwa *Chiacci* JbJgZivRWiss 2004, S. 151 ff. (159).

[286] Ulmer/Habersack/Winter (Hrsg.), Großkommentar zum GmbH-Gesetz, Band 1, Tübingen 2005.

Staub in „Staub's Kommentar“*

Exemplarisches zum Handelsrechtsbild eines Klassikers

Karsten Schmidt

I. Habent sua fata libelli

1. „Der Staub“: Zeugnis eines zerrissenen Jahrhunderts

Wer heute an *Staub* und das Handelsgesetzbuch denkt, dem wird ein in vierter Auflage vorliegender Kommentar in den Sinn kommen, zwischen 1982 und 2004 erschienen bei de Gruyters Verlag und mit einem Vorwort versehen, das an eine Kommentartradition anknüpft.[1] Diese Anknüpfung ähnelt in mancherlei Hinsicht anderen Retrospektiven, mit denen der Blick über das 20. Jahrhundert, die Geschichte Deutschlands, die Geschichte des Rechts im Allgemeinen und des Handelsrechts im Besonderen schweift. Da steht Erhellendes neben Verdunkelndem, ja Verstörendem. Die direkten Vorauflagen unseres heutigen „Staub“, die zweite also und die dritte, nannten sich „Großkommentar zum Handelsgesetzbuch“ und wiesen noch auf eine *Hermann Staub* zu verdankende Vorgeschichte hin.[2] Die nach heutiger Zählung erste Auflage verschwieg diese Herkunft und hieß gar HGB-RGRK: Reichsgerichtsrätekommentar zum Handelsgesetzbuch.[3] Dieser war als nominell erste Auflage von 1940 bis 1943 erschienen, schloss jedoch unausgesprochen an den *Staub*'schen HGB-Kommentar an, der es vor der nationalsozialistischen Machtergreifung schon auf die 14. Auflage gebracht hatte.[4] Man könnte heute also statt von der vierten auch von der fünfzehnten oder unter Einbeziehung der Zwischenauflagen von der achtzehnten

* Ungekürzte, für die Druckfassung geringfügig geänderte Fassung des auf dem Staub-Symposion am 10. März 2006 bei der Humboldt-Universität gekürzt vorgetragenen Referats.

[1] *Canaris/Schilling/Ulmer* (Hrsg.), Handelsgesetzbuch. Großkommentar. Begründet von Hermann Staub, 4. Aufl. 1982–2004; Vorwort in der ersten Lieferung des ersten Bandes von 1982.

[2] Handelsgesetz, Großkommentar, begründet von *Hermann Staub*, 3. Aufl. 1967–1982; 2. Aufl. 1950–1963.

[3] Kommentar zum Handelsgesetzbuch, herausgegeben von Mitgliedern des Reichsgerichts, 1940–1943.

[4] Staub's Kommentar zum Handelsgesetzbuch, 12. und 13. Aufl. 1926ff., 14. Aufl. 1932.

Auflage des „Staub“ sprechen. Vor uns liegt damit ein in seiner eigenen Geschichte zerrissenes Monument deutscher Handelsrechtsentwicklung, das in dieser Zerrissenheit von Kontinuität und Diskontinuität in der politischen und rechtskulturellen Wahrnehmung des 20. Jahrhunderts Zeugnis gibt: von einem dreigeteilten Jahrhundert, dessen jüngere Teile nur mit Abscheu oder Scheu auf die jeweils vorangegangenen blicken. Wäre ein Denkmal nicht für *Hermann Staub*, sondern für „den Staub“ geplant, ich würde es bei dem Wiener Bildhauer *Alfred Hrdlicka*, einem Spezialisten für das Zerrissene, in Auftrag geben.

2. Staubs *Kommentar zum ADHGB 1861 und zum HGB 1897*

Das 20. Jahrhundert war in vielerlei Hinsicht Frucht einer noch im 19. Jahrhundert angelegten Tatsachen- und Ideenwelt. Das gilt für die Umwälzungen, Erschütterungen und Schrecken des Jahrhunderts, gilt aber auch für seine Lebens- und Rechtswirklichkeit. Bekanntlich ist unser Handelsgesetzbuch von 1897 kaum mehr als ein an das BGB angepasstes und maßvoll modernisiertes ADHGB von 1861. Auch *Staubs* Kommentar beginnt mit dem Allgemeinen Deutschen Handelsgesetzbuch, das ja zu seiner Zeit als ein modernes, keineswegs als ein abgelebtes Gesetz eingeschätzt wurde.

Gerade 37 Jahre war *Staub* alt, als er mit seinem HGB-Kommentar zum damals noch „Allgemeinen Deutschen Handelsgesetzbuch“ sein opus magnum vorlegte. Da hatte er noch elf Jahre zu leben, genau halb so lange wie die jetzt aktuelle Auflage für ihr Erscheinen in Lieferungen gebraucht hat. *Staubs* Kommentar sollte es in diesen elf Jahren auf nominell sieben Auflagen bringen, oder, wenn man die verkaufswirksam numerierten Doppelauflagen korrigiert, immerhin auf fünf Auflagen.[5] Der ADHGB-Kommentar von 1893 trat wie ein junger Held auf die Bühne und stellte sich keck neben die gediegenen Werke von *Anschütz/v. Völderndorff*[6], *v. Hahn*[7], *Makower*[8] und *Puchelt*[9]. Wer ihn und diese Werke vergleicht, gewinnt das Gefühl, dass ihm aus dem *Staub* schon das 20. Jahrhundert entgegenblickt. Natürlich noch in Fraktur gedruckt – aber das blieb ja bis 1982 so! –, stellte sich sein Kommentarstil in Gegensatz zu den zeitgenössischen Werken, die noch den Geist gemeinrechtlicher Gelehrsamkeit atmeten, vielleicht mit der Ausnahme des *Makower*, eines fast stichwortartigen, aber dafür nur schwer lesbaren Werks. Das Vorwort zur ersten Auflage begann mit den Worten:[10] „Mein Streben

[5] 1. Aufl. 1893, 2. Aufl. 1894, 3. Aufl. 1896, 5. Aufl. 1897, 6./7. Aufl. 1900.

[6] Kommentar zum Allgemeinen Deutschen Handelsgesetzbuche, Bd. I 1868, Bd. II 1870.

[7] Commentar zum Allgemeinen Deutschen Handelsgesetzbuch, Bd. I, 3. Aufl. 1877.

[8] Das allgemeine Deutsche Handelsgesetzbuch, 11. Aufl. 1893.

[9] Puchelts Kommentar zum Allgemeinen Deutschen Handelsgesetzbuch, 4. Aufl., Bd. I 1893.

[10] Zitiert nach dem Vorwort der 10. Aufl.

war, einen Kommentar zu liefern, der wissenschaftlich und praktisch, kurz und vollständig zugleich ist. Ob ich dieses Ziel annähernd erreicht habe, mag der freundliche Leser nachsichtig beurteilen. Ich kann nur wünschen, dass die auf das Werk verwendete, einer angestrengten Berufstätigkeit abgerungene Zeit und Mühe für die Anwendung des Handelsgesetzbuches nicht verloren sein möchte." Soweit die erste Auflage. Die sechste und siebente Auflage – von 1899 – eine Doppelauflage also – setzt ein wenig selbstzufrieden hinzu:[11] „Inzwischen ist dem mit jenem zaghaften Geleitworte seinerzeit in die Welt gesandten Werke ein ungeahnter Erfolg beschieden gewesen. Ja, meine Methode hat nicht bloß allgemeine Anerkennung gefunden, mit Stolz kann ich sagen: Sie hat Schule gemacht."

3. Der Sprung ins neue Jahrhundert: ein zufriedener Hermann Staub *und eine begeisterte Leserschaft*

a) Die Doppelauflage von 1899 sollte für die Karriere des Kommentars bestimmend werden. Im Jahr 1897 war in Anpassung an das BGB unser heute noch geltendes Handelsgesetzbuch erlassen worden, das gleichzeitig mit dem BGB am 1. 1. 1900 in Kraft treten sollte. Im Vorwort hieß es, wiederum wörtlich:[12] „Es ergab sich von selbst, dass ich auch die Bearbeitung des neuen Handelsgesetzbuchs übernahm. Die Schwierigkeiten, die es hierbei zu überwinden galt, waren nicht gering. Denn das neue Handelsgesetzbuch ruht auf neuer Grundlage. Ein neues, selbst noch unerforschtes bürgerliches Recht beherrscht seine Begriffe und ergänzt seine Lücken. Alte und neue Bausteine mussten zusammengetragen und derart organisch aneinandergefügt werden, dass ein einheitlicher Bau entstand."

Der Erfolg des Werks war rasant. Seine Auflage von über 13 000 Exemplaren[13] muss, wenn man die damals vergleichsweise geringe Zahl von Rechtsfakultäten, Professoren und Anwälten als potentiellen Erwerbern bedenkt, geradezu sensationell genannt werden. Es war *Staub* als einzigem gelungen, zum Inkrafttreten des Handelsgesetzbuchs einen Kommentar für die praktische und wissenschaftliche Arbeit vorzulegen, der beiderlei Ansprüchen voll genügte.

b) *Hermann Staub* hatte Grund zur Zufriedenheit. Er hat dies im Jahr 1901 auf dem Deutschen Anwaltstag in Danzig effektvoll in Szene gesetzt:[14] „Das wichtigste Gesetzbuch neben dem Bürgerlichen Gesetzbuch ist das

[11] *Staub* Kommentar zum Handelsgesetzbuch, 6./7. Aufl., Bd. I, 1900, S. III.

[12] Ebd.

[13] *Heinrichs* in: Heinrichs u.a. (Hrsg.), Deutsche Juristen jüdischer Herkunft, 1993, S. 385, 389; der Verleger sprach am Abend des Vortrags sogar von über 14 000 abgerechneten Exemplaren.

[14] Verhandlungen des XV. Deutschen Anwaltstages, Stenographische Berichte, JW 1901, Beilage 84/85, S. 52.

Handelsgesetzbuch. Wie steht es hier mit der Theorie seit dem 1. Januar 1900? Ich kann bei der Beantwortung dieser Frage an mir selbst nicht vorübergehen, ohne den Vorwurf der Unvollständigkeit auf mich zu laden." (Das Protokoll vermerkt Heiterkeit.) „Ja, ich muss sogar, so unbescheiden das klingen mag, meinen Kommentar deshalb an erster Stelle nennen, weil er, wie man auch sonst im Vergleich zu den anderen Kommentaren ihn bewerthen mag, jedenfalls den Vorzug hat, schon fertig vorzuliegen, was ich von den anderen Kommentaren beim besten Willen nicht behaupten kann." (Das Protokoll vermerkt neuerlich Heiterkeit.) „Der Kommentator des Handelsgesetzbuchs sah sich einem altbewährten Gesetzbuch gegenüber, das in der Praxis großartige Dienste geleistet hatte; bei zahlreichen Fragen hatte er lediglich das bisherige Erläuterungsmaterial umzuarbeiten. Allein im Großen und Ganzen war doch das Handelsgesetzbuch auf eine neue Grundlage gestellt; denn das neue bürgerliche Recht beherrscht fortan seine Begriffe und ergänzt seine Lücken ... Hinter dem Handelsgesetzbuch steht jetzt das Bürgerliche Gesetzbuch, das in alle Ritzen und Poren des Handelsgesetzbuchs eindringt; seine Grundgedanken wurzeln in diesem. Damit war der Kommentator des Handelsgesetzbuchs vor die Aufgabe gestellt, das Bürgerliche Gesetzbuch zum Ausgangspunkt zu nehmen, und dazu kam noch das, dass eine Reihe von Vorschriften, die sich auf dem Gebiet des Handelsrechts bewährt hatten, aus dem Handelsgesetzbuch heraus und in das Bürgerliche Gesetzbuch aufgenommen waren. Seine besten Rosinen wurden ihm auf diese Weise genommen. Die musste denn der Kommentator natürlich wieder zurücknehmen" (hier nochmals Heiterkeit), „denn es war zu erwarten, dass man sie auch künftighin im Kommentar zum Handelsgesetzbuche suchen würde, und es waren ja auch spezifisch handelsrechtliche Materien, um die es sich da handelte. Ich erinnere nur an die Lehre vom Verzuge bei zweiseitigen Verträgen. Die alten berühmten Artikel 354 bis 356 des Handelsgesetzbuchs wurden aus dem Handelsgesetzbuch entfernt und zieren jetzt im § 326 das Bürgerliche Gesetzbuch. In einem langen Exkurs mussten jetzt alle die Fragen, welche die handelsrechtliche Judikatur mit praktischem Blick beantwortet hatte, an der Hand der ein wenig veränderten Fassung des § 326 des Bürgerlichen Gesetzbuchs erläutert werden."

c) *Hermann Staub* verstand es meisterlich, aus der Bühne des Anwaltstags ein Fest der Selbstinszenierung zu machen. Da war in der Deutschen Juristenzeitung der Anwaltsstand für die von Rechtsanwälten verfassten Grundbuchkommentare gerühmt worden. *Staub* bemerkte dazu effektvoll:[15] „Für die anderen Rechtsmaterien liegt ein Urtheil von diesem Gesichtspunkt aus noch nicht vor. Aber ich bin stolz genug, im Namen des deutschen Anwaltsstandes zu sagen: wir brauchen es nicht zu scheuen. Ich

[15] JW 1901, Beilage 84/85, S. 58.

brauche nur Namen zu nennen, wie *Hachenburg*, *Makower*, *Goldmann* und *Lilienthal*, *S. Goldmann*, *Wilke*, *Neumann*, *Kuhlenbeck*, *Seligsohn*, *Rausnitz*, *Stranz* und *Gerhard*, *Heinitz*, *Weißler*, *Oberneck*, *Fuchs* ... Und mit diesen stolzen Worten komme ich zum Schluss." Das Protokoll vermerkt hier, dass die Namensaufzählung durch „lebhafte Rufe" begleitet gewesen sei, und die hießen: „Staub! Staub! ..."

Das war eine meisterliche Selbstinszenierung, wie sie freilich nur einem Redner nachgesehen wird, der sich der eigenen Akzeptanz sicher ist und der spielerisch, vor allem humorvoll mit ihr umzugehen weiß. *Hachenburg*[16] sollte später im Nachruf von einem „jubelnden Zuruf" sprechen. Er nannte dies „nicht nur eine Folge des zündenden Vortrags", sondern „Ausbruch der innersten Überzeugung seiner Hörer und Kollegen, die neidlos und freudig ihm den ersten Platz unter den deutschen Rechtsanwälten zusprachen".

c) Dass sich dieser Erfolg nicht bloß einer klugen editorischen Strategie und einem geschickten Marketing verdankt, sondern einer in jener Zeit konkurrenzlosen Qualität, wird durch Rezensionen belegt und ist heute noch nachzuempfinden.[17] Der große *Max Hachenburg* nannte das Buch „die zur Wissenschaft gewordene Praxis, das Höchste, was ein Kommentar erreichen kann".[18] Der schwierigste Prozess sei entschieden, der ängstliche Klient beschwichtigt, so *Hachenburg*, wenn man sagen könne: „So steht es im Staub."[19] Man fühlt sich daran erinnert, dass der Beck-Verlag einmal mit dem aus einer Rezension entnommenen Slogan warb: „Was im Palandt steht, das gilt."[20] Aber so groß unser aller Bewunderung für die stupenden Leistungen heutiger Kommentatoren ist: Die Staub-Verehrung ging weit darüber hinaus. *Otto Liebmann* sprach von einem „Genie als Kommentator".[21] *Staub* habe „der Kommentarliteratur überhaupt eine neue Richtung gegeben. Die früher üblich gewesene kompilatorische Kommentierungsweise hat er mit einem Schlage vernichtet ... Er hat ... nicht wie bisher nur durch ein loses Zusammenstellen der Judikatur und Literatur das Material zusammengetragen und bearbeitet, sondern auf Grund einer umfassenden wissenschaftlichen Bildung sowie eines vollen Verständnisses für die Bedürfnisse der juristischen Praxis und des Handelsverkehrs, im Verein mit einer ungewöhnlichen Schärfe der Definition, in kristallklarer, präziser, dabei oft bil-

[16] Holdheims Monatsschrift für Handelsrecht und Bankwesen 1904, 237.

[17] Vgl. nur *Keyßner* ZHR 49 (1900), 349f.

[18] *Hachenburg* Holdheims Monatsschrift für Handelsrecht und Bankwesen 1904, 237, 238.

[19] Ebd. S. 237.

[20] Werbung für die 26. Aufl. 1967; der Slogan stammte aus einer Rezension in „Studium und Praxis" von Dr. *Egon Schneider*, Köln; das Zitat lautete im Zusammenhang: „Den Verfassern obliegt dabei eine im Gegensatz zu anderen Kommentaren außergewöhnliche Verantwortung. Was im Palandt steht, das gilt. Daher kann sich dieser Kommentar keine wissenschaftlichen Experimente erlauben."

[21] *Liebmann* DJZ 1904, 825, 828.

derreicher Sprache Erläuterungswerke zugleich von wunderbarer übersichtlicher Anordnung geschaffen, die weit über das hinausgehen, was man bisher unter dem Worte Kommentar verstand, die als geeignet befunden wurden, Eingang in die Hörsäle der Universitäten zu finden, und die der vornehmste Grund für die Größe seines Erfolges sind."

Auch *Max Hachenburg* betont, die *Staub*'sche Kommentierungsweise sei zur Methode der meisten Kommentare geworden, und setzt dem hinzu:[22] „Aber das Kommentieren, wie es Staub getan, ist keine Technik, die man lernen kann. Es ist eine Kunst, die den Künstler fordert. Das Äußere lässt sich leicht absehen, nur wohl mag man nach der Methode Staub's arbeiten. Im Grunde ist es aber mit seinen Werken wie mit den Werken der Kunst. Das Wesen des Künstlers, das sich in ihnen spiegelt, gibt ihnen die Lebenskraft. Nur der Meister selbst schafft das Meisterwerk und die andern sind seine Schüler."

Staubs Kommentar wurde von *Koenige*, *Stranz* und *Pinner* fortgeführt. Er erreichte im Jahr 1932 die 14. Auflage[23] und hatte im ersten Jahrhundertdrittel nur einen ernst zu nehmenden – *sehr* ernst zu nehmenden! – Konkurrenten: den grandiosen HGB-Kommentar von *Düringer/Hachenburg*, zwischen 1930 und 1932 in dritter Auflage erschienen[24] und noch heute zitiert. Mit ihm teilte der „Staub", teilte vor allem der Autorenkreis beider Kommentare das Schicksal zwölfjähriger Verdüsterung. Mit ihm aber teilt er auch die nachhaltige Präsenz im Recht der Bundesrepublik. *Staubs* Werk reicht, wie die heutige Veranstaltung demonstriert, bis in die Gegenwart.

II. Staubs Kommentar und die Schwächen des Handelsgesetzbuchs

1. Erbkrankheiten des Handelsgesetzbuchs: Ist das „objektive System" des ADHGB überwunden?

Kann ein Kommentar besser sein als das Gesetz, das er kommentiert? Ich meine: ja! Und ich meine sogar: Er muss es sein, und das erschöpft sich nicht in mehr oder weniger klugen Exposés und in vorsichtigen Analogie- und Restriktionsüberlegungen. Ein Kommentar, der mehr als ein Vademecum der Alltagspraxis sein will, muss auch als Grundlage der Rechtsfortbildung taugen. So wurde offenkundig auch *Staub* verstanden. Bei *Liebmann* lesen wir:[25] „Es ist wohl nicht zu viel gesagt, wenn man behauptet, dass er nicht nur die Gesetze erläuterte, sondern dass er dabei auch darlegte, wie sie

[22] *Hachenburg* Holdheims Monatsschrift für Handelsrecht und Bankwesen 1904, 237, 238.

[23] Vgl. Fn. 4.

[24] *Düringer/Hachenburg* Das Handelsgesetzbuch, 3. Aufl. 1930–1932.

[25] *Liebmann* DJZ 1904, 825, 830.

richtig hätten gefasst werden müssen. Staub hat bei vielen von ihm bekämpften wissenschaftlichen Meinungen sich nicht damit begnügt, nur de lege lata seine Ansicht auszusprechen, sondern auch de lege ferenda in der ihm eigenen knappen und präzisen Weise Marksteine gesetzt, deren Bedeutung und vorteilhafte Einwirkung auf die Gesetzgebung sich vielleicht erst in späteren Jahren zeigen wird, wenn es sich darum handelt, die von ihm besonders gepflegten Gesetze umzugestalten."

Dazu, so wissen wir heute, bestand gerade im Handelsrecht besonders viel Anlass. Man sollte deshalb erwarten, der Entdecker der positiven Vertragsverletzung wäre den spezifischen Schwächen des Handelsgesetzbuchs beherzt zu Leibe gerückt. Das kann man ihm aber nicht bescheinigen. Wir sehen das zunächst an der aus dem ADHGB übernommenen Überschätzung des Rechts der Handelsgeschäfte, also des damals Dritten, heute Vierten Buchs. Das ADHGB hatte, weil noch kein BGB vorhanden war, noch größtes Gewicht auf das Recht der Handelsgeschäfte gelegt, ja: Es hatte den ganzen Kaufmannsbegriff an den Begriff der Handelsgeschäfte angehängt: Kaufmann ist, wer Handelsgeschäfte (Warenhandel, Bankiersgeschäft usw.) betreibt (Artt. 271f. ADHGB). Das Handelsgesetzbuch wollte dieses sog. objektive System[26] durch das subjektive System der §§ 1ff. HGB überwinden, wonach der Kreis der sonderprivatrechtlichen Normadressaten und nicht das Recht der Handelsgeschäfte den Ausgangspunkt bildet. Aber der alte § 1 HGB mit seinem altertümlichen Katalog der sog. Istkaufleute war nichts als ein heimlicher Sieg des objektiven Systems.[27] Und das Recht der Handelsgeschäfte enthielt eigentlich nur noch drei neben dem BGB bestandswürdige, d.h. über spezielles BGB-Recht hinausgehende zentrale Materien: das Kontokorrentrecht, das Transportrecht einschließlich des Seehandelsrechts und vielleicht noch das Kommissionsrecht. Der Rest war mehr oder weniger schlecht angepasstes BGB-Sonderrecht, ärmliches, in einzelnen Teilen geradezu erbärmliches Sonderecht! *Staub* hat es, dem Auftrag des Gesetzgebers folgend, akribisch nachvollzogen, hat vor allem die Defizite der §§ 1ff. HGB eher kaschiert als bloßgelegt. Die einem Juristen seines Schlages zuzutrauende rechtspolitische Schlagkraft hat er dem Gesetzgeber angesonnen, dessen Produkt – das Handelsgesetzbuch – er als neu und deshalb wohl auch als modern ansah.

[26] Zu der inzwischen gebräuchlich gewordenen Terminologie vgl. *Raisch* Die Abgrenzung des Handelsrechts vom bürgerlichen Recht als Kodifikationsproblem im 19. Jahrhundert, 1962, S. 25ff.; *Karsten Schmidt* Das HGB und die Gegenwartsaufgaben des Handelsrechts, 1983, S. 13ff.; *Henssler* ZHR 161 (1997), 15f.

[27] Dazu *Karsten Schmidt* JZ 2003, 585, 587.

2. Staubs *Lehre vom Scheinkaufmann: Konzeption einer Rechtsfigur oder Kurieren am Symptom einer HGB-Erbkrankheit?*

a) Gefragt, was aus der *Staub*'schen Kommentierung den längsten Schatten in die Gegenwart wirft, wird vermutlich jedermann sagen: Es ist die *Staub*'sche Lehre vom Scheinkaufmann, im Anhang zu § 5 alloziert[28] und noch einhundert Jahre nach *Staubs* Tod in Kommentaranhängen zu § 5 HGB kommentiert[29]. Die Lehre vom Scheinkaufmann basiert auf § 1 a.F. sowie auf § 4 HGB a.F. Diese Bestimmungen enthielten Grundtatbestände des Kaufmannsbegriffs. Nach § 1 HGB a.F. waren bestimmte Gewerbetreibende – Warenhändler, Warenhandwerker, Versicherer, Bankiers, Transportunternehmer, Kommissionäre, Spediteure, Lagerhalter, Handelsvertreter, Handelsmakler, Verleger, Buchhändler, Kunsthändler und fabrikmäßige Druckereien – automatisch, d.h. auch ohne Handelsregistereintragung, Kaufleute. Diese sog. „Ist-Kaufleute" (schlimmer noch: „Muss-Kaufleute") unterlagen ohne weiteres dem Handelsrecht, doch kam Handelsrecht nur teilweise auf sie zur Anwendung, wenn ihr Gewerbebetrieb einen in kaufmännischer Weise eingerichteten Gewerbebetrieb nicht erforderte. Dann waren sie sog. Minderkaufleute i.S. von § 4 HGB a.F. Dieser aus heutiger Sicht rückständige Kaufmannsbegriff – wie gesagt ein heimlicher Sieg des aus dem ADHGB überkommenen objektiven Systems – warf immer wieder die Frage auf, unter welchen Voraussetzungen Handelsrecht kraft Rechtscheins auf Nichtkaufleute angewandt werden könne. War ein Gewerbebetrieb eingetragen, so bedurfte es hierfür keines langen Nachdenkens, denn nach § 5 HGB – bekanntlich kein Rechtsscheintatbestand[30] – war ein im Handelsregister eingetragener Gewerbebetrieb bereits vor 1998 allemal kaufmännisch, gleich, ob die Eintragung zu Recht oder zu Unrecht bestand (Kleingewerbetreibende waren noch eintragungsunfähig!)[31]. Für die *Staub*'sche Lehre vom Scheinkaufmann blieben aber bis zur Handelsrechtsreform von 1998 folgende Sachverhalte, die ich einmal in die Moderne transponiere:

- Ein Unternehmen ist groß und deshalb eintragungspflichtig, fällt aber – z.B. als Dienstleister oder als Bauunternehmen – nicht unter den Katalog des § 1 HGB a.F., sondern unter § 2 HGB a.F. und ist nicht im Handelsregister eingetragen (Fall des nichteingetragenen Sollkaufmanns).
- Ein Unternehmen fällt unter den Katalog des § 1 HGB a.F., ist aber nur minderkaufmännisch (§ 4 HGB a.F.), ohne dass dies erkennbar wäre (Fall des Schein-Vollkaufmanns). Es ist nicht eingetragen und als kleingewerb-

[28] *Staub* (Fn. 11), Anh. zu § 5.

[29] *Karsten Schmidt* in: MünchKommHGB, 2. Aufl. 2005, Anh. § 5.

[30] *Karsten Schmidt* Handelsrecht, 5. Aufl. 1999, S. 298.

[31] Vgl. ebd., S. 297ff.; *Staub* nahm den Unterschied zwischen § 5 HGB und seiner Lehre noch nicht gebührend zur Kenntnis, was wohl auch die vermeintliche Anwendbarkeit des Handelsrechts zugunsten des Scheinkaufmanns (*Staub* [Fn. 11], Anh. § 5 Anm. 7) erklärt.

liches Unternehmen weder eintragungspflichtig noch – nach dem bis 1998 maßgeblichen Rechtszustand! – auch nur eintragungsfähig. Aber das ist nicht erkennbar.

- Ein Unternehmen, z. B. das einer Fitness-Klinik oder eines Konzept-Künstlers, ist überhaupt nicht gewerblich und deshalb eintragungsunfähig, gebärdet sich aber kaufmännisch, z. B. indem es kaufmännische Bestätigungsschreiben versendet.
- Schließlich und endlich: Ein Nichtunternehmer vermittelt den Eindruck, er sei Kaufmann, obwohl von einem Gewerbebetrieb weit und breit nichts zu sehen ist.

Hermann Staub hat über diese Varianten der Rechtswirklichkeit nicht im einzelnen nachgedacht. Vor die Frage gestellt, ob nicht das Handelsrecht u. U. auch auf Nichtkaufleute bzw. ob das Handelsrecht uneingeschränkt auf sog. Minderkaufleute angewandt werden könne, hat er aber eine Lehre vom Scheinkaufmann herausgearbeitet, deren Credo in folgendem Satz mündet:[32] „Wer im Rechtsverkehr als Kaufmann auftritt, gilt als Kaufmann. Wer sich als Vollkaufmann geriert, gilt als Vollkaufmann." Diese Lehre vom Scheinkaufmann ist so eingängig, dass sie sich über Jahrzehnte voll durchgesetzt hatte.[33] Heute steht man ihr skeptisch gegenüber.[34] Gefragt, wer den Umschwung initiiert, den Meuchelmord an *Staubs* Lehre vom Scheinkaufmann begangen hat, möchte ich bekennend auf mich selbst verweisen,[35] will geradezu mit *Staub*'scher Autoreneitelkeit formulieren: Bis 1980[36] war kein handelsrechtliches Lehrwerk phantasievoll genug, um nicht *Staubs* Formel vom Scheinkaufmann jedenfalls als allgemeinen Rechtsgrundsatz gläubig zu psalmodieren. Und heute ist kaum ein Lehrbuch phantasielos genug, um nicht in den allgemeinen Chor der Warner und Mahner einzustimmen. Womit hängt das zusammen?

b) Als abstrakte Formel hat die Lehre vom Scheinkaufmann etwas Bezwingendes, ja Verführendes.[37] *Staubs* Leitsatz klingt so unerhört richtig und ist natürlich auch nicht falsch.[38] Aber der Umgang mit dieser Rechts-

[32] *Staub* (Fn. 11), Anh. § 5 Anm. 1.

[33] Repräsentativ *Canaris* Die Vertrauenshaftung im deutschen Privatrecht, 1970, S. 180 ff.; *Staub/Brüggemann* (Fn. 1), Anh. § 5.

[34] Vgl. nur *Canaris* Handelsrecht, 23. Aufl. 2000, § 6 Rn. 7; besonders gründlich *v. Olshausen* in: FS Raisch, 1995, S. 147 ff.

[35] Zuvor hatte es bereits Kritik gegenüber der Verwendung von *Staubs* Formel auch zugunsten des Scheinkaufmanns (vgl. Fn. 31) gegeben; vgl. RGZ 89, 163; *Düringer/Hachenburg/Geiler* (Fn. 24), § 1 Anm. 9; auch dazu *v. Olshausen* in: FS Raisch, S. 147, 153; das ist hier nicht das Thema.

[36] *Karsten Schmidt* Handelsrecht, 1. Aufl. 1980, S. 250 ff.

[37] Über die Flut einschlägiger Dissertationen vgl. die Angaben bei *v. Olshausen* in: FS Raisch, S. 147, 151.

[38] Nicht überzeugend allerdings *Canaris* Handelsrecht (Fn. 34), § 6 Rn. 7: „Dass das nicht richtig sein kann, liegt auf der Hand; denn wenn die Kaufmannseigenschaft ohne wei-

figur ist schwierig, denn der Kaufmannsbegriff entstammt nicht der Welt der Tatsachen, und deshalb wirft der theoretisch so überzeugende Scheinkaufmannstatbestand sogleich die Frage auf, wie man sich das Sich-als-Kaufmann-Gerieren in der Rechtswirklichkeit vorstellen soll. Schlimmer aber: Der Scheinkaufmannstatbestand hat in der Mehrzahl der Fälle nur der Kaschierung ungelöster Probleme gedient, nämlich

- der Denkfehlerkorrektur (1),
- der kaschierten Rechtsfortbildung (2) und
- kaum einmal der echten Rechtsscheinhaftung (3).

(1) Denkfehlerkorrektur durch die Lehre vom Scheinkaufmann

Ein charakteristisches Beispiel ist ein BGH-Urteil von 1987 über das kaufmännische Bestätigungsschreiben in der Insolvenz.[39] Es ging um ein GmbH-Unternehmen in der Insolvenz. Der das Unternehmen fortführende Insolvenzverwalter, ein Rechtsanwalt, hatte einem kaufmännischen Bestätigungsschreiben nicht widersprochen. Es liegt auf der Hand, dass man hier die Grundsätze über das kaufmännische Bestätigungsschreiben anwenden muss. Durch die im Insolvenzrecht vorherrschende Amtstheorie verblendet – der Insolvenzverwalter handelt nach ihr im eigenen Namen –, glaubte der BGH, mit dem Scheinkaufmannsbegriff eine Brücke zu diesem richtigen Ergebnis schlagen zu müssen. Er erklärte den Insolvenzverwalter zum Scheinkaufmann, obwohl dieser nicht die Spur eines von der Wirklichkeit abweichenden Rechtsscheins gesetzt hatte.[40] Der Fall hatte in Wahrheit nicht das Geringste mit Rechtsschein zu tun. Zu erkennen war nur, dass auch die vom Insolvenzverwalter fortgeführte GmbH dem Handelsrecht unterliegt ..., eigentlich eine bare Selbstverständlichkeit.

(2) Kaschierte Rechtsfortbildung

Sodann hat der Bundesgerichtshof die Lehre vom Scheinkaufmann mehrfach benutzt, um eine Rückständigkeit des HGB und Rechtsfortbildungsdefizite zu kaschieren. *Staub* selbst hatte dazu beigetragen. Als typische Fälle der Scheinkaufmannschaft bezeichnet er die nichteingetragenen Sollkaufleute:[41] „Ein Bauspekulant, der Inhaber einer großen Leihbücherei, der In-

teres durch ein entsprechendes Auftreten herbeigeführt werden könnte, wäre das differenzierte System der §§ 1ff. HGB und insbesondere das Eintragungserfordernis der §§ 2f. HGB sinn- und gegenstandslos. Die Lehre Staubs wird daher heute nicht mehr vertreten."

[39] BGH, NJW 1987, 1940.

[40] Kritisch deshalb *Karsten Schmidt* Handelsrecht (Fn. 30), S. 95, 327; *ders.* NJW 1987, 1905ff.

[41] *Staub* (Fn. 11), Anh. § 5 Anm. 1.

haber eines Bergwerks, einer Ziegelei, der Inhaber eines landwirtschaftlichen Nebengewerbes, oder der Inhaber eines andern gewerblichen Unternehmens, das nicht unter § 1 fällt, betreibt sein Gewerbe kaufmännisch und unter kaufmännischer, von seinem bürgerlichen Namen abweichender Firma – sie alle sind vor der Eintragung einer Firma keine Kaufleute und treten gleichwohl im Rechtsverkehr als Kaufleute auf." Unverkennbar zielten diese Beispiele auf § 2 HGB a.F., wonach diese Unternehmer Kaufleute erst durch die Eintragung ins Handelsregister wurden. Um sie auch ohne Registereintragung dem Handelsrecht zu unterwerfen, musste man sie zu Scheinkaufleuten erklären.

a) Die Frage bekam praktische Bedeutung, wo *Staub* es nicht ahnte: im Gesellschaftsrecht. In BGHZ 61, 59 = NJW 1973, 1691 ging es um eine Wechselzeichnung für eine im Handelsregister nicht eingetragene Bauunternehmensgesellschaft. Dazu müssen wir uns klar machen, dass der Bundesgerichtshof die Gesellschaft bürgerlichen Rechts bis 1997 für wechsel- und scheckrechtsunfähig gehalten hat.[42] Das Problem des Falls von 1972 würde heute kaum als Übungsklausur ausreichen, denn:

- Erstens würde man die Gesellschaft nach der Handelsrechtsreform von 1998 aufgrund des reformierten § 1 HGB trotz fehlender Eintragung als eine Handelsgesellschaft einstufen, d.h. als oHG bzw., da es sich in den vom BGH entschiedenen Fällen um nichteingetragene Kommanditgesellschaften handelte, als reguläre KG nach § 161 HGB, deren Kommanditisten allerdings der persönlichen Haftung nach § 176 HGB unterlägen.
- Zweitens hat der Bundesgerichtshof bereits 1997 auch für die Gesellschaft bürgerlichen Rechts die Wechsel- und Scheckfähigkeit zuerkannt.[43]

Das Problem ist damit endlich da gelöst worden, wo es liegt. Hier hat die Lehre vom Scheinkaufmann als eine bloße Schein-Lösung, als eine über den Morast unerledigter Rechtsfortbildungsarbeit gezogene Brücke ausgedient.

b) Nicht anders verhält es sich mit der Partei- und Insolvenzrechtsfähigkeit. Mehrfach hat der Bundesgerichtshof Prozesse gegen nichteingetragene Personengesellschaften mit dieser Begründung für zulässig erklärt.[44] Er hat sogar eine Insolvenzverfahrenseröffnung für rechtens erklärt[45] mit der Begründung, es handle sich zwar in casu um eine parteiunfähige und konkursunfähige Gesellschaft bürgerlichen Rechts, aber diese Gesellschaft habe sich kaufmännisch gebärdet, sei also als Schein-Handelsgesellschaft zu behandeln. Die Unseriosität dieser Begründungsversuche lag nun allerdings von vornherein auf der Hand[46], denn die Parteifähigkeit einer Gesellschaft wird

[42] BGHZ 59, 179 = NJW 1972, 1660; BGHZ 61, 59, 62 = NJW 1973, 1691, 1692.
[43] BGHZ 136, 254 = NJW 1997, 2754.
[44] BGH, NJW 1980, 784.
[45] BGHZ 113, 216 = NJW 1991, 922.
[46] Vgl. *Karsten Schmidt* Gesellschaftsrecht, 4. Aufl. 2002, S. 1807, 1816.

in jeder Instanz des Rechtsstreits[47], das Vorhandensein eines konkurs- oder insolvenzrechtsfähigen Schuldners wird während des gesamten Insolvenzverfahrens geprüft[48]. Die Rechtsscheinkonstruktion wäre also genau in dem Augenblick wertlos gewesen, in dem man nach ihr greifen zu müssen glaubte: nämlich feststellte, dass die Gesellschaft mangels Eintragung nur Gesellschaft bürgerlichen Rechts war. Aber man bediente sich dieser Konstruktion gar zu gern, weil sie es den Gerichten erlaubte, Gesetzestreue zu heucheln und die dringende Notwendigkeit einer Rechtsfortbildung zu kaschieren. Heute ist auch diese Hilfskonstruktion überflüssig, denn:

- Wiederum ist erstens festzuhalten, dass viele Gesellschaften, die vormals mangels Eintragung im Status der Gesellschaft bürgerlichen Rechts verharrten, aufgrund des revidierten § 1 HGB nunmehr Handelsgesellschaften sind, deren Partei- und Insolvenzrechtsfähigkeit seit jeher außer Frage stand (§ 124 HGB, § 209 KO).
- Zweitens ist wiederum festzuhalten, dass die verbleibenden GbR-Fälle (Freiberuflersozietäten, nichteingetragene vermögensverwaltende oder kleingewerbliche Gesellschaften) partei- und insolvenzrechtsfähig sind. Für das erste hat, von Prozessrechtlern noch immer für diesen mutigen Schritt gescholten[49], das Grundlagenurteil des Bundesgerichtshofs vom 29. Januar 2001 gesorgt, während die Insolvenzrechtsfähigkeit durch den Gesetzgeber geklärt ist (§ 11 InsO).

Damit hat der Scheinkaufmann-Tatbestand auch hier ausgedient, und das ist nur zum Vorteil für die Sache.

c) Noch wenig erkannt ist, dass auch ein weiteres auf *Staub* selbst zurückgehendes Anwendungsbeispiel nichts als ein Signal für Schwächen des Gesetzestextes und versäumte Rechtsfortbildung ist. Wenn eine natürliche Person[50] als Kaufmann im Handelsregister eingetragen ist, ohne jedoch ein Gewerbe zu betreiben (sie ist z. B. freiberuflich oder gar nicht unternehmerisch tätig), kann sie nach *Staub*[51] und nach immer noch herrschender Auffassung[52] als Scheinkaufmann haften. Die Fallkonstellation demonstriert aber – wenn sie denn praktisch vorkommen sollte – nur eine Lücke im Konzept des § 5 HGB, der auch nach der Reform von 1998 immer noch auf einen im Handelsregister eingetragenen Gewerbebetrieb abstellt, obwohl die Vor-

[47] Vgl. *Stein/Jonas/Bork* ZPO, 22. Aufl. 2004, § 50 Rn. 57.

[48] So wohl auch *Jaeger/Ehricke* InsO, 2004, § 11 Rdnrn. 1, 10.

[49] Vgl. nur *Stein/Jonas/Bork* (Fn. 47), § 50 Rn. 23.

[50] Für *Staub* wäre auch eine Personengesellschaft in Betracht gekommen; vgl. jetzt aber § 105 Abs. 2 HGB i. d. F. von 1998.

[51] *Staub* (Fn. 11), Anh. § 5 Rn. 3.

[52] Vgl. *Canaris* Handelsrecht (Fn. 34), § 3 Rn. 55: § 15 HGB oder ungeschriebene Rechtsscheinhaftung.

schrift für diesen Fall keinen Anwendungsbereich mehr hat.[53] In Österreich ist § 5 HGB jüngst in dem Sinne fortgeschrieben worden, dass, wer als Kaufmann eingetragen ist, auch als Kaufmann behandelt wird[54], und genau so sollte die Norm auch in Deutschland behandelt werden[55]. Dann ist die Scheinkaufmann-Doktrin auch hier gegenstandslos.

(3) Echte Vertrauenshaftung

Es fällt hiernach schwer, Scheinkaufmannfälle auszumachen, die nicht bloß Studenten und Professoren, sondern auch Praktiker überzeugen. Sicherlich wird niemand mehr ernsthaft die Meinung vertreten, wer eine mündliche Bürgschaftserklärung abgebe, geriere sich als Kaufmann, und dann sei die mündliche Bürgschaft als eine kaufmännische Bürgschaft nach § 350 HGB wirksam. Schon gar nicht kann es ausreichen, wenn ein Bankangestellter mit Kaufmannsgehilfenprüfung auf seinen Visitenkarten dem Eigennamen die Bezeichnung als „Kaufmann" hinzusetzt.[56] Der Kaufmannsbegriff der §§ 1 ff. HGB ist nun einmal ein Rechtsbegriff, und dem Scheinkaufmannstatbestand kann nur ein Verhalten unterfallen, das auf diesen Rechtsbegriff verweist.[57] Deshalb hat auch *Jutta Limbachs* Versuch, dem Scheinkaufmannstatbestand rechtssoziologisch zu Leibe zu rücken[58], kaum verwertbare Erkenntnisse erbracht[59]. Die Prokuraerteilung durch einen Scheinkaufmann ist ein Beispiel für Vorlesung und Übung, also ein akademisches, in der Praxis kaum wiederzufindendes Beispiel. Vollständig neben der Sache lag die vormals herrschende Auffassung, wer eine „firmenähnliche Geschäftsbezeichnung", z.B. einen „&" zwischen zwei Eigennamen im Rechtsverkehr verwende, sei Scheinkaufmann.[60] Als Scheinkaufmanns-Sachverhalte wird man wohl nur noch diejenigen anerkennen, bei denen unberechtigterweise ein Firmenzusatz mit „eK", „oHG" oder „KG" verwendet wird, und es fällt schwer, hierfür spezifisch handelsrechtliche Rechtsfolgen auszumachen.[61]

[53] Rein akademisch und auch juristisch verfehlt ist die Annahme, es liege ein Fall des § 5 HGB vor, wenn ein unter § 2 oder § 3 HGB fallendes Unternehmen nach § 1 HGB angemeldet und eingetragen sei.

[54] § 3 UGB 2005.

[55] *Karsten Schmidt* Handelsrecht (Fn. 30), S. 301; *ders.* in: MünchKommHGB (Fn. 29), § 5 Rn. 24.

[56] *Karsten Schmidt* in: MünchKommHGB (Fn. 29), Anh. § 5 Rn. 20.

[57] *Karsten Schmidt* Handelsrecht (Fn. 30), S. 327 ff.

[58] *Limbach* ZHR 134 (1970), 289 ff.

[59] Vgl. nur *Staub/Brüggemann* (Fn. 1), Anh. § 5 Rn. 13.

[60] Dazu mwN. *Karsten Schmidt* Handelsrecht (Fn. 30), S. 328.

[61] *Karsten Schmidt* in: MünchKommHGB (Fn. 29), Anh. § 5 Rn. 98.

III. Woher, wohin?

1. *Deutsches „Handelsgesetzbuch" und österreichisches „Unternehmensgesetzbuch"*

Man darf neugierig sein, ob das Handelsgesetzbuch und damit die auf *Staub* und seine Zeit zurückgreifende Tradition eines Sonderprivatrechts der Kaufleute noch eine Zukunft hat. Die Antwort hängt von vielen Faktoren ab, die allesamt schwer einzuschätzen sind:

- von der Zukunft des deutschen und europäischen Zivilrechts,
- von der gesetzlichen Behandlung der Sonderprivatrechte und
- von dem Verhältnis von Unternehmensrecht und allgemeinem Zivilrecht.

Österreich hat das Handelsgesetzbuch im Jahr 2005 „abgeschafft", dies aber nicht im Sinne jener, die das Handelsrecht in das allgemeine Zivilrecht zurückführen wollen.[62] Es behält vielmehr das Sondergesetz unter Modifikationen bei und setzt an die Stelle des alten Kaufmannsbegriffs den Unternehmerbegriff.[63] Wer die diesbezüglichen Überlegungen des Verfassers kennt, wird sich denken können, dass er sich als Mittäter – mangels legislatorischer Tatherrschaft wohl besser nur als Gehilfe – dieser Reform in Österreich versteht.[64] Aber diese Reform hat nur noch deutlicher gemacht, dass das gesetzliche Handelsrecht nicht genau weiß, wohin es strebt:[65] Ist es, wie dies dem ADHGB entsprach, im wesentlichen rechtsgeschäftliches Sonderprivatrecht, oder liegt sein Schwerpunkt, wie ich es sehe, beim Unternehmensträger, seiner Vertretung, Rechnungslegung und Publizität? Unverkennbar fehlt dem Handelsgesetzbuch die einende Grundidee. Zwischen den ersten drei Büchern und dem Vierten Buch verläuft ein Riss, der durch die österreichische Reform nur noch sichtbarer geworden ist.

2. *Der „Scheinunternehmer":* Staubs *Scheinkaufmann redivivus?*

Dass die Lehre vom Scheinkaufmann durchaus einen vitalen Kern zurückbehalten hat, zeigte sich jüngst bei einer Rechtsfrage, die *Staub* schwerlich hätte erahnen können: Verliert ein Verbraucher (§ 13 BGB) den ihm nach dem Verbraucherschutzrecht gebührenden Schutz, wenn er sich als Unternehmer (§ 14 BGB) geriert? Da hatte der BGH über folgenden Fall zu entscheiden:[66]

[62] So namentlich *Canaris* Handelsrecht (Fn. 34), § 1 Rn. 38.

[63] Dazu ausführlich *Krejci* ZHR 170 (2006), 113ff.

[64] Vgl. nur *Krejci/Karsten Schmidt* Vom HGB zum Unternehmergesetz, 2002, S. 87ff.; *Karsten Schmidt* JurBl. 2004, 31ff.

[65] Vgl. dazu auch *Karsten Schmidt* in: FS Horn, 2006, S. 557ff.

[66] BGH, NJW 2005, 1045 = LMK 2005, 49 m. Anm. *Wertenbruch*; vgl. zum folgenden bereits *Karsten Schmidt* JuS 2006, 1, 7f.

> „Der Kläger hatte bei dem Beklagten, einem Kraftfahrzeughändler, einen gebrauchten Pkw gekauft. Da der Beklagte nur an einen Händler verkaufen und hierbei die Gewährleistung ausschließen wollte, hatte ein für den Kläger verhandelnder Dritter dem Beklagten gegenüber das Geschäft als ein Händlergeschäft des Klägers deklariert. Deshalb enthielt der vom Kläger in Kenntnis dieser Umstände unterschriebene Kaufvertrag den Zusatz: ‚Keine Gewährleistung. Händlergeschäft.' Mit dem Hinweis auf technische Mängel begehrte der Kläger Rückabwicklung des Kaufvertrags. Seine Klage war in allen Instanzen erfolglos."

Es kam darauf an, ob der Gewährleistungsausschluss nach § 475 BGB unwirksam war. Das wäre der Fall gewesen, wenn es sich um einen Verbrauchsgüterkauf gehandelt hätte. Ein solcher hätte vorausgesetzt, dass der Kläger Verbraucher und der Beklagte Unternehmer gewesen wäre (§ 474 I 1 BGB). Objektiv war der Kläger kein Unternehmer. Aber: Kann sich auf den Schutz des Verbrauchsgüterkaufrechts berufen, wer beim Vertragsschluss die eigene Verbrauchereigenschaft dissimuliert? Der BGH betont, dass der Wortlaut des § 13 BGB im Unklaren lässt, ob der verbrauchertypische Geschäftszweck subjektiv oder objektiv zu bestimmen sei. Aber er betont die Bedeutung von Treu und Glauben für den Verbraucherschutz. Die Berufung auf die eigene Verbrauchereigenschaft sei unter dem Gesichtspunkt des venire contra factum proprium demjenigen verwehrt, der sich beim Geschäftsabschluss als Unternehmer ausgegeben habe. Man wird dem zustimmen, solange die Vertragsgegenseite gutgläubig ist und nicht gar kollusiv an der Umfunktionierung des Verbrauchergeschäfts zum Unternehmergeschäft mitwirkt. *Staub* wäre vermutlich zufrieden gewesen. Er hätte mit Recht den von ihm formulierten Ansatz an neuer Stelle wiedergefunden, und wahrscheinlich wäre ihm ein fröhlicher Spruch dazu eingefallen. Mit dem Kaufmannsbegriff und dem Handelsgesetzbuch hat das aber nichts zu tun.

IV. Anhang

Zur Publikationsgeschichte von *Hermann Staub* Die positiven Vertragsverletzungen und ihre Rechtsfolgen[1]

Thomas Henne

I.

1860 hatte der Deutsche Juristentag in Berlin seine erste Versammlung abgehalten. Mit dem 26. DJT im Jahre 1902 kehrte man 42 Jahre später erstmals nach Berlin zurück. Die rund 1300 Teilnehmer[2] beschäftigten sich auch mit zivilrechtlichen Fragen, entgegen einer gelegentlich zu lesenden These aber nicht mit „positiven Vertragsverletzungen".[3]

Schon anläßlich einiger früherer Juristentage waren Festschriften und -gaben erschienen. 1902 gab es erstmals gleich drei:[4] Eine von Hermann Staub selbst herausgegebene, die vom Verlag der DJZ dem DJT gewidmet war,[5] und zweitens eine Festgabe des örtlichen Vorbereitungskomitees mit stark lokalem Bezug[6]. Die dritte, herausgeberlose Festschrift enthielt erstmals ausschließlich wissenschaftliche Texte, allerdings kein Vorwort, so daß die Umstände der Entstehung dieses Buchs unbekannt sind. Offenbar ging die Initiative von der I. Guttentag Verlagsbuchhandlung aus, die das Buch gemäß dem Umschlagblatt „dargebracht" hat.

In dem 123seitigen Buch befinden sich drei familien-, straf- bzw. rechtsgeschichtliche Aufsätze der Professoren Heinrich Dernburg (Berlin), Franz v. Liszt (Berlin) und Richard Schroeder (Heidelberg). Berühmt geworden ist

[1] Gewidmet der Erinnerung an Dr. Christoph Bergfeld (1937–2006).

[2] Bericht von *Damme* in der von Staub herausgegebenen DJZ 1902, S. 446ff.

[3] So aber *Tiziana J. Chiusi* Modern, alt und neu: Zum Kauf nach BGB und römischem Recht, Jura 2003, S. 217ff. (220).

[4] Zusätzliche „Festnummern" einiger juristischer Zeitschriften sind aufgeführt bei *Damme* (Fn. 1), S. 449.

[5] Festgabe dem 26. Deutschen Juristentage in Berlin am 10. bis 12. Sept. 1902, gewidmet vom Verlage der Deutschen Juristen-Zeitung Otto Liebmann, Berlin 1902 (63 Seiten); textidentisch mit Heft 17/18 der DJZ, Jg. 1902, S. 397–440.

[6] Aus dem Berliner Rechtsleben. Festgabe zum XXVI. Deutschen Juristentage. Ueberreicht vom Ortsausschusse. F. Vahlen Verlag, Berlin 1902 (129 Seiten plus 36seitiger Werbeanhang des Verlages).

die Festschrift durch den vierten Aufsatz von „Justizrath Dr. Hermann Staub: Die positiven Vertragsverletzungen und ihre Rechtsfolgen". Die offenbar nur mit geringer Auflage gedruckte Festschrift steht heute nur noch in wenigen Bibliotheken zur Verfügung.

II.

Aufgrund der Resonanz auf Staubs Vortrag erfolgte 1904 eine eigenständige und erweiterte Publikation unter dem Titel „Die positiven Vertragsverletzungen", wiederum bei Guttentag und von Staub „im Krankenbett" verfaßt.[7] Den Abschluß des Vorworts am 3. April 1904 überlebte Staub nur um weniger als fünf Monate. Nach der unveränderten Wiedergabe des 1902 publizierten Textes folgen fast genauso lange neue Ausführungen, in denen Staub auf Kritiker und Befürworter der „positiven Vertragsverletzungen" eingeht. Auch diese Publikation steht heute nur noch in wenigen Bibliotheken zur Verfügung.

III.

Nach Staubs Tod gab 1913 der Berliner Rechtsanwalt Eberhard Müller[8] eine 2. Auflage wiederum bei Guttentag heraus. Der Herausgeber hat dabei gemäß seinem Vorwort Staubs Festschrifttext von 1902 „mit wenigen redaktionellen Änderungen" abgedruckt (S. 5–26); die ursprüngliche Paginierung ist nicht vermerkt. Im Anschluß daran hat Müller Staubs Ergänzungen von 1904 zum Ausgangspunkt für einen eigenständigen Diskussionsbeitrag zu den „positiven Vertragsverletzungen" gemacht (S. 26–66) und dabei die von Staub 1904 angeführten Belege aus Rechtsprechung und Literatur umfassend ergänzt. Müllers Schrift ist von den bislang aufgeführten drei Publikationen heute vergleichsweise am leichtesten zugänglich.

In den 1920er und 1930er Jahren erschien eine „wahre Flut von Aufsätzen, Monographien und Dissertationen zur pVV".[9] Wohl auch, weil bereits der „Abschied von der Lehre von der positiven Vertragsverletzung" verkündet wurde,[10] ist ein Nachdruck von Staubs Texten zum Thema in dieser Zeit soweit ersichtlich nicht erfolgt.

[7] *Helmut Heinrichs* Hermann Staub (1856–1904), in: ders. u. a. (Hrsg.), Deutsche Juristen jüdischer Herkunft, München 1993, S. 385ff. (393).

[8] Angaben zu ihm nur im Termin-Kalender für deutsche Rechtsanwälte und Notare von 1912; Müller war beim LG Berlin I zugelassen.

[9] *Günter Elschner* Hermann Staub und die Lehre von den positiven Vertragsverletzungen, in: Thomas Hoeren (Hrsg.), Zivilrechtliche Entdecker, München 2001, S. 191ff. (231).

[10] *Heinrich Stoll* AcP 136 (1932), 257ff.

IV.

Erst ein Nachdruck im Jahre 1969 verband dann Staubs Text (der Ausgabe von 1904) mit einem ebenfalls grundlegenden Aufsatz von Rudolf von Jhering über die *culpa in contrahendo* und einem Nachwort des Tübinger und späteren Bremer Zivilrechtlers Eike Schmidt. Die erwähnte, nur noch teilweise auf Staub zurückgehende Ausgabe von 1913 diente 1997 als Vorlage für einen Nachdruck beim Keip Verlag. Vor wenigen Jahren ist bei der mittelitalienischen Universität Molise sogar eine italienische Übersetzung von Staubs Text aus dem Jahr 1902 („l'edizione per così ‚madre'") erschienen.[11] Der von Prof. Rocco Favale mit einer ausführlichen rechtsvergleichenden Einleitung versehene Text war zum Zeitpunkt der Drucklegung des vorliegenden Bandes nur in einer einzigen deutschen Bibliothek erhältlich.[12]

Im folgenden ist Staubs Aufsatztext in der Festschrift für den DJT 1902 reproduziert.

[11] *Hermann Staub* Le violazioni positive del contratto, Napoli 2001, das Zitat S. 12.

[12] Die rechtsvergleichende Einleitung widmet sich dem österreichischen und schweizerischen Recht; es wird allerdings kein Bezug von Hermann Staub zum italienischen Recht hergestellt. Der Verf. dankt der Bibliothek des Instituts für ausländisches und internationales Privat- und Wirtschaftsrecht der Universität Heidelberg für die Hilfe bei der Besorgung dieser Publikation.

Festschrift

für den

XXVI. Deutschen Juristentag

in Beiträgen von

H. Dernburg, Frz. v. Liszt, R. Schroeder,
H. Staub.

Berlin 1902.
J. Guttentag, Verlagsbuchhandlung,
G. m. b. H.

Die positiven Vertragsverletzungen und ihre Rechtsfolgen.

Von

Justizrath **Dr. Hermann Staub**,
Rechtsanwalt in Berlin.

1.

Nach § 286 B.G.B. hat der Schuldner dem Gläubiger den durch den Verzug entstehenden Schaden zu ersetzen. Im Verzuge ist, wer eine Leistung unterläßt, zu welcher er verpflichtet ist. Damit ist deutlich und ausreichend Fürsorge getroffen für alle Fälle, wo Jemand eine Leistung nicht bewirkt, die er zu bewirken verpflichtet ist, wo Jemand unterläßt, was er thun soll.

Dagegen enthält das B.G.B. eine gleiche Vorschrift nicht für die zahlreichen Fälle, in denen Jemand eine Verbindlichkeit durch positives Thun verletzt, in denen Jemand thut, was er unterlassen soll, oder die Leistung, die er zu bewirken hat, zwar bewirkt, aber fehlerhaft.

Die Fälle, um die es sich hier handelt, sind von der allergrößten Wichtigkeit. Sie kommen im Rechtsleben täglich tausendfach vor. Sie begegnen uns auf Schritt und Tritt. Es verpflichtet sich Jemand, die ihm verkauften Lampen nicht nach Frankreich weiter zu verkaufen; er thut es doch. Es liefert ein Kaufmann einem anderen einen von ihm fabrizirten Leuchtstoff, der explosive Bestandtheile hat, ohne den Käufer darauf aufmerksam zu machen; der Leuchtstoff richtet im Laden des Käufers großen Schaden an. Ein Agent giebt aus Nachlässigkeit unrichtige Berichte über die Solvenz eines von ihm gewonnenen Kunden, ein anderer arbeitet fortgesetzt für ein Konkurrenzgeschäft, obwohl darin nach Lage der Sache eine arge Pflichtverletzung zu erblicken ist. Ein Kommis verkauft aus Fahrlässigkeit weit unter dem Einkaufspreise. Ein Prinzipal giebt seinem Handlungsgehilfen ein unrichtiges Zeugniß.

Niemand wird zweifeln, daß in allen diesen Fällen der pflichtverletzende Theil die Verpflichtung hat, dem anderen Theil denjenigen Schaden zu ersetzen, der ihm durch die Pflichtverletzung erwachsen ist.

Wie ist aber dieser Rechtssatz zu begründen? Auf welche Gesetzesbestimmung stützt er sich? Ein Verzug liegt nicht vor. Denn in keinem der Fälle ist etwas unterlassen, was der Verpflichtete hätte thun sollen. Ueberall ist vielmehr umgekehrt etwas gethan, was hätte unterbleiben sollen; oder es ist zwar die Leistung bewirkt worden, die bewirkt werden sollte, aber sie ist fehlerhaft bewirkt worden. Ueberall liegt also Pflichtverletzung nicht durch Unterlassen, sondern durch positives Thun vor. Der § 286 B.G.B. greift also nicht Platz.

In meinem Kommentar zum H.G.B. (Anm. 11 zu § 347) habe ich für alle Fälle dieser Art den Rechtsgrund der Schadensersatzpflicht in einem im Gesetzbuch nicht ausgesprochenen, aber gleichwohl ihm innewohnenden allgemeinen Rechtsgrundsatze gefunden, dahingehend, daß die Rechtsfolge der schuldhaften Verletzung einer bestehenden Verbindlichkeit in der Verpflichtung zum Schadensersatz besteht, sofern diese Rechtsfolge durch Gesetz nicht beseitigt ist.

Seitdem ist von anderer Seite versucht worden, das Bestehen eines solchen, nirgendwo ausgesprochenen allgemeinen

Rechtsgrundsatzes in Abrede zu stellen und statt dessen aus den positiven Bestimmungen des B.G.B. den Rechtsgrund jener Schadensersatzverbindlichkeit nachzuweisen. Ein solcher Nachweis wäre gewiß erfreulich. Denn es ist allerdings mißlich, einen allgemeinen Rechtsgrundsatz von so eminenter praktischer Tragweite in den Bestimmungen des Gesetzbuches zu vermissen und ihn aus dem Geiste und dem Zusammenhange seiner Vorschriften herauszuinterpretiren. Der Nachweis, daß er ausdrücklich ausgesprochen ist, wäre gewiß dankenswerth. Ich kann aber nicht anerkennen, daß er gegeführt ist.

Auf verschiedene Weise hat man diesen Nachweis versucht.

Die einfachste Theorie ist die: Nach § 276 B.G.B. habe der Verpflichtete Vorsatz und Fahrlässigkeit zu vertreten. Das bedeute: Wer seine Pflicht vorsätzlich oder fahrlässig verletzt, hat dem Anderen Schadensersatz zu leisten. Das ist diejenige Theorie, die dem Juristen im Gefühle liegt, jene Theorie, die es bewirkt, daß man in Fällen der hier in Rede stehenden Art die Schadensersatzpflicht ausspricht, ohne sich Gedanken über ihren Rechtsgrund zu machen. Diese Gefühlstheorie hat auch einen wissenschaftlichen Vertreter gefunden. Crome (in seinem System des bürgerlichen Rechts, Bd. II S. 65) sagt: „Der Inhalt der Verpflichtung beschränkt sich meist darauf, daß ein gewisses Maß von Sorgfalt auf die Erfüllung verwendet werde. Ihre Außerachtlassung (Vorsatz, Fahrlässigkeit) macht also schadensersatzpflichtig" (§ 276 B.G.B.). Indessen ist es ein falsches Gefühl, welches dieser Theorie zu Grunde liegt. Der § 276 B.G.B. giebt nichts weiter als eine Definition der civilrechtlichen Schuld. Civilrechtlich schuldhaft handelt, „zu vertreten hat", wer vorsätzlich oder fahrlässig handelt. Der

Gesetzgeber bringt diese Definition im allgemeinen Theil des Rechts der Schuldverhältnisse, weil er mit diesem Begriff an zahlreichen Stellen operirt. Darunter befinden sich nicht wenige Stellen, wo eine Schadensersatzpflicht gar nicht in Frage steht (§§ 338, 351, 460, 543, 586, 645). Nichts hat dem Gesetzgeber ferner gelegen, als im § 276 B.G.B. den Grundsatz auszusprechen: Eine Handlung oder Unterlassung vertreten heißt: den aus der Handlung oder Unterlassung entstehenden Schaden ersetzen müssen. Dann wäre ja z. B. der § 286 B.G.B. gänzlich überflüssig. Denn da nach § 285 B.G.B. Verzug vorliegt, wenn der Verpflichtete die ihm obliegende Handlung vertretbarer Weise zu bewirken unterläßt, so würde sich daraus ohne Weiteres die Schadensersatzpflicht ergeben. Wozu sollte dann noch der § 286 B.G.B. bestimmen: Der Schuldner hat dem Gläubiger den durch den Verzug entstehenden Schaden zu ersetzen? Der § 276 B.G.B. enthält also den Schlüssel nicht.

Auf andere Weise suchen Goldmann und Lilienthal den Nachweis zu führen, daß das Gesetzbuch jenen Grundsatz ausgesprochen hat. Im Anschluß an Titze (Die Unmöglichkeit der Leistung nach deutschem bürgerlichen Recht, Leipzig 1900) argumentiren sie (Das B.G.B., systematisch dargestellt, 2. Auflage Bd. I S. 333) wie folgt:

In allen Fällen der gedachten Art greife der § 280 B.G.B. Platz. Derselbe lautet:

> „Soweit die Leistung in Folge eines vom Schuldner zu vertretenden Umstandes unmöglich wird, hat der Schuldner dem Gläubiger den durch die Nichterfüllung entstehenden Schaden zu ersetzen."

Die Unmöglichkeit der Leistung könne sich nun auf jeden Bestandtheil der Verbindlichkeit des Schuldners beziehen, auf den Gegenstand der Leistung, die Zeit der Leistung und den Ort der Leistung. Habe die geschuldete Sache nicht diejenigen Eigenschaften, welche sie nach dem Inhalte des Schuldverhältnisses haben müsse, werde eine Handlung nicht so geleistet, wie sie geschuldet werde, so sei die Leistung insoweit unmöglich, als die Sache oder die Leistung nicht dem Inhalte des Schuldverhältnisses entspreche. Habe z. B. eine vom Verkäufer zu liefernde Sache einen Mangel, so sei die vertragsmäßige Leistung unmöglich; stelle ein Gesellschafter eine falsche Bilanz auf, so sei die Aufstellung der richtigen Bilanz unmöglich. Meist werde es sich hier nur um eine zeitweise Unmöglichkeit handeln. Die Aufstellung der richtigen Bilanz bleibe möglich; aber auch wenn sie später erfolge, so bleibe sie doch für die vorhergehende Zeit, in der sie hätte erfolgen müssen, unmöglich. Doch kann dieser ganzen Argumentation nicht beigetreten werden.

Schon der erste Eindruck, den sie erweckt, ist der des Geschraubten und Gekünstelten. Der § 280 B.G.B. hat offenbar die Fälle im Auge, in welchen eine Unterlassung wegen Unmöglichkeit der Erfüllung vorliegt, in welchen also jemand eine positive Leistung schuldig ist und diese positive Leistung in Folge der Unmöglichkeit, sie zu bewirken, unterbleibt. Mag auch der § 241 B.G.B. den Satz aussprechen, daß eine Leistung auch in einem Unterlassen bestehen kann, so läßt doch der Zusammenhang der weiteren Gesetzesparagraphen keinen Zweifel übrig, daß in den Bestimmungen über die Folgen der Unmöglichkeit der Leistung und des Verzuges unter der Leistung eine positive Leistung zu verstehen ist. Es wird hier insbesondere auf die §§ 323 ff. verwiesen. In diesen werden die Fälle behandelt, in denen dem Schuldner die Leistung unmöglich wird, in engem Anschluß daran behandelt der § 326 B.G.B.

die Fälle, in denen der Verpflichtete mit der ihm obliegenden Leistung im Verzuge ist. In letzterem Falle ist zweifelsohne nur gemeint das Unterbleiben der geschuldeten positiven Leistung, und deshalb kann auch darüber kein Zweifel bestehen, daß in den unmittelbar vorangehenden Paragraphen unter der dem Schuldner obliegenden Leistung dasselbe gemeint ist, also eine positive Leistung, die hier in Folge einer Unmöglichkeit unterbleibt, während sie im § 326 zwar möglich ist, aber verzögert wird.

Dieser Auslegung entspricht auch das natürliche Sprachgefühl. Wer einen Vertrag geschlossen hat, durch welchen er sich zu einer Unterlassung verpflichtet, von dem sagt man, daß er den Vertrag verletzt habe, wenn er thut, was er seiner Verpflichtung gemäß zu unterlassen hatte. Die Rechtsfolgen, die entstehen, sind Rechtsfolgen dieser positiven Pflichtverletzung. Aber unnatürlich und gekünstelt ist es, wenn man sich auf den Standpunkt stellt: die Zuwiderhandlung als solche ist es nicht, welche die Rechtsfolgen erzeugt; aber dadurch, daß der Schuldner diese Zuwiderhandlung begangen hat, hat er sich in die Unmöglichkeit versetzt, sie nicht zu begehen, und deshalb hat er, wenn diese Unmöglichkeit auf einem von ihm zu vertretenden Umstande beruht, nach § 280 B.G.B. dem anderen Theil den Schaden zu ersetzen, der ihm durch diese Unmöglichkeit erwächst.

Ist hiernach die Erklärung von Goldmann und Lilienthal so gewunden und unnatürlich, daß man nicht annehmen kann, sie liege dem Gesetze zu Grunde, so kommt noch hinzu, daß sie auch sachlich das Richtige nicht trifft. Ein einfaches Beispiel soll dies zeigen. Ein Gesellschafter, dem die Bücherführung obliegt, hat innerhalb der ersten drei Monate des Geschäftsjahres die Bilanz aufzustellen. Je nach dem Ausfall der Bilanz werden geschäftliche Dispositionen getroffen. Schon in den ersten zwei Wochen stellt der bücherführende Gesellschafter freudestrahlend eine höchst günstige Bilanz auf, die anderen Gesellschafter treffen daraufhin entsprechende geschäftliche Dispositionen. Vierzehn Tage später stellt sich heraus, daß der bücherführende Gesellschafter aus grober Fahrlässigkeit eine falsche Bilanz aufgestellt hat. Er legt jetzt die richtig gestellte Bilanz vor. Die wahre Vermögenslage ist bei Weitem nicht so günstig, wie sie nach der ersten Bilanz schien, die daraufhin getroffenen geschäftlichen Dispositionen waren verfehlt und schadenbringend. Daß der bücherführende Gesellschafter für den Schaden haftet, ist zweifellos. Aber aus welchem Rechtsgrunde? Nach Goldmann und Lilienthal liegt Unmöglichkeit der Erfüllung vor. Der Gesellschafter hat eine falsche Bilanz aufgestellt, und deshalb ist die Aufstellung der richtigen Bilanz unmöglich. Das ist doch nicht richtig. Die Aufstellung der richtigen Bilanz war von vorn herein möglich. Der bücherführende Gesellschafter hat nur wichtige Unterlagen der Bilanzaufstellung durch fahrlässiges Verhalten übersehen, und so ist es gekommen, daß er das nicht gethan hat, was ihm möglich war, er hat durch seine positive Handlung seine Pflicht verletzt. Aber jetzt, das ist der Gedankengang von Goldmann und Lilienthal, nachdem er einmal die falsche Bilanz aufgestellt hat, ist ihm die Aufstellung der richtigen Bilanz unmöglich. Auch das ist nicht der Fall. Sie ist ihm durchaus möglich, und er hat sie auch nachträglich richtig aufgestellt. Aber es liegt doch wenigstens, so sagen Goldmann und Lilienthal, eine „zeitweise Unmöglichkeit der Erfüllung“ vor. „Wenn sie später erfolgt, so bleibt sie für die betreffende Zeit, in der sie hätte erfolgen müssen, unmöglich.“ Auch das ist nicht richtig. Die Bilanz mußte aufgestellt werden innerhalb der ersten drei Monate des Geschäftsjahres, und in dieser Zeit ist sie auch richtig aufgestellt worden. Der Fehler lag einzig und allein darin, daß er die Bilanz, welche er aufstellte, unrichtig aufgestellt hat. Es liegt also lediglich eine Pflichtverletzung durch positives Handeln vor. Weder eine Unmöglichkeit im Gegenstande, noch eine Unmöglichkeit in der Zeit lag vor. Die richtige Bilanzaufstellung war möglich und auch in der vertragsmäßigen Zeit möglich, wie sie ja auch in der vertragsmäßigen Zeit aufgestellt worden ist.

Ein anderes Beispiel: Der Verkäufer schickt dem Käufer wurmstichige Aepfel. Dadurch werden die gesunden Aepfel des Käufers angesteckt und es entsteht ihm ein großer Schade. Dem Verkäufer, der kranke und gesunde Aepfel hatte, war es keineswegs unmöglich, gesunde Aepfel zu schicken, er hat dennoch kranke Aepfel geschickt. Auch nachdem er kranke Aepfel geschickt hatte, war es ihm nicht unmöglich, statt ihrer gesunde Aepfel zu schicken; auch „zeitweise Unmöglichkeit" liegt nicht vor, da er die Aepfel lange vor dem Ablauf der vereinbarten Erfüllungszeit geschickt und daher sehr wohl noch im Stande war, auch zeitlich seiner Verpflichtung nachträglich zu genügen. Wenn er gleichwohl auf Schadensersatz haftet, so muß dies also einen anderen Rechtsgrund haben als Unmöglichkeit und sei es auch nur zeitweise Unmöglichkeit der Erfüllung.

Diese sogenannte zeitweise Unmöglichkeit der Erfüllung ist überhaupt eine sehr bedenkliche Sache. Sie soll immer dann vorliegen, wenn die Erfüllung zu der Zeit, wo sie erfolgen soll, nicht erfolgt. Denn nachdem die Erfüllungszeit abgelaufen sei, könne sie doch zur Erfüllungszeit nicht mehr erfolgen. Das ist geschraubt und gewunden und unrichtig.

Wäre es richtig, so wäre die ganze Lehre vom Verzuge überflüssig. Verzug liegt ja gerade dann vor, wenn die Erfüllungszeit abgelaufen und noch nicht erfüllt ist. Wäre das Unmöglichkeit der Erfüllung im Sinne des B.G.B., was hätte dann der § 326 B.G.B. für einen Zweck und für eine Bedeutung? Der Gesetzgeber unterscheidet doch gerade Unmöglichkeit der Erfüllung — das sind die Fälle, wo der Verpflichtete die Leistung nicht bewirken kann — und Erfüllungsverzug — das sind die Fälle, wo er sie zwar bewirken kann, sie aber gleichwohl über die Erfüllungszeit hinaus verzögert. Diesen Gegensatz darf man doch nicht dadurch verwischen, daß man von „zeitweiser Unmöglichkeit" spricht, wenn zur Erfüllungszeit nicht erfüllt wird. Nicht einmal dann, wenn die Erfüllungszeit genau und fest bestimmt ist, und diese Zeitbestimmung einen wesentlichen Bestandtheil des Vertrages bildet, also beim sogenannten Fixgeschäft, liegt in der Nichterfüllung am Stichtage Unmöglichkeit der Erfüllung. Nicht einmal in diesem Falle greifen die Bestimmungen über die Unmöglichkeit der Erfüllung Platz; vielmehr ist diesem Falle eine besondere Vorschrift gewidmet, nach welcher dem vertragstreuen Theil keineswegs die gleichen Rechte zustehen, welche ihm bei Unmöglichkeit der Erfüllung zustehen, sondern nur ein Rücktrittsrecht, und auch dieses nur im Zweifel (§ 361 B.G.B.).

Der Versuch von Goldmann und Lilienthal, die Verpflichtung zum Schadensersatz bei positiven Pflichtverletzungen aus ausdrücklichen Gesetzesbestimmungen abzuleiten, muß hiernach als mißglückt betrachtet werden.

Einen anderen Versuch unternimmt Schöller (bei Gruchot 46 S. 26 ff.). Auch er erblickt in der positiven Pflichtverletzung eine Unmöglichkeit der Erfüllung, weil durch jede Zuwiderhandlung gegen eine Unterlassungspflicht die Unterlassung unmöglich werde; denn die einmal geschehene Thatsache der Zuwiderhandlung lasse sich nicht wieder ungeschehen machen; „die Zuwiderhandlung begründe also eine Unmöglichkeit der auf Unterlassung gerichteten Leistung". Erfülle der Verpflichtete mangelhaft, so habe er das „Andersleisten unterlassen". Das begründe im Sinne des Gesetzes eine Unmöglichkeit der Erfüllung der Unterlassungspflicht.

Wer möchte leugnen, daß auch diese Theorie schon auf den ersten Blick den Eindruck des Gekünstelten und Geschraubten macht? Schon ihre Wiedergabe erweckt das Gefühl, daß hier mit Gewalt etwas in das Gesetzbuch hineingelegt und aus ihm herausgeholt wird, was der natürlichen Auffassung widerspricht. Das verkennt übrigens Schöller selbst nicht. Er sagt: Das Gesetzbuch gehe in seinen allgemeinen Vorschriften über den Verzug und die Unmöglichkeit der Erfüllung von der Leistung als einer Handlung aus und fasse deshalb das Unterbleiben der Leistung als eine Unterlassung auf. Aber wenn das richtig ist, so kann nur das Unterbleiben einer geschuldeten positiven Leistung, nicht aber umgekehrt das positive Zuwiderhandeln gegen eine Unterlassungspflicht eine Unmöglichkeit der Erfüllung im Sinne des Gesetzes sein, und es liegt daher nicht „im Sinne des Gesetzes", wenn Schöller sagt: Handelt der Schuldner seiner Pflicht, das Andersleisten zu unterlassen, zuwider, so begründet das eine Unmöglichkeit der Erfüllung. Seine Deduktionen beziehen sich zunächst nur auf den Fall, daß der Verpflichtete eine ihm obliegende Leistung mangelhaft erfüllt. Hier erachtet er den Schuldner für verpflichtet, es zu unterlassen, anders zu leisten, und dieser Unterlassungspflicht handle der

Schuldner zuwider durch die positive Handlung der Andersleistung. Schöller meint, man sei „zu solcher mehr oder weniger künstlichen Konstruktion gezwungen, um die rechtlichen Vorgänge in das Prokrustesbett des Gesetzestextes, der den Schadensersatz nur als Folge verschuldeter Verzögerung oder verschuldeter Unmöglichkeit der Leistung kennt, einzuzwängen". Ich kann aber nicht zugeben, daß man zu solcher Gewaltmaßregel gezwungen ist. Habe ich die Wahl, ob ich das von Schöller und von mir übereinstimmend für nothwendig erachtete Ergebniß direkt aus dem Gesetze herauslese, aber nur mit dem Zugeständniß, daß das Gesetz die Sache eigentlich anders auffaßt und daß man zu dem Ergebnisse nur mit einer gekünstelten Konstruktion gelangt, nur durch Hineinzwängung der rechtlichen Vorgänge in das Prokrustesbett des Gesetzestextes, das also eingestandenermaßen nicht paßt, oder ob ich zu demselben Ergebnisse zwangslos durch einen allgemeinen Rechtssatz gelange, der im Wege der von unserem Gesetzbuch keineswegs verpönten Analogie gewonnen wird, dessen Existenz auch von den gesetzgebenden Faktoren selbst an anderer Stelle zugegeben wird (vergl. Denkschrift zum H.G.B. S. 202; vergl. meinen Kommentar zum H.G.B. Anm. 11 zu § 347), so ist die Wahl wahrlich nicht schwer.

Man ist hiernach berechtigt, auf Grund der nach der ganzen Sachlage naheliegenden und zwingenden Analogie des § 286 B.G.B. anzunehmen, daß ein Rechtsgrundsatz besteht, wonach Derjenige, der eine Verbindlichkeit durch eine positive Handlung schuldhaft verletzt, dem anderen Theil den hierdurch entstehenden Schaden zu ersetzen hat. Zahlreiche rechtliche Vorgänge, die einer Regelung in diesem Sinne bedürfen, werden durch diesen Rechtsgrundsatz sachgemäß geregelt.

Eine der wichtigsten Anwendungen dieses Grundsatzes liegt darin, daß bei schuldhaft mangelhafter Erfüllung des Kaufvertrages über die ädilizischen Rechtsmittel hinaus ein allgemeiner Anspruch auf Schadensersatz besteht. Die ädilizischen Rechtsmittel beziehen sich nur auf die Fälle, in denen der Verkäufer, gleichviel, ob mit oder ohne Schuld, mangelhaft liefert, und auf die Fälle, in denen der Verkäufer durch die Zusicherung einer Eigenschaft die Garantie ihres Vorhandenseins übernommen hat und endlich auf die Fälle, wo er durch arglistiges Verschweigen eines Fehlers einen dolus begangen hat (§§ 459, 463 B.G.B.). Nicht berücksichtigt sind hier überall die zahlreichen Fälle, in denen durch die mangelhafte Erfüllung dem Käufer ein Schaden entsteht, ohne daß der Fall der Zusicherung einer bestimmten Eigenschaft oder dolose Verschweigung eines Fehlers vorliegt. Es liefert z. B. der Verkäufer dem Käufer mottige Pelzwaare, feuchte Lederwaaren, wasserdurchtränkten Theer, sauren Wein, alles Waaren, welchen gewöhnlich vorausgesetzte Eigenschaften fehlen. Es ist aber keine bestimmte Eigenschaft zugesichert, und der Fall liegt auch nicht so, daß der Fehler arglistig verschwiegen ist. Würde man nun einen Anspruch auf Schadensersatz in solchen Fällen nicht zugestehen, so würde der Käufer wohl das Recht haben, den Kauf rückgängig zu machen, oder den Kaufpreis zu mindern, oder andere Waare zu verlangen. Aber alle diese Rechte reichen in den meisten Fällen absolut nicht aus, um den Erfordernissen der Gerechtigkeit zu genügen, nämlich immer dann nicht, wenn dem Käufer durch die mangelhafte Lieferung bereits ein Schaden erwachsen ist. Der Käufer hat vielleicht in Folge der mangelhaften Lieferung seiner eigenen Lieferungsverpflichtung nicht gerecht werden können und wird seinem Abnehmer schadensersatzpflichtig. Oder die mangelhaft gelieferte Waare verdirbt seine eigene Waare und richtet dadurch Schaden an. Oder die Waare ist wegen des Mangels polizeilich beschlagnahmt worden und dem Käufer sind Auslagen an Strafe und Kosten entstanden. Nur durch Anwendung jenes allgemeinen Grundsatzes geschieht hier der Gerechtigkeit Genüge. Ausgeschlossen ist hier jedenfalls die Schadensersatzpflicht dadurch nicht, daß das Gesetz die ädilizischen Rechtsmittel gegeben hat. Auch nach früherem Recht haben Wissenschaft und Rechtsprechung übereinstimmend angenommen, daß durch die ädilizischen Rechtsmittel nur die Folgen der mangelhaften Erfüllung, ohne Rücksicht auf die Schuldfrage, geregelt werden sollten, daß aber durch die ädilizischen Rechtsmittel die weiteren Rechtsfolgen der auf schuldhafter Pflichtverletzung beruhenden mangelhaften Erfüllung nicht beseitigt sind (R.G. 44 S. 242; Eccius, Preuß. Privatrecht, 7. Aufl. I S. 506, Rehbein und Reincke Anm. 167 zu § 320, I 5. A.L.R.). Dabei muß allerdings die Einschränkung gemacht werden, daß der Grundsatz dort nicht gilt, wo er neben den ädilizischen Rechtsmitteln keinen Raum hat. Er gilt in allen den Fällen, wo die verkaufte Spezies nachträglich durch die Schuld des Verkäufers mangelhaft wird oder wo der Verkäufer eine Gattungssache oder eine von ihm herzustellende Sache durch seine Schuld mangelhaft liefert. Er gilt aber z. B. nicht, wenn der Verkäufer eine mit Fehlern behaftete Spezies verkauft, ohne den Mangel dolos zu verschweigen und ohne Zusicherung der Mangelfreiheit. Denn in diesen Fällen sind dem Käufer die ädilizischen Rechtsmittel gegeben und nur diese.

II.

Aber mit diesem Rechtsgrundsatz ist dem Verkehr noch immer nicht gedient. Wie es dem Gesetzgeber nicht genügt hat, dem im Verzuge befindlichen Schuldner die Schadensersatzpflicht wegen jeder einzelnen Unterlassung aufzuerlegen, sondern bei zweiseitigen Verträgen dem Berechtigten weit darüber hinausgehende Rechte (Schadensersatz wegen Nichterfüllung des ganzen Vertrages und Rücktritt) gewährt hat (§ 326 B.G.B.), so kann auch hier der Verkehr mit der bloßen Schadensersatzpflicht nicht auskommen. Die bloße Gewährung der Schadensersatzpflicht entspricht so wenig dem Rechtsgefühl, daß man, wie die Schadensersatzpflicht, so auch die weitergehenden Rechte auf Rücktritt oder Schadensersatz wegen Nichterfüllung ohne Weiteres zu gewähren geneigt ist, ohne sich über den Rechtsgrund klar zu werden.

An Beispielen, die dem Rechtsleben entnommen sind, soll dies dargelegt werden.

Ein Gastwirth verpflichtet sich auf Jahre hinaus, sein Bier von einer bestimmten Brauerei zu beziehen, die Brauerei verpflichtet sich, es ihm fortgesetzt zu liefern. Er erhält trotz wiederholter Beanstandung einen Monat hindurch schlechtes Bier. Ist er immer wieder nur darauf angewiesen, das Bier unverzüglich nach der Lieferung zu rügen, es zur Verfügung zu stellen, und bestenfalls nach dem zu I von uns gewonnenen Rechtsgrundsatze Schadensersatz wegen jeder schuldhaft mangelhaften Lieferung zu fordern? Aber inzwischen geht seine ganze Wirthschaft zu Grunde. Sollte es ihm verwehrt sein, von dem ganzen Vertrage zurückzutreten? Wer ist nicht geneigt, ihm dieses Recht zu gewähren, ja sogar nach seiner Wahl auch Schadensersatz wegen Nichterfüllung des ganzen Vertrages in dem Sinne, wie er dem § 326 B.G.B. zu Grunde liegt, und jetzt vom Reichsgericht (Bd. 50 S. 262) zutreffend fixirt ist?

Der Besitzer einer Badeanstalt hat einen Kohlenlieferungsvertrag geschlossen, wonach der Kohlenhändler dem Besitzer der Badeanstalt während des ganzen Sommers täglich eine Quantität Kohlen zu liefern hat. Die Lieferung beginnt im April, drei Wochen hintereinander fallen die Kohlen schlecht aus, die Badeanstalt kann bei solcher Kohlenlieferung nicht in ordnungsmäßigem Betrieb erhalten werden. Soll der Besitzer der Badeanstalt nicht berechtigt sein, von dem Vertrage zurückzutreten oder Schadensersatz wegen Nichterfüllung des Vertrages zu wählen, sondern immer nur die tägliche Kohlenlieferung zu bemängeln?

Eine Aktiengesellschaft befindet sich im Besitze einer Erfindung betreffend einen neuen Brenner, eine andere im Besitze eines Betriebsgeheimnisses betreffend die Herstellung eines neuen Cylinders, der das Licht intensiver macht. Sie schließen einen Vertrag auf mehrere Jahre, wonach jede Gesellschaft der anderen ihren Artikel zu liefern hat und jede der beiden Gesellschaften sich verpflichtet, die Artikel der anderen nicht nach dem Auslande zu liefern, um die Erlangung von Patenten im Auslande dadurch nicht zu erschweren. Die eine Gesellschaft fehlt fortgesetzt gegen die letztere Verpflichtung und trotz eindringlicher Verwarnung. Sollte es keine Möglichkeit geben, auf Grund dieser positiven Vertragsverletzungen von dem ganzen Vertrage zurückzutreten, sondern bestenfalls nur das Recht bestehen, Schadensersatz wegen jeder einzelnen Vertragsverletzung zu verlangen auf Grund unseres oben aufgestellten Rechtsgrundsatzes? Wäre die vertragsuntreue Aktiengesellschaft mit der Lieferung ihrer

Artikel im Verzuge, so wäre das Rücktrittsrecht auf Grund des § 326 B.G.B. gegeben. Hier, wo es sich um eine Vertragsverletzung von mindestens gleicher Tragweite handelt, sollte es nicht gegeben sein?

Es kauft jemand zur successiven Abnahme einen größeren Posten Waare, der Verkäufer verpflichtet sich, zwei Jahre hindurch solche Waaren an keinen anderen Händler in dem betreffenden Bezirk zu verkaufen. Er thut es gleichwohl. Giebt es nur einen Anspruch auf Schadensersatz? Und zur weiteren Abnahme und Bezahlung der Waare wäre der Käufer trotz jener Vertragsverletzung verpflichtet, bloß weil es eine positive Vertragsverletzung ist und daher die Verzugsparagraphen nicht passen?

Der Magistrat einer Stadt hat mit einem Gasanstaltsunternehmer einen Vertrag geschlossen, wonach dieser das Gasmonopol in der Stadt hat. Er liefert aber jahrelang mangelhaftes Gas. Muß sich die Stadt trotzdem gefallen lassen, daß der Unternehmer das Gas weiter liefert und ist sie nur auf Schadensersatz wegen mangelhafter Lieferung angewiesen unter Zugrundelegung unseres oben aufgestellten Rechtsgrundsatzes? Oder soll ihr nicht vielmehr unter Ablehnung der Annahme jeder weiteren Erfüllung das Rücktrittsrecht vom Vertrage gewährt werden? Aber worauf, wenn letzteres gewährt wird, stützt sich dieses Recht? Ich habe die Akten eines solchen Prozesses gelesen. Drei rechtsgelehrte Schiedsrichter haben ihn entschieden. Sie haben der Stadtgemeinde das Rücktrittsrecht gewährt. „Zweifelsohne" stehe es ihr zu, denn „offenbar" brauche sie sich derartige fortgesetzte Vertragsverletzungen nicht gefallen zu lassen, es könne ihr nicht „zugemuthet" werden, mit einem solchen Kontrahenten den ganzen Vertrag auszuhalten. Die

Erwägungen sind vom menschlichen Standpunkte zutreffend, allein — mir fehlt der Rechtsgrund.

Die Beispiele können mannigfach vermehrt werden. Die obigen sind unmittelbar dem Rechtsleben entnommen. Das erste bildet den Gegenstand der reichsgerichtlichen Entscheidung vom 17. Dezember 1901 (Deutsche Juristen-Zeitung Bd. 7 S. 118). Die anderen Fälle sind sämmtlich meiner Praxis entlehnt. In allen diesen Fällen sagt das natürliche Rechtsgefühl: Ganz selbstverständlich muß der vertragstreue Theil das Recht haben, vom Vertrage zurückzutreten; es kann ihm nicht zugemuthet werden, mitanzusehen und abzuwarten, wie der vertragsverletzende Theil ihn weiterhin fortgesetzt verletzt. Aber man wird stutzig, wenn man diese Entscheidung rechtlich begründen soll.

Sehr einfach wäre die Lösung, wenn man mit Goldmann und Lilienthal oder mit Schöller eine Unmöglichkeit der Erfüllung im Sinne des B.G.B. für verliegend erachten könnte. Denn dann würde hieraus nicht bloß nach § 280 B.G.B. die Pflicht zum Schadensersatz wegen der einzelnen Vertragsverletzung, sondern nach § 325 B.G.B. auch das Recht auf Schadensersatz wegen Nichterfüllung des ganzen Vertrages oder auf Rücktritt folgen. Aber gegen diese Annahme sprechen alle die Gründe, die wir oben angeführt haben. Der Kohlenhändler, der schlechte Kohlen liefert, befindet sich vielleicht gar nicht im Zustande der Unmöglichkeit der Erfüllung, er kann vielleicht auch gute Kohlen liefern, er hat gute und schlechte Waare auf Vorrath, aber er bedient die betreffende Badeanstalt schlecht und liefert ihr aus Nachlässigkeit fortgesetzt schlechte Waare. Wie kann man da von Unmöglichkeit der Erfüllung sprechen? Höchstens könnte man von „zeitweiser Unmöglichkeit“ sprechen, weil er nach Ablauf des Tages, an welchem er schlechte

Kohlen geliefert hat, an diesem Tage nicht mehr gute Kohlen liefern kann. Aber ich habe oben dargethan, daß diese zeitweise Unmöglichkeit unserem Gesetzgeber unbekannt ist, wie schon der Rechtsbegriff des Verzuges beweist, der ja nichts weiter wäre, als eine „zeitweise Unmöglichkeit". Oder man müßte mit Schöller annehmen, daß, wer schlechte Kohlen liefert, damit seiner Pflicht, schlechte Kohlenlieferung zu unterlassen, zuwidergehandelt und jene Unterlassung ihm daher unmöglich geworden ist. Doch haben wir oben gezeigt, wie diese gewaltsame Prokrustesauslegung in das Bett des B.G.B. nicht paßt.

Aber wie ist anders zu helfen? Oder ist nicht zu helfen? Muß der Verkehr verzichten auf das Recht des Rücktritts in jenen Fällen? Ist die Rechtswissenschaft zu arm, um ein solches Recht zu begründen?

Sie ist dazu nicht zu arm. Kann sie es nicht unmittelbar aus dem Gesetze entnehmen, so kann sie es doch mittelbar mit Hilfe des Gesetzes begründen. Denn es giebt ja noch das Rechtsinstitut der Analogie. „Soweit die Rechtsprechung nicht unmittelbar ihre Entscheidungen aus den Gesetzen selbst herleiten kann, wird sie, wie im bisherigen Recht, die Analogie zu Hilfe nehmen, d. h. sie hat auf die Grundprinzipien unseres Gesetzes oder einer Mehrheit von Gesetzen oder der Gesammtheit der Gesetzgebung zurückzugehen und nach denselben nicht besonders geregelte Fälle zu entscheiden." (Worte Dernburg's im Bürgerlichen Recht Band I S. 79; vergl. R.G. 24 S. 50; Kipp bei Windscheid 1 S. 22 Anm. 8). Gelangen wir im Wege der Analogie zu einem die Bedürfnisse des Verkehrs befriedigenden Ergebnisse, so ist dies ein in den Gesetzen begründetes Ergebniß. Denn die Analogie ist vom Gesetze gestattet und gewollt.

Hier werden wir die Analogie des § 326 B.G.B. zu Hilfe nehmen. Wie dort, wenn der Verpflichtete schuldhaft unterläßt, was er thun soll, ein Wahlrecht zwischen Rücktritt und Schadensersatz wegen Nichterfüllung des ganzen Vertrages gegeben ist, so ist man wohl berechtigt, analog ein solches Wahlrecht auch dann zu gewähren, wenn eine Vertragspflicht durch positives Thun verletzt wird. Denn der Rechtsgedanke ist der gleiche und auch die Verkehrsinteressen erheischen die gleiche Regelung, wie dies oben eingehend dargelegt ist. Freilich wird man dieses Recht nicht gewähren bei jeder positiven Rechtsverletzung, sondern nur bei solchen Pflichtverletzungen, durch welche wesentliche Vertragspflichten verletzt werden. Wer positive Rechtsverletzungsakte vornimmt, welche die Erreichung des Vertragszweckes gefährden, muß sich gefallen lassen, daß die Rechtsfolgen dieser Pflichtverletzungen ebenso beurtheilt werden, wie die Pflichtverletzungen Desjenigen, der durch sein negatives Verhalten, durch schuldhafte Verzögerung der geschuldeten Leistung die Erreichung der Vertragszwecke gefährdet. Denn das ist der gesetzgeberische Gedanke, der dem § 326 B.G.B. zu Grunde liegt. Er ist es, der bei theilweisem Verzuge, z. B. bei successiven Lieferungsgeschäften, das Recht gewähren läßt, auch für die Zukunft die Erfüllung abzulehnen, wenn auch nur eine Rate Gegenstand des Verzuges ist.

Werden also wesentliche Vertragspflichten verletzt, oder anders formulirt: begeht der eine Theil durch positive Handlungen Vertragsverletzungen, welche die Erreichung des Vertragszweckes gefährden, so entspricht es der Gerechtigkeit und den Regeln der Jurisprudenz, wenn dem vertragstreuen Theile nicht zugemuthet wird, abzuwarten, bis der andere Theil durch Fortsetzung der Rechtsverletzung den Vertragszweck vollständig vereitelt, sondern wenn ihm auf Grund des rechtsverletzenden und den Vertragszweck gefährdenden Verhaltens des andern Theils ein Recht auf Schadensersatz wegen Nichterfüllung des ganzen Vertrages oder auf Rücktritt (unter analoger Anwendung des § 326 B.G.B.) gewährt wird.

Freilich wird sich die Ausübung dieses Rechts nicht genau nach § 326 B.G.B. richten können. Es wird nur eine „entsprechende Anwendung" dieses Paragraphen möglich sein. Dort im § 326 B.G.B. ist regelmäßig vorausgesetzt, daß nach Eintritt des Verzuges eine Frist gesetzt und die Ablehnung der Erfüllungsannahme angedroht wird. Das wird hier regelmäßig wegfallen. Die Natur der Sache paßt darauf nicht. Denn die positive Vertragsverletzung bricht unerwartet herein, der Unterlassung kann ein Ziel und darum auch eine Frist gesetzt werden. Unter Umständen wird aber eine positive Vertragsverletzung erst dann erheblich sein, erst dann die Erreichung des Vertragszweckes gefährden, und demgemäß erst dann zur Ausübung der hier gewährten Rechte berechtigen, wenn eine Warnung, eine Aufforderung, Vertragsverletzungen dieser Art künftighin zu unterlassen, vorangegangen ist. Wird das Prinzip erst als richtig anerkannt, so wird die Anwendung im Einzelnen nicht auf Schwierigkeiten stoßen.

Folgt man unseren Ausführungen, so ist dem Verkehr gedient. Jener Gastwirth, dem die Brauerei fortgesetzt schlechtes Bier liefert, kann vom Vertrage zurücktreten oder er kann auch Schadensersatz wegen Nichterfüllung des ganzen Vertrages wählen, d. h. er kann fortan die Annahme der Bierlieferungen ablehnen und Schadensersatz dafür verlangen, daß er in diese Lage gekommen ist. Wenn er also z. B.

nunmehr anderweit einen Bierlieferungsvertrag unter ungünstigeren Bedingungen abschließt oder eine Zeit lang sein Lokal schließen muß, alles das muß, wenn er Schadensersatz wegen Nichterfüllung gewählt hat, die Brauerei ihm ersetzen.

Auch beim successiven Lieferungsgeschäft ist, wenn unser Grundsatz gebilligt wird, ein dringendes Verkehrsbedürfniß befriedigt. Der Kaufmann, der Waaren zur successiven Lieferung bestellt und die ersten Posten in mangelhafter Ausführung geliefert erhält, fühlt sich wenig befriedigt, wenn ihm der Anwalt erklärt, er habe in solchem Falle nicht das Recht, vom ganzen Schlusse zurückzutreten; er müsse vielmehr den weiteren Lieferungen entgegensehen und könne nur jeden einzelnen gelieferten Posten untersuchen und rügen und zur Verfügung stellen, allenfalls, wenn unser oben gewonnener Grundsatz vom Schadensersatz bei schuldhafter Pflichtverletzung gebilligt wird, Schadensersatz wegen mangelhafter Erfüllung jeder einzelnen Rate verlangen. Ja wenn der Lieferant mit einem einzigen Posten im Verzuge wäre, so wäre das etwas Anderes. Der Verzug bei einem Theile der Lieferung berechtige zum Rücktritt vom ganzen Schlusse. Aber bei mangelhafter Lieferung gelte das nicht. Hier sage im Gegentheil der § 469 B.G.B., daß theilweise mangelhafte Lieferung nur zur Wandlung wegen des mangelhaften Theiles berechtige. Kopfschüttelnd hört das der Kaufmann. Er hat seinerseits die Waare anderweit zu liefern. Aber er kann sie, da er die Waare als mangelhaft erkannt, seinen Kunden nicht liefern, und er kann daraufhin auch keine weiteren Abschlüsse machen. Er kommt also, soweit er schon Abschlüsse gemacht hat, in Verzug, muß sich gefallen lassen, daß man ihm gegenüber zurücktritt oder Schadensersatz wegen Nichterfüllung von ihm verlangt, während er ein solches Recht gegenüber seinem Lieferanten nicht hat, da dieser ja liefert, wenn auch mangelhaft.

Auch kann er weitere Abschlüsse auf Grund der noch ausstehenden Posten nicht machen, denn er muß gewärtigen, daß auch die künftigen Lieferungen von derselben schlechten Beschaffenheit sein werden, und er käme dann seinerseits weiter in Verzug. Wird aber unser Rechtsgrundsatz gebilligt, so liegt schuldhafte Verletzung des Vertrages vor und diese giebt außer den ädilizischen Rechtsmitteln auch noch den Anspruch auf Schadensersatz und außerdem noch in Analogie des § 326 B.G.B. einen Anspruch auf Schadensersatz wegen Nichterfüllung des ganzen Vertrages oder auf Rücktritt.

Einen leichten Ansatz zur Aufstellung eines solchen Rechtsgrundsatzes hatte ich bereits in Anm. 146 zu § 377 meines Kommentars zum H.G.B. gemacht, aber dort erst schüchtern und ohne Begründung. Ich habe dort gesagt, daß der Käufer vom successiven Lieferungsgeschäfte zurücktreten kann, wenn ein Theil mangelhaft geliefert wird, der andere Theil noch aussteht, und aus den Erklärungen des Lieferanten oder aus sonstigen Umständen hervorgeht, daß auch die weiteren Lieferungen in gleicher Mangelhaftigkeit ausfallen würden. Wie gesagt, ich hatte dort diesen Satz noch nicht begründet. Jetzt halte ich meine Anmerkung im Kommentar aufrecht und liefere gewissermaßen die Begründung nach.

Mit dem § 469 B.G.B. tritt diese Anschauung nicht in Widerspruch. Nach diesem Paragraphen giebt die Mangelhaftigkeit eines Theiles nur das Recht zur theilweisen Wandlung. Der § 469 behandelt aber lediglich, wie alle Vorschriften über die Gewährleistung, den Fall, wo aus dem Mangel der

Sache Rechte hergeleitet werden, also den reinen Fall der ädilizischen Mängel, wie dies schon im Eingange ausgeführt. ist. Bei schuldhaft mangelhafter Erfüllung von Verträgen sind eben weitere Rechte zu gewähren.

Noch ein Wort über theilweise Vertragsverletzungen. Erfüllt der eine Theil zunächst vertragsmäßig, verletzt er späterhin aber den Vertrag durch rechtswidrige positive Handlungen, so greift analog der § 326 Abs. 1 Satz 3 bezw. § 325 Abs. 1 Satz 2 B.G.B. Platz, d. h. das Recht zum Rücktritt oder zum Schadensersatz wegen Nichterfüllung bezieht sich regelmäßig nur auf den noch nicht erfüllten Theil des Vertrages. Ausnahmsweise aber, wenn die bisherige Erfüllung allein kein Interesse für den vertragstreuen Theil hat, kann er jene Rechte auf den ganzen Vertrag erstrecken.

Der vertragstreue Theil hat hiernach bei positiven Vertragsverletzungen ein dreifaches Wahlrecht wie beim Verzuge: er kann beim Vertrage stehen bleiben und Schadensersatz wegen jeder einzelnen Vertragsverletzung fordern; er kann aber auch Schadensersatz wegen Nichterfüllung des Vertrages unter Ablehnung der Annahme jeder weiteren Vertragsleistung verlangen; er kann endlich vom Vertrage zurücktreten.

Von großem Interesse wäre es, wenn der oberste Gerichtshof recht bald zu dieser Frage Stellung nähme. In einem Fall war er in dieser Lage. Das Reichsgericht hat aber jene Frage nicht prinzipiell gelöst, sondern jenen Rechtsstreit durch Erwägungen entschieden, welche dem konkreten Fall entnommen waren. Es handelte sich um jenen Bierlieferungsvertrag, den wir oben als erstes Beispiel erwähnten. Der Fall ist behandelt in der Entscheidung des Reichsgerichts vom 17. Dezember 1901 (Deutsche Juristen-Zeitung Band 7 S. 118) und zwar mit folgender Begründung:

> „Bei solchem Vertrage ist das Fortkommen des Wirths von der ordnungsmäßigen Lieferung abhängig und eine schlechte Lieferung schließt nicht nur für die Zeit, in der er auf sie angewiesen ist, einen erfolgreichen Wirthschaftsbetrieb aus, sondern ist auch durch die Einwirkung auf die Kundschaft dauernd zu schädigen geeignet. Es hat deshalb als selbstverständlich bedungen zu gelten, daß fortgesetzt gut zu liefern und andernfalls der Rücktritt gestattet sei."

Allein diese Begründung befriedigt aus mehrfachen Gründen nicht:

Sie stützt sich auf die Auslegung des konkreten Falles, auf Erwägungen, die dem Einzelfall entnommen wurden. Sie giebt dem Rechtsleben nicht die feste Stütze, die in der Aufstellung eines allgemeinen Rechtssatzes liegt. Ueberdies ist es sehr weit, fast zu weit gehend und deshalb äußerst gewagt und mißlich, im Wege der Auslegung ein Recht auf Aufhebung des Vertrages als von den Parteien gewollt anzunehmen, ein Recht, an welches die Parteien nicht im Entferntesten gedacht haben. Wer weiß, ob man sich hier überhaupt noch auf zulässigen Pfaden der Auslegung bewegt? Jedenfalls bewegt man sich hart am Rande der Zulässigkeit und jedenfalls ist eine Konstruktion vorzuziehen, die wie die unserige auf einem Wege, an dessen Zulässigkeit nicht zu zweifeln ist, nämlich auf dem Wege der Analogie, zu einem festen Rechtssatze führt.

Der Weg der Willensauslegung versagt auch überall da, wo nach der Sachlage die Annahme ausgeschlossen ist, daß der beiderseitige Wille darauf gegangen ist. Man denke an die Fälle, in denen die Parteien daran gedacht haben, jenen Fall durch ausdrückliche Abrede zu regeln, wo sie über diesen Punkt verhandelt haben, sich aber über diesen Punkt nicht einigen konnten und es deshalb vorgezogen haben, diesen Punkt ungeregelt zu lassen und sich dem zu unterwerfen, was sich für diesen Fall aus dem Gesetze ergiebt.

Und endlich läßt jener Ausweg auch immer dann im Stiche, wenn die Sachlage nicht die Gewährung eines Rücktritts, sondern eines Anspruchs auf Schadensersatz wegen Nichterfüllung in Anlehnung an § 326 B.G.B. als Anforderung der Gerechtigkeit ergiebt. Beim Rücktritte müssen beide Theile alles zurückgewähren, was sie sich gegenseitig geleistet haben, und kein Theil hat den anderen zu entschädigen. Diese Konsequenz widerspricht hier ebenso häufig der Gerechtigkeit, wie im Falle des Verzuges, und doch werden selbst die eifrigsten Verfechter der Auslegungskonstruktion soweit nicht gehen, daß sie sagen werden, auch dieses Recht auf Schadensersatz wegen Nichterfüllung unter Ablehnung jeder künftigen Erfüllung ohne besondere hierfür bestehende Anhaltspunkte sei im Wege der Auslegung zu gewinnen.

Unsere Konstruktion ist hiernach der des Reichsgerichts vorzuziehen, weil die letztere gesucht, beinahe willkürlich ist; weil sie nicht zu einem festen Rechtssatze führt; weil sie versagt, wo nach der Sachlage die Annahme ausgeschlossen ist, daß der übereinstimmende Wille auf Gewährung eines solchen Rechts gegangen ist; und weil sie endlich darauf verzichten muß, einen Anspruch auf Schadensersatz wegen Nichterfüllung zu gewähren, auch wenn dieser der Gerechtigkeit allein entspricht, während unsere Theorie in ungesuchter Weise zu einem festen Rechtssatze gelangt, der immer zu befriedigendem Ergebnisse führt und nie versagt.

Das Reichsgericht hat ja auch sein letztes Wort noch nicht gesprochen. Wer wollte es ihm verdenken, daß es davon Abstand nahm, einen allgemeinen Rechtssatz aufzustellen, wenn es durch die Auslegung der konkreten Vereinbarung ein der Gerechtigkeit entsprechendes Ergebniß fand? Aber auf die Dauer wird die Praxis nicht umhin können, zu dem von mir aufgestellten Rechtssatze Stellung zu nehmen.

Kommentar

zum

Allgemeinen Deutschen

Handelsgesetzbuch

(ohne Seerecht).

Von

Dr. Hermann Staub,
Rechtsanwalt in Berlin.

Berlin 1893.
J. J. Heines Verlag.

Der nachfolgend abgedruckte Text ist der Erstauflage von *Hermann Staubs* Kommentar zum ADHGB entnommen. Durch sie wurde der bis dahin unbekannte *Staub* im Jahre 1893 zu einem der angesehensten juristischen Autoren in Deutschland.

Staubs Kommentierung des hier ausgewählten Art. 4 ADHGB zeigt alle Besonderheiten seiner Methode, die stilbildend wurde. Er stellt den Zweck der Vorschrift in einem Einleitungssatz dar, fächert deren Tatbestand auf, hebt zentrale Begriffe hervor, verweist auf systematisch verwandte Vorschriften und belegt seine Gedankenführung durch exemplarische Rechtsprechungs- und Literaturzitate.

Art. 4 ADHGB hatte die Funktion des heutigen § 1 Abs. 1 HGB. Die Vorschrift stellte noch die „Handelsgeschäfte" (Artt. 271 f. ADHGB) in den Mittelpunkt und nicht den Betreiber des Handelsgewerbes. Der mit dem HGB von 1897 erfolgte Übergang zum sogenannten subjektiven System wurde durch den geschäftsbezogenen Katalog des § 1 Abs. 2 HGB a.F. relativiert.

Geschichte, Inhalt und Methode von *Staubs* Kommentaren werden in diesem Band durch *Karsten Schmidt* und *Jan Thiessen* umfassend behandelt.

Erstes Buch.

Vom Handelsstande.

Erster Titel.

Von Kaufleuten.

Artikel 4.

Als Kaufmann im Sinne dieses Gesetzbuchs ist anzusehen, wer gewerbemäßig Handelsgeschäfte betreibt.

Der Artikel handelt **vom Begriffe des Kaufmanns.** Nach seinem Wortlaut will das Gesetz die Definition nicht für das Rechtsleben überhaupt, sondern nur im Sinne „dieses Gesetzbuchs" geben. Sonst überall ist selbstständig zu prüfen, ob die Anwendung dieses Begriffs als den Verhältnissen entsprechend erscheint. So wird für das preußische Verjährungs-Gesetz vom 31. März 1838 nicht der hier aufgestellte weite Kaufmannsbegriff, sondern der Kaufmannsbegriff im historischen Sinne zu Grunde zu legen sein. Ein Zeitungsverleger z. B. ist zwar Kaufmann im Sinne des H.G.B., aber darum nicht im Sinne des letztgedachten Gesetzes (G.Z. 37 S. 525). Einleitung.

1) Nach der in diesem Artikel gegebenen Definition wird die Kaufmannsqualität bedingt § 1.

durch **den gewerbemäßigen Betrieb von Handelsgeschäften.** Daraus ergeben sich folgende Begriffsmerkmale:

a) **Der Betrieb** von Handelsgeschäften. Es betreibt die Handelsgeschäfte derjenige, in dessen Namen dieselben abgeschlossen werden (Goldschmidt Handbuch § 43 Nr. 2), derjenige, welcher die Rechte und Verpflichtungen aus den Geschäften überkommt, der Herr des Geschäfts im juristischen Sinne. Unzutreffend ist die Ansicht Thöls (§ 38 Anmerkung 1): die Definition des Gesetzbuchs sei unvollständig, sie müsse lauten: wer Handelsgeschäfte im eigenen Namen betreibt, da sie sonst auch auf Prokuristen und Handlungsbevollmächtigte passe. Allein dieses Moment liegt in dem Begriffe „betreiben" und ist gerade das, was diesen Begriff ausmacht.

In diesem Sinne betreibt das Handelsgewerbe nicht blos derjenige, der die Handelsgeschäfte durch eigene Thätigkeit abschließt, nicht blos der, der sie durch andere hierzu beauftragte Personen abschließt, sondern schon der, der zuläßt, daß ein Anderer in seinem Namen Handelsgeschäfte abschließt (R.O.H. 21 Seite 305; R.G. 12 S. 10; 19 S. 197).

Es ist dabei nicht erforderlich, daß die Geschäfte auch für Rechnung dessen gehen, in dessen Namen sie abgeschlossen werden (Thöl § 38).

Demgemäß ist nicht Kaufmann der Prokurist, der Handlungsgehilfe, der Liquidator einer ihm fremden Handelsgesellschaft, der Vorstand einer Aktien-Gesellschaft (Bolze 9 Nr. 230), der Aktionär als solcher, der stille Gesellschafter, der Kommanditist, der Bevormundete, wenn der Vormund das Gewerbe zwar in seinem Interesse, aber in eigenem Namen betreibt; wohl aber ist Kaufmann der Vormund in letzterem Falle, das persönlich haftende Mitglied einer stillen Gesellschaft, der Mitinhaber einer offenen Handelsgesellschaft, dieser nicht blos, wie Hahn annimmt, in Bezug auf die von der Sozietät betriebenen Geschäfte, sondern überhaupt (Hauptargument: Fehlen der Beschränkung im Gesetze und Analogie des Artikel 6 Absatz 3, sowie Artikel 85 Absatz 1. Die Geschäfte werden im Namen der Gesellschafter geschlossen, sie betreiben das Gewerbe; vergl. auch R.O.H. 3 S. 434, und in diesem Kommentar § 2 zu Art. 85).

§ 2. b) **Gewerbemäßiger** Betrieb. Gewerbe ist eine Thätigkeit, die in der Absicht unternommen wird, sie zu einer dauernden Gewinnquelle zu machen. Diese Absicht ist das einzig Entscheidende. Liegt sie erkennbar vor, so ist jedes, auch das erste auf Grund derselben abgeschlossene Geschäft als gewerbemäßig anzusehen (Goldschmidt Handbuch S. 458 Anmerkung 15), so ist Gewerbemäßigkeit auch dann vorhanden, wenn die erhofften Gewinne anderen, als eigennützigen, etwa wissenschaftlichen, religiösen oder politischen Zwecken dienen sollen, oder wie beim gewerbetreibenden Staat (vergleiche unten § 6) der öffentlichen Wohlfahrt, und endlich auch dann, wenn jene Absicht nicht bei jedem einzelnen Geschäfte unmittelbar obwaltet, wenn z. B. auch ein Geschäft mit Verlust gemacht wird, um Kunden zu gewinnen, oder wenn die Absicht nicht von Erfolg gekrönt wird. Doch muß wirklicher Gewinn und nicht blos Deckung der Selbstkosten beabsichtigt sein. Ein Konsumverein (scil. der keine eingetragene Genossenschaft ist) hat daher nur dann Kaufmannsqualität, wenn er auch an Nichtmitglieder verkauft oder sonst sein Endzweck auf Geldgewinn gerichtet ist (R.O.H. 5 S. 210; Busch Archiv 12 S. 180). Keine Kaufmannsqualität haben die Sparkassen, deren Gewinn den Einlegern zufällt (G.Z. 6 S. 560). Wohl aber würde als Kaufmann zu betrachten sein, wer eine Handelsunternehmung lediglich aus wohlthätigen Zwecken betreibt und allen Gewinn für solche Zwecke abgiebt. Denn immerhin will er doch Gewinn erzielen; werden dagegen die Waaren nur an Arme und zu ermäßigten, einen Gewinn nicht abwerfenden Preisen abgegeben, so liegt Kaufmannsqualität nicht vor (G.Z. 6 S. 560). Die dauernde Einnahme-Quelle ist der Gegensatz zu einem blos gelegentlichen Betriebe (R.O.H. 14 S. 118). So wird z. B. derjenige, dem ein im Betriebe befindliches Geschäft als Erbe zufällt, etwa der Fiskus, dadurch nicht zum Kaufmann, wenn er das Geschäft lediglich zu dem Zwecke und so lange fortführen läßt, bis die Nachlaßschulden gedeckt sind. Eine Frau wird dadurch, daß sie jahrelang Spekulationsgeschäfte an der Börse durch Vermittlung eines Bankiers gemacht hat, nicht Handelsfrau (Bolze 2 Nr. 712, vergleiche hierzu unten § 10). Ein gewisser Umfang des Gewerbebetriebs gehört zur Kaufmannsqualität regelmäßig nicht, hat vielmehr höchstens auf den Unterschied von Vollkaufmann und Minderkaufmann Bedeutung. (Näheres zu Artikel 10.) Ob im Einzelfalle gewerbemäßiger Betrieb vorliegt, ist Frage rechtlicher und thatsächlicher Beurtheilung der konkreten Sachlage (R.O.H. 14 S. 117).

c) Gewerbemäßiger Betrieb von **Handelsgeschäften.** Hierin liegt der Schwerpunkt der Definition. Der Begriff des Kaufmanns geht Hand in Hand mit der Begrenzung des Kreises der Handelsgeschäfte. Ueber diese verhalten sich Artikel 271 ff. Dort wird noch einmal auf die Kaufmannsqualität und den Kreis der Kaufleute zurückzukommen sein. § 3.

2) **Wo diese drei Erfordernisse zusammentreffen, ist Kaufmanns-Qualität vorhanden,** und zwar: § 4.

a) **soweit sie vorhanden sind.** Betreibt eine Person mehrere Gewerbe, so kann sie mit Bezug auf das eine Kaufmann, mit Bezug auf das andere Nichtkaufmann sein (vergl. R.O.H. 11 S. 343, Kohlenhandel neben Bergwerksbetrieb). Doch trifft dies nur zu, wenn wirklich mehrere Gewerbe getrennt betrieben werden, nicht wenn ein technischer Betrieb die Grundlage für den Abschluß von Handelsgeschäften bildet, wie dies beim Fabrikanten regelmäßig der Fall ist (vergl. R.O.H. 11 S. 387);

b) **so lange jene Erfordernisse vorhanden sind.** Eine rechtliche Vermuthung derart, daß Jemand, der Kaufmann gewesen ist, es auch verbleibt, besteht nicht, weshalb derjenige, der die Kaufmanns-Qualität behauptet, zu beweisen hat, daß der Betreffende zur fraglichen Zeit gewerbemäßig Handelsgeschäfte betrieb (R.O.H. 17 S. 169; R.G. 13 S. 152). Auch folgt für Preußen nichts Gegentheiliges aus § 28 I 13 A.G.O., wonach Veränderungen nicht vermuthet werden, da dieser Satz in den neuen Civilprozeß nicht aufgenommen ist (Bolze 4 Nr. 1230). Indessen ist nicht ausgeschlossen, daß sich die Beweislast durch faktische Vermuthungen umkehrt (R.O.H. 19 S. 37). § 5.

Die Kaufmanns-Qualität hört auf nicht, wie Puchelt (Artikel 4 a. E.) annimmt, beim Wegfall aller gesetzlichen Voraussetzungen, sondern schon beim Wegfall einer derselben, insbesondere, wenn der gewerbemäßige Betrieb aufhört. Dazu ist aber erforderlich, daß nicht blos zeitweilig keine Handelsgeschäfte abgeschlossen werden, sondern daß der Betrieb definitiv eingestellt ist (R.O.H. 8. S. 47). Dies ist beim Eintritt des Konkurses jedenfalls dann der Fall, wenn die Verwaltung der Masse die Einstellung des Geschäftsbetriebs beschlossen hat und der Gemeinschuldner auch sonst nicht Handelsgeschäfte betreibt (R.G. 13 S. 152). Ob durch die Fortführung des Geschäfts durch den Konkursverwalter die Kaufmanns-Qualität des Gemeinschuldners erhalten bleibt, hat das R.G. a. a. O. unentschieden gelassen. Die Frage ist zu verneinen, weil sich die Akte des Verwalters als obrigkeitlicher Zwangsverkauf einer beschlagnahmten Vermögensmasse darstellen, was allerdings bekanntlich kontrovers ist, abgesehen davon aber nicht der Absicht entspringen, eine dauernde Einnahmequelle zu erschließen, sondern nur einen engbegrenzten Endzweck verfolgen, nämlich die vorhandenen Schulden und die Verwaltungskosten zu decken. Es fehlt daher die Gewerbemäßigkeit des Betriebes (vergl. oben § 2). Die Mitglieder einer in Liquidation getretenen offenen Handelsgesellschaft sind keine Kaufleute mehr, weil das Handelsgewerbe mit der Auflösung der Gesellschaft sein Ende erreicht, indem gerade darin das Wesen der Auflösung liegt (vergl. in diesem Kommentar § 1 zu Artikel 123, Behrend § 81). Nicht richtig ist es, wenn das R.O.H. (23 S. 144) die Kaufmanns-Qualität für die Dauer der Liquidation annimmt, weil während derselben der Gewerbetrieb, wenn auch in beschränktem Umfange, fortdauere. Es findet vielmehr kein Gewerbebetrieb mehr statt, die Absicht, die Handelsgeschäfte zur dauernden Gewinnquelle zu machen, ist aufgegeben, es werden nur noch Rechtsakte zum Zwecke der Abwicklung der durch den Gewerbebetrieb entstandenen Rechtsbeziehungen vorgenommen. An einer anderen Stelle hat das R.O.H. selbst betont, daß die Liquidation keinen Gewerbebetrieb darstellt. (13 S. 224.)

§ 6. 3) **Es ist unzulässig, irgend welches weitere Erforderniß für die Kaufmanns-Qualität aufzustellen.**

a) Das H.G.B. stellt *kein subjektives Erforderniß* für die Kaufmanns-Qualität auf. Daraus folgt, daß **jedes Rechtssubjekt Kaufmann sein kann, das juristisch in der Lage ist, Handelsgeschäfte zu betreiben.** Mit andern Worten: jede rechtsfähige, nicht blos jede handlungsfähige, oder gar blos jede verpflichtungsfähige Person kann Kaufmann sein, da ja derjenige das Handelsgewerbe betreibt, in dessen Namen die Geschäfte abgeschlossen werden (vergl. oben § 1), also auch Kinder, Wahnsinnige, Unmündige, unter väterlicher Gewalt Befindliche, endlich auch juristische Personen (Busch Archiv 47. S. 59), insbesondere auch die Körperschaften öffentlichen Rechts, wie religiöse Korporationen (G.Z. 7 S. 500), auch der Staat. (So in Bezug auf den Eisenbahn- und Postbetrieb des Staats R.O.H. 3 S. 405; 12 S. 311; 15 S. 25; 23 S. 11; dagegen Goldschmidt, der nicht blos früher in seinem Handbuch diese Ansicht bekämpfte, sondern allen gegentheiligen Ausführungen gegenüber noch in der neuesten Zeit den Ausspruch wiederholt: „Der Staat als solcher kann niemals Kaufmann sein" — Handbuch S. 490; G.Z. 36 S. 310).

Die näheren Voraussetzungen, unter welchen Jemand fähig ist, Handelsgeschäfte zu betreiben, regelt das H.G.B. nicht. Hierfür ist das Landesrecht maßgebend. (Die Vormundschaftsordnungen der Einzelstaaten, die Vorschriften über die väterliche Gewalt u. s. w.) Auch die auf partikularem ehelichen Güterrechte beruhenden Beschränkungen der Verpflichtungs- und Veräußerungsfähigkeit greifen hier ein, nur daß für die *Ehefrau* in Art. 7und 8 Sonderbestimmungen gegeben sind. Für den *Ehemann* aber sind solche Sonderbestimmungen nicht gegeben; für diesen bleiben daher etwaige partikularrechtliche Verfügungsbeschränkungen auch in Handelssachen in Kraft, so daß es vorkommen kann, daß der Ehemann bei einzelnen Handelsgeschäften an die Genehmigung seiner Ehefrau gebunden ist (R.G. 24 S. 38).

§ 7. b) Zur Begründung der Kaufmanns-Qualität ist **weder die Erfüllung irgend welcher Formalität,** z. B. die Eintragung in das Handelsregister, **noch die Beobachtung der einschlägigen polizeilichen oder steuergesetzlichen Gebote** (vergl. Art. 11) erforderlich, **noch endlich ist es erheblich, daß die öffentlich-rechtlichen Vorschriften einem bestimmten Gewerbetriebe überhaupt entgegenstehen.** Ein Gastwirth der nach Entziehung der Konzession und mit Hinterziehung der Gewerbesteuer geistige Getränke verkauft, ist Kaufmann; der gewerbsmäßige Hersteller und Verkäufer eines verbotenen Heilmittels ist Kaufmann; ein Angehöriger des Soldatenstandes, der dem § 43 des Reichs-Militärgesetzes zuwider Handel treiben würde, wäre Kaufmann.

§ 8. c) Die Kaufmannseigenschaft ist auch nicht daran geknüpft, daß der gewerbsmäßige Betrieb der Handelsgeschäfte **den ausschließlichen oder auch nur den Hauptberuf bildet** (R.G. in Strafsachen 8 S. 147). Der Gewerbebetrieb braucht nicht die „Grundlage der sozialen Existenz" zu sein (Ansch. und Völd. S. 36). Auch der Künstler, der Beamte, der Soldat, der nebenher ein Handelsgewerbe betreibt, ist Kaufmann.

§ 9. d) Auch daß der Betrieb der Handelsgeschäfte **von Grund aus auf freiem Entschlusse beruht** und nicht vielmehr Gesetze oder Verträge auf die Art des Betriebes bestimmend mitwirken, ist nicht Erforderniß der Kaufmanns-Qualität. Deshalb ist der Apotheker Kaufmann, obgleich er hinsichtlich der Waaren und ihrer Preise gesetzlichem Zwange unterliegt (Kammergericht bei Johow und Küntzel 3 S. 10). Ebenso die Lotterie-Collecteure (R.O.H. 23 S. 213). Ein Restaurateur, der in eigenem Namen für eigene Rechnung Speisen und geistige Getränke verabreicht, büßt seine Kaufmanns-Qualität dadurch nicht ein, daß er vertragsmäßig verpflichtet ist, von einer bestimmten Firma Weine zu beziehen und sie zu festgestellten Preisen abzugeben, auch ein festes Gehalt als theilweisen Ersatz seiner Dienste und Spesen von jener Firma bezieht (Bolze 9 Nr. 232).

c) Das R.O.H. hat wiederholt, zuletzt und besonders in der Entscheidung 22 S. 303 den Grundsatz ausgesprochen, daß als Kaufmann nur derjenige zu betrachten sei, **der beim Betriebe der Handelsgeschäfte dem Publikum gegenüber auftrete,** weshalb derjenige, der bei einem Bankier in Werthpapieren spekulire, kein Kaufmann sei. Dieser Grundsatz ist nicht zu billigen. Darin würde die unzulässige Aufstellung eines weiteren Erfordernisses neben den im vorliegenden Artikel aufgestellten liegen. Der Privatmann, der als Kommittent des Bankiers Werthpapiere anschafft, um sie wieder zu veräußern, schließt dadurch absolute Handelsgeschäfte ab (Art. 271 Nr. 1). Nur wird freilich in solchem Falle, also z. B. wenn Aerzte, Richter, Anwälte, Ehefrauen in Werthpapieren spekuliren, selbst bei größerer Häufigkeit der Geschäfte das Kriterium der Gewerbemäßigkeit fehlen. Es wird vielmehr das Ganze mehr oder weniger den Charakter der Gelegentlichkeit an sich tragen und um deshalb Kaufmanns-Qualität nicht vorliegen (vergl. z. B. Bolze 2 Nr. 712, wo entschieden ist, daß eine Frau um deshalb noch nicht Handelsfrau wird, weil sie jahrelang Börsen-Spekulationsgeschäfte durch Vermittlung eines Bankiers gemacht hat). Wo aber im gegebenen Falle das Kriterium der Gewerbemäßigkeit vorliegen sollte, muß auch die Konsequenz unerbittlich gezogen werden, daß auch solche Personen Kaufleute sind. Die französische Jurisprudenz ist vor dieser Konsequenz nicht zurückgeschreckt (vergl. Behrend § 24 Anm. 5). Thöl (I § 38 Nr. V) nennt solche Personen heimliche Kaufleute. § 10.

Männer der Wissenschaft.*

Hermann Staub

Von Arthur Schindler-Berlin

Just.-Rat Dr. Staub, Expr. der Berth.-Auerbach-Loge, gestorben 1904 im Alter von 49 Jahren, Verfasser des bei seinen Lebzeiten bereits in 10 Auflagen erschienenen Kommentars zum Handelsgesetzbuch und von Kommentaren zur Wechselordnung und zum Gesetze betr. die GmbH., Mitbegründer und Mitherausgeber der Deutschen Juristenzeitung, deren Rundschau er in seiner juridisch und journalistisch pikanten Art regelmäßig schrieb, Begründer der „Lehre von der positiven Vertragsverletzung", inoffizieller Vertrauensmann der Justizverwaltung bei Besetzung höherer Richterstellen, erfolgreicher Dozent in den von der Regierung Anfang des Jahrhunderts eingerichteten handelsrechtlichen Kursen für Volksschullehrer, ein in ungewöhnlichem Maße als Praktiker und Theoretiker geachteter Jurist, so daß noch heute kaum ein Band der Entscheidungen des Reichsgerichts in Zivilsachen, kaum ein Band der Jurist. Wochenschrift erscheint, in denen nicht in Fragen des Handelsrechts auf Staub Bezug genommen wird. Seine Werke genossen auch außerhalb Deutschlands, in der Schweiz und in Oesterreich Autorität „wie fast das Gesetz selbst".

Eine Leuchte der Wissenschaft, die in etwa zwei Dezennien ein Lebenswerk hinterlassen hat, das ihn den bedeutendsten Juristen aller Zeiten an die Seite stellt. – Es ist erstaunlich, daß Staub bei aller Gewissenhaftigkeit und Gründlichkeit, trotz der weitgehenden Anforderungen seiner Praxis je an einem Tage einen Artikel der Wechselordnung kommentierte, so daß in rund 100 Tagen der Kommentar zur Wechselordnung fertiggestellt wurde. „Ich kann gar nicht so schnell stenographieren, wie der Kerl in mir diktiert", charakterisierte er selbst lachend seine mit Windeseile arbeitende Schaffenskraft. – Ein Humorist, dessen Schlagfertigkeit und Witze bekannt, aber auch gefürchtet waren, und noch heute mündlich und in Zeitschriften immer von neuem überliefert werden. – Ein Freidenker in dem Sinne, daß er nicht an das Eingreifen eines persönlichen Gottes ins Einzelgeschick glaubte, und die offizielle Religion nur als Erziehungsmittel, als Übergangsstufe in der Entwicklung zur Humanität erachtete, daß er meinte, Religion sollte durch die freie sittliche Persönlichkeit überwunden werden, gleichwohl aber voller Begeisterung für den sittlichen Inhalt des Judentums, den göttlichen Funken seiner Lehre und voller Stolz auf die durch Jahrtausende geistig und moralisch geförderte Judenheit. Er pflegte auch selbst die Tra-

* Erstmals in: Der Orden Bne Briss. Mitteilungen der Großloge für Deutschland VIII. U.O.B.B. 1932, S. 98–99, Festnummer zum Ordenstag 1932.

dition, indem er die Sederabende gern hielt – verstand er doch die Hagada lückenlos im Urtext – und indem er den Segensspruch bei jüdisch-religiösen Trauungen in seinem Verwandtenkreise selbst zu sprechen liebte. – Ein Bruder des U.O.B.B., der sich dem Orden aus eigenem Antriebe sofort begeistert als einer der ersten anschloß, als er erfuhr, daß der Orden im Stillen Wohltätigkeit übte und den sittlichen Charakter der einzelnen und der Gesamtheit zu fördern sich bemühte. – Eine Persönlichkeit, die sich ihres Wertes voll bewußt, gleichzeitig aber so bescheiden war, daß die Anerkennung auch des einfachsten Mannes sie mit Freude erfüllte. – Eine sonnige Erscheinung, die Schönheit, Geist und Liebenswürdigkeit ausstrahlte und jeden unbezwinglich in ihren Bann zog, ein Mensch, der mit Kindern wie ein Kind herumtollte, und dem doch tägliche stundenlange geistige Unterhaltung mit vollwertigen Freunden Lebensbedürfnis war, eine geistige Persönlichkeit, die gleichwohl Freude bei der Erinnerung an eigene Leistungen als „strammer Soldat" empfand, d.h. ein natürlicher Mensch, der auf seine körperlichen Fertigkeiten, die er aus seiner Jugendzeit ins Mannesalter herüber gerettet hatte, ebenso stolz war, wie auf sein noch in den vierziger Jahren erlerntes Radeln. Ein gütiger Mensch, dem Wohltun eine selbstverständliche Lebensäußerung bedeutete und der die Verhältnisse seiner Klientel so rücksichtsvoll beachtete, daß auch der Unbemittelte ungeniert seinen Rat einholen konnte und daß seine Berufsgenossen ihm scherzhaft „illoyales Unterbieten" vorwarfen; erst in den allerletzten Lebensjahren energischer darauf bedacht, die Zukunft zu sichern. – Ein Kollege, der täglich im Anwaltszimmer bereitwilligst seinen Berufsgenossen unzählige Fragen beantwortete. – Ein Vater, dessen Arbeitslust durch das dauernde Herumtollen seiner Sprößlinge im Arbeitszimmer nicht gestört, sondern erhöht wurde, aber auch ein Freund, der ein ihm nachstehendes über den Verlust des einziges Kindes untröstliches Ehepaar Monate hindurch trotz seiner Arbeitslast täglich aufsuchte, um ihnen eine Brücke zum Wiederanschluß an das Leben zu bauen. Staub konnte aber – nach seinen eigenen Worten – zuweilen auch unerbittlich werden. „Gegenüber dummen Menschen kann ich geradezu hart werden. Pflichtvergessenheit, schwere Musik, vor allem aber Dummheit sind mir unerträglich." Das war vielleicht seine einzige Schwäche.

Einzelheiten:

Wie tief er im Judentum wurzelte, lehrt seine gesprächsweise gegebene Aufklärung über seine Methode:

„Meine Art zu kommentieren hat Schule gemacht. Man bewundert die eigenartige Neuheit meiner Kommentierungsmethode und weiß nicht, daß sie uralt ist. So, wie ich das deutsche Gesetz erkläre, haben die Juden ihre Lehren erläutert. Meine Darstellungsweise ist die talmudische. Ich werfe zu jedem Paragraphen die auftauchenden Probleme als Fragen oder Themen in Form einer Überschrift auf und beantworte sie."

Die Achtung vor dem Judentum und – vor sich selbst – ließ ihn ein nur gegen Taufe zugängliches hohes Amt ablehnen. „Früher hätte es mich vielleicht reizen können, jetzt aber bedeutet doch „Staub“ mehr als jener Posten, außerdem entspricht es mehr meiner Eigenart, Menschen zu beraten, Menschen zu helfen, den Rechtsfall im praktischen Leben zu gestalten, als ihn in einem „Ruhesitz“ nur zu beurteilen.“

Trotz angestrengter Berufstätigkeit und zeitraubender Arbeit als Herausgeber der Deutschen Juristenzeitung erledigte er täglich „bevor er zum Arbeiten kam“ stundenlang private Bittgesuche und entzog sich niemals seinen Pflichten als Bruder des O. B. B. Vom Jahre 1886 bis zu seinem Todestage war er Vorsitzender des Appellationsgerichts; zu Propagandazwecken reiste er nach Beuthen und Leipzig. „Zeigt uns eine Persönlichkeit im Orden, sagten die zögernden Leipziger, und der Orden wird hier eine neue Stätte finden.“ Staub wurde nach Leipzig gesandt, sprach und siegte.

So kritisch Staub seine eigenen Arbeiten und Leistungen beurteilte, so wohlwollend verhielt er sich gegenüber Leistungen anderer.

Das Charakteristische seiner witzigen Aussprüche? Eine glückliche Mischung von schlagfertigem, geistgesättigtem Humor und von Schärfe, letztere vielleicht ein oberschlesisches Erbteil. Hier nur zwei wenig oder gar nicht bekannte Beispiele:

Als Staub noch nicht die Höhe seines Ruhmes erklommen hatte, meinte ein Kollege: In Ihrem Kommentar, lieber Staub, steht doch nicht alles. So suchte ich neulich vergebens, ob das Fehlen eines Handlungsgehilfen wider den Willen des Prinzipals am Versöhnungsfeste einen Entlassungsgrund bildet. Staub, der auch diese Frage an einschlägiger Stelle behandelt hatte, erwiderte ironisch: „Sie hätten im Register suchen sollen unter Jaum Kippur.“

Nach Bestehen meines Assessorexamens wurde mir u.a. die Anfertigung des Registers zu dem in neuer Auflage erscheinenden HGB. von Staub anvertraut mit dem Wunsche, das Register viel eingehender zu gestalten, als es von meinen Vorgängern in früheren Auflagen geschehen ist. Charakteristisch ist nun folgende Äußerung Staubs, die mir als Richtschnur bei Anfertigung des Registers diente: „Du mußt dich bei jedem Worte fragen, wo kann der Ochse noch suchen!“

Niemand, der Staub Witze erzählen hörte, kann den dramatischen, lebendigen Eindruck vergessen. Er war dabei sein bestes Publikum und erfreute sich lachend auch bei der hundertsten Wiederholung der Witze, als ob er sie zum ersten Male gehört oder soeben gemacht hätte.

Für alle, die den lebenslustigen Staub kannten, ein schwer zu fassender Gedanke, daß er fast ein Jahr sein äußerst schmerzhaftes Leiden in stiller Ergebenheit ertrug. Ein Leiden, welches er selbst schilderte, „als ob ständig glühendes Eisen in quälender Absicht durch seinen Körper getrieben würde". Gleichwohl lehnte er Narkotika ab, weil das einzig Menschliche, was ihm geblieben sei, die geistige Fähigkeit wäre. Er starb in klassischer Größe in voller Erkenntnis, daß es seit Monaten von Tag zu Tag schlechter ging – „mir kann kein Mensch helfen, ich müßte denn selbst erst noch Medizin studieren", meinte er sarkastisch, als die Aerzte trotz monatelanger Beobachtung die Krankheit nicht diagnostizierten; er traf testamentarische Bestimmungen noch wenige Tage vor dem Tode „eiligst, bevor die Katastrophe kommt". Bis zuletzt bewahrte er – studierend – die ihm eigene Haltung. Sein nächstes Wirken, mit dem er sich unmittelbar vor der Erkrankung trug, sollte der Niederschrift seiner Lebenserinnerungen und „öffentlichen Dingen" gewidmet sein. Ein schwerer Verlust für die Allgemeinheit bei der Lebenserfahrung, praktischen Klugheit und dem Ansehen, welches Staub in allen politischen Lagern genoß. ––

Auch Zeitungen in dem entlegensten Sibirien brachten die Nachricht von dem Tode des „großen Juristen Staub", Juristentag und Justizministerium nahmen offiziell Anteil an seinem Hinscheiden. Ein gläubiger Klient, für den es unfaßbar war, daß im Alter von noch nicht 50 Jahren, der für viele unersetzliche Mensch dahingegangen war, konnte nur in dem Gedanken Trost finden, daß „da oben wahrscheinlich jetzt solche Köpfe gebraucht werden".

„In hoc natura quid efficere possit videtur experta", hier etwa: Die Natur hat bei ihm offenbar zeigen wollen, wieviel Vorzüge sie in einer Persönlichkeit vereinigen kann.

Geb. 21. 3. 1856, gest. 2. 9. 1904.
Berthold-Auerbach-Loge 1883–1904.

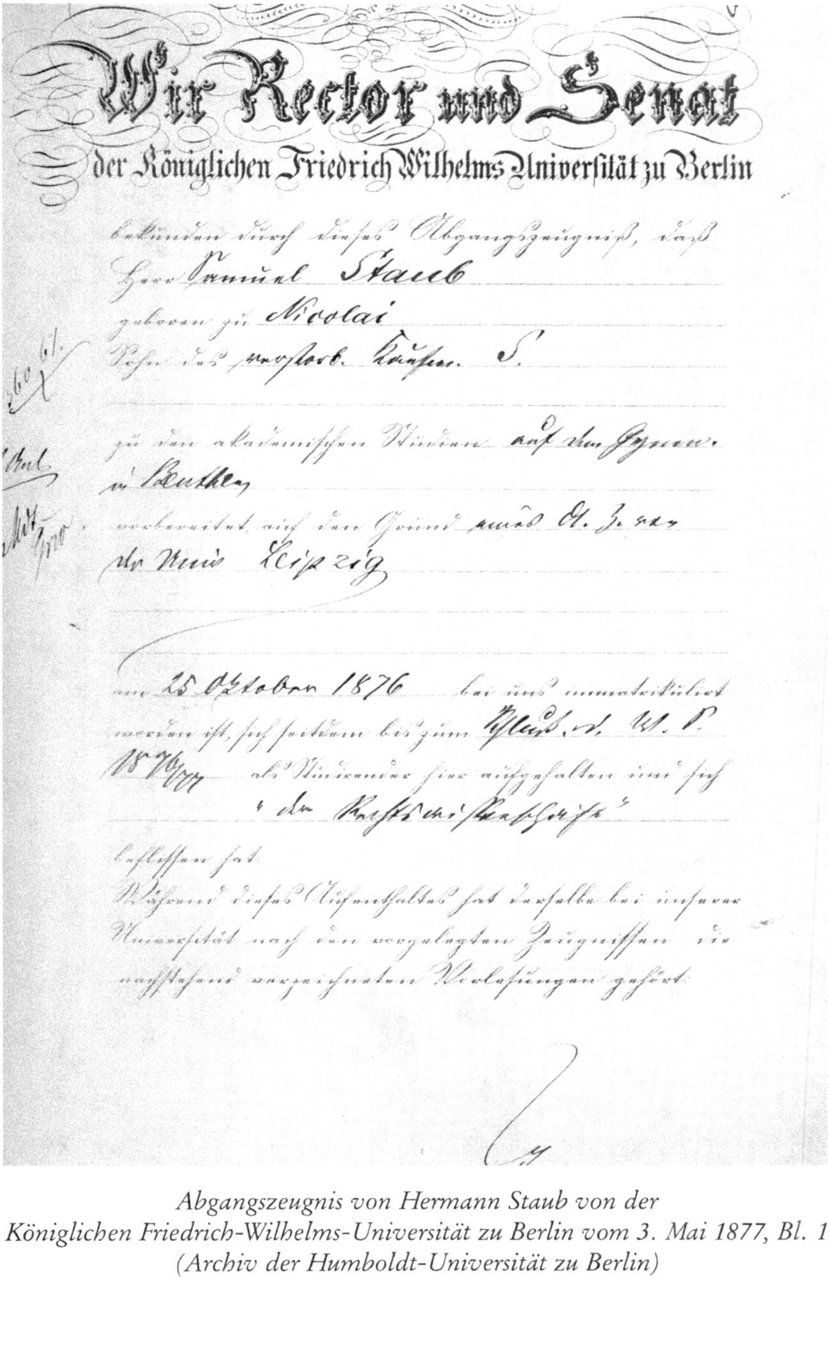

360 67

Wir Rector und Senat

der Königlichen Friedrich Wilhelms Universität zu Berlin

bekunden durch dieses Abgangszeugniß, daß

Herr Samuel Staub

geboren zu Nicolai

Sohn des verstorb. Kaufm. S.

zu den akademischen Studien auf dem Gymnas. in Beuthen

vorbereitet, auf den Grund eines Zeugn. der Univ. Leipzig

am 25 Oktober 1876 bei uns immatrikulirt worden ist, sich seitdem bis zum Schluß d. W. S. 1876/77 als Studirender hier aufgehalten und sich d. Rechtswissenschaft

beflissen hat.

Während dieses Aufenthaltes hat derselbe bei unserer Universität nach den vorgelegten Zeugnissen die nachstehend verzeichneten Vorlesungen gehört.

Abgangszeugnis von Hermann Staub von der Königlichen Friedrich-Wilhelms-Universität zu Berlin vom 3. Mai 1877, Bl. 1 (Archiv der Humboldt-Universität zu Berlin)

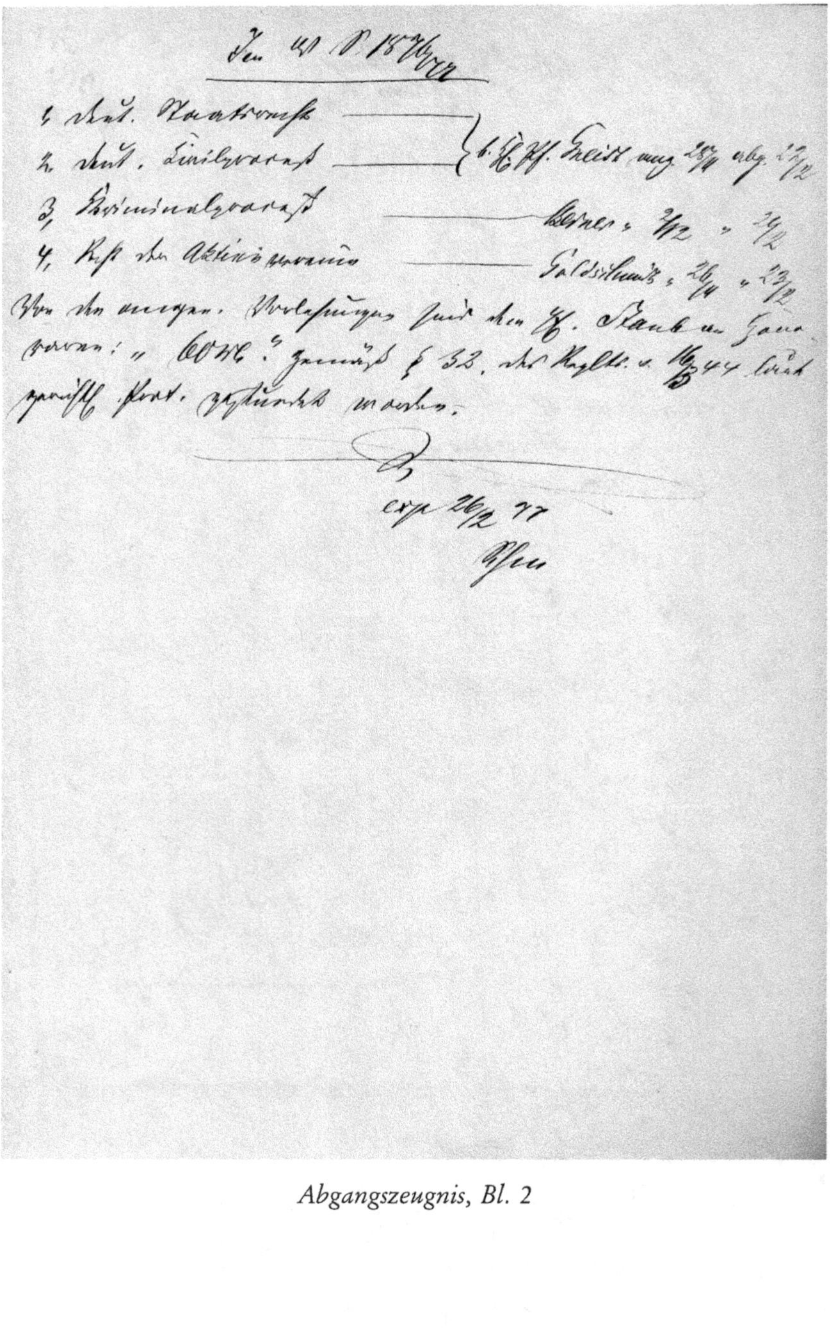

Abgangszeugnis, Bl. 2

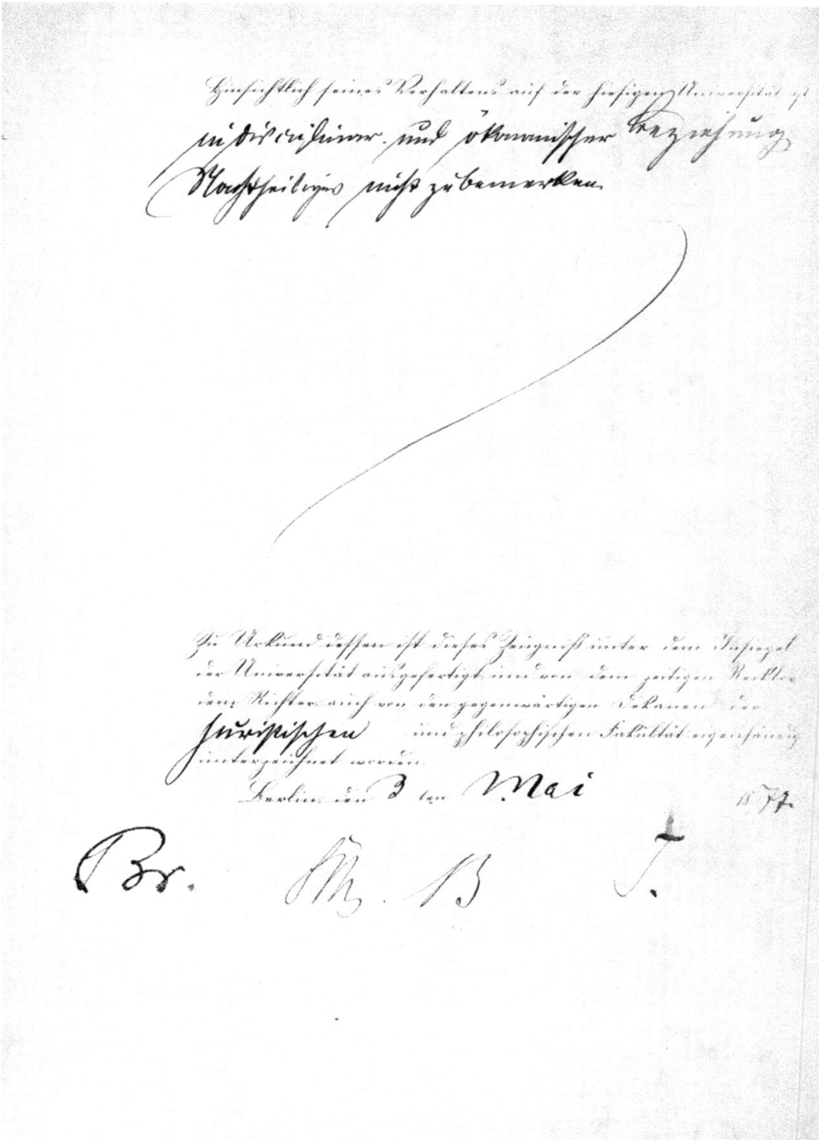

Hinsichtlich seines Verhaltens auf der hiesigen Universität ist in disciplinarer und ökonomischer Beziehung Nachtheiliges nicht zu bemerken.

Zu Urkund dessen ist dieses Zeugniß unter dem Insiegel der Universität ausgefertigt und von dem zeitigen Rektor und Richter auch von den gegenwärtigen Dekanen der juristischen und philosophischen Fakultät eigenhändig unterzeichnet worden.

Berlin, den 3ten Mai 1877

Abgangszeugnis, Bl. 3

Hermann Staub am Schreibtisch

Grabstein von Hermann Staub
auf dem Jüdischen Friedhof Berlin-Weißensee

Personen- und Sachregister

Autorenverzeichnis

THOMAS HENNE, LL.M. (Berkeley), Dr. iur., Privatdozent an der Johann Wolfgang Goethe-Universität Frankfurt am Main

HANS-GEORG HERMANN, Dr. iur., Universitätsprofessor an der Ludwig-Maximilians-Universität München

TILLMANN KRACH, Dr. iur., Rechtsanwalt, Vorsitzender des Forums Anwaltsgeschichte e.V., Mainz

DIETER MEDICUS, Dr. iur., Dr. iur. h.c., em. Universitätsprofessor an der Ludwig-Maximilians-Universität München

HANS-HERMANN NEUSTADT, Enkel von Hermann Staub, Northwood/ Middlesex (England)

KARSTEN SCHMIDT, Dr. iur., Dres. iur. h.c., em. Universitätsprofessor an der Rheinischen Friedrich-Wilhelms-Universität Bonn, Präsident der Bucerius Law School Hamburg

RAINER SCHRÖDER, Dr. iur., Universitätsprofessor an der Humboldt-Universität zu Berlin

JAN THIESSEN, Dr. iur., Wiss. Assistent an der Humboldt-Universität zu Berlin

BRIGITTE ZYPRIES, Bundesministerin der Justiz, Mitglied des Deutschen Bundestages, Berlin/Darmstadt

www.ingramcontent.com/pod-product-compliance
Lightning Source LLC
La Vergne TN
LVHW010648300926
849161LV00005B/1064